줄리언 로버트슨

Julian Robertson: A Tiger in the land of Bulls and Bears
Copyright ⓒ 2004 by Daniel A.Strachman
Authorized translation from the English language edition published
John Wiley & Sons, Inc. company.
All rights reserved.

Korean Translation Copyright ⓒ 2011 by Econ Publishers, Inc.
Korean edition is published by arrangement with John Wiley & Sons International Rights, Inc.
through Imprima Korea Agency

이 책의 한국어판 저작권은 Imprima Korea Agency를 통해 John Wiley & Sons International Rights, Inc.
와의 독점계약으로 이콘에 있습니다. 저작권법에 의해 한국 내에서 보호를 받는 저작물이므로 무단 전재와 무단
복제를 금합니다.

이 도서의 국립중앙도서관 출판시도서목록(CIP)은 e-CIP홈페이지(http://www.nl.go.kr/ecip)와
국가자료공동목록시스템(http://www.nl.go.kr/kolisnet)에서 이용하실 수 있습니다.
(CIP제어번호: CIP2011003342)

JULIAN ROBERTSON

타 이 거 펀 드 의   설 립 자

줄리언 로버트슨

대니얼 스트래치먼 지음 | 조성숙 옮김

이콘

아내 펠리스에게 이 책을 바친다

천재는 1%의 영감과
99%의 노력으로 만들어진다.

― 토머스 E. 에디슨

성공한 사람과 성공하지 못한 사람의 차이는

능력 부족이나 지식 부족이 아니라

의지 부족이다.

― 빈스 롬바르디

▶ 감사의 글

이 책은 줄리언 H. 로버트슨의 삶, 그의 가족, 그의 회사, 그리고 지역사회에 대한 그의 헌신에 대해 알기 위해 세계 구석구석을 뒤져서 알아낸 결과물이다. 이 책을 저술하는 데 많은 사람들이 도움을 주었다. 전직 타이거 직원들, 현재의 새끼호랑이들을 비롯해 인터뷰에 도움을 준 수많은 사람들에게 감사의 인사를 보낸다. 이 책을 구입해준 독자 여러분에게도 감사의 뜻을 전한다. 물론 줄리언 로버트슨을 직접 만나지 못했다면 완벽한 스토리를 만들어내기 불가능했을 것이다. 기꺼이 시간을 보내준 그에게 감사를 표한다.

내가 본 사서들 중에 가장 훌륭한 사서인 비키 골드먼, 어느 누구의 책도 훌륭히 만들어 낼 줄 아는 샘 그라프, 이들의 크나큰 노력과 도움, 조언이 없었다면 이 책은 결코 세상에 나오지 못했을 것이다. 또한 말을 다듣는 것이 무엇인지를 진정으로 아는 에릭 캘러니어스에게도 무한한 존경과 감탄을 표한다. 그리고 편집 과정 내내 통찰력을 발휘하여 원고를 다듬고 조언을 아끼지 않아 준 조애너 로에게도 감사를 보내는 바이다.

책을 쓰는 내내 나를 이해해주고 성원을 보내준 가족들에게 특별한 감사를 전한다.

존 와일리 앤드 선스의 모든 직원들, 특히 패멀라 반 기센과 존 오닐에게도 따뜻한 감사의 인사를 전한다. 그들만큼 전폭적인 지원을 보내주는 사람들은 이후로도 아마 결코 만날 수 없을 것이다.

이 책을 구입해준 독자 여러분에게 다시금 감사의 뜻을 보낸다. 이 책에서 독자 여러분이 원했던 모든 것을 얻을 수 있기를 바라며, 여러분이 있기에 내가 계속해서 전진할 수 있었다.

2004년 7월 뉴욕에서
대니얼 스트래치먼

차례

서문	_ 012

01 금속 시장에서 막대한 수익을 벌어들이다 _ 021
02 타이거의 탄생 _ 038
03 월스트리트의 남부인 _ 054
04 타이거, 새로운 사냥터를 발견하다 _ 071
05 포효하기 시작하는 타이거 _ 080
06 1987년의 시장 붕괴 _ 112
07 새 시대의 새벽 _ 146
08 타이거, 언론과의 싸움을 시작하다 _ 174
09 정상과 추락 _ 210
10 언론, 타이거를 해부하다 _ 236
11 새끼호랑이들 _ 258
12 타이거에서 배우는 교훈 _ 281
13 노블레스 오블리주 _ 318

부록 _ 341
각주 _ 344
찾아보기 _ 353

서문

이 책은 돈이 어떻게 운용되고 전설은 어떻게 만들어지는가에 대한 이야기다. 이 책은 시장의 비효율성을 지속적으로 이용하여 막대한 투자 이익을 창출하는 능력을 보여준 한 인간에 대한 것이다. 이 책은 어떻게 한 남자가 월스트리트에서 가장 명민한 인재들을 고용하고 독려해 연달아 시장을 이기고 최고의 머니매니저로 자리매김하게 되었는지를 들려준다. 이 책은 왜 승리가 그저 대단한 것이 아니라 모든 것이라 할 정도로 중요성을 가지는지 알려준다. 이 책은 어떻게 한 남자가 직원들을 극단까지 몰아 부쳐 상사에 대한 직원들의 분노가 하늘을 찌르게 되었는지를 보여준다. 이 책은 그가 헌신과 노력을 다한 직원들에게 단순한 공치사 대신 두툼한 돈다발로 그들의 노고를 치하해주는 모습을 보여준다. 이 책은 승리를 위한 놀라운 추진력과 의지를 가진 한 개인이 어떤 희생도 무릅쓰면서 시대를 통틀어 가장 성공적인 헤지펀드와 자산운용 조직을 구축해갔던 과정을 보여준다. 또 이 책은 전 세계의 자산운용 방식에 지대한 영향을 미쳤지만, 성공과 함께 지나친 열망에 사로잡혀 결국에는 몰락의 길을 걷게 된 한 남자의 이야기이기도 하다.

이 책은 자산운용 매니저가 20명도 안 되고 자산 규모도 800만 달러

안팎이던 작은 조직을 100명 이상의 펀드매니저와 자산 규모 210억 달러 이상의 거대 조직으로 성장시키며 세상을 떠들썩하게 만들었던 한 머니매니저에 대한 이야기이다. 이 책은 한 조직이 어떻게 서로의 성공과 행복을 중시하는 문화를 가진 작은 가족 기업에서 싸움과 탐욕으로 점철된 투자 운용 조직으로 변하게 되었는지를 보여준다. 이 책은 한 기업이 성장을 하면서, 그리고 밀레니엄의 시작과 함께 주식시장을 뒤흔든 기술주 거품 붕괴의 여파로 내리막을 걸으면서 겪은 성장통과 좌절, 그리고 문화적 문제에 대한 이야기이다.

이 책은 줄리언 하트 로버트슨 2세Julian Hart Robertson Jr.와 자산운용사 타이거 매니지먼트Tiger Management에 대한 이야기이다.

거만하고 비열한 사람, 무뚝뚝한 쇠고집쟁이 등등 줄리언 하트 로버트슨 2세에게는 온갖 별명이 따라다녔다. 어떤 사람은 그가 정말로 친절하며 나무랄 데 없는 남부인다운 매력을 뽐낸다고 생각했다. 그와 같은 시대를 산 사람들이나 과거 동료들, 친구들 대다수는 그를 좋게 말하지만 그가 복잡다단한 사람이라는 데는 이견을 달지 않았다.

월스트리트의 사람들에게 로버트슨에 대해 말해달라고 하면 "어떤 생각을 하고 있는지 도무지 종잡을 수가 없다" "매력적인 신상품을 만들어냈다" "독보적인 존재다" 등등 갖가지 답변을 내놓는다. 로버트슨에 대한 월스트리트의 평가에는 찬미와 시기, 때로는 두려움까지 여러 감정이 뒤얽혀 있다.

금융시장 관계자든 아니든 로버트슨의 훌륭한 실적을 칭송하지 않는 사람은 찾기 힘들다. 하지만 이와 동시에 공개 석상에서는 로버트슨을 칭찬해 마지않으면서도 비공식적인 자리에서는 금세 말투를 바꿔 심술궂은, 심지어 악의 어린 비난을 쏟아 붓는 사람도 흔하게 만날 수 있다.

우리가 앞으로 만나게 될 이 남자는 일련의 숫자들을 머릿속으로 재빨리 암산해 투자 포트폴리오의 가치 증감을 마지막 자릿수까지 정확히 계산할 줄 알면서도(영화 「레인맨」에서 더스틴 호프먼이 바닥에 떨어진 성냥개비의 수를 정확히 계산했던 것을 기억하기 바란다) 정작 사람들의 이름은 잘 외우지 못한다.

그는 뼛속까지 승부 근성에 불타오르는 사람이다. 그 승부 근성은 거래를 하거나 투자를 할 때만이 아니라 일상생활에서도 유감없이 발휘된다. 쉬는 날, 골프를 칠 때에도 예외가 아니다. 그런 승부 근성이 몸에 밴 나머지 그는 세계 최고의 골프 코스 건축가들이 설계한 골프장을 지었을 정도이다. 타고난 재능이 부족한 탓에 그의 라운딩 능력은 한참 모자란 감이 있지만, 그는 단순한 골프 라운딩을 지옥의 경험으로 바꾸는 것으로 악명이 높다. 로버트슨의 친구나 과거 동료들은 그와 함께하면 골프를 제대로 칠 수 없다고 말한다. 그가 지나치게 승부욕을 발휘한 나머지 한 라운드는 고사하고 단 한 홀도 지지 않으려 기를 쓰기 때문이다.

줄리언 로버트슨은 무슨 일을 하던지 최고를 목표로 삼는 사람임이 분명하다. 그는 정상에 오르기 위해서라면 자신의 길을 가로막는 그 무엇이든 그 누구든 거리낌 없이 짓밟고 부순다.

줄리언 로버트슨을 이해하고, 헤지펀드 산업과 월스트리트라는 아수라장에서 타이거 매니지먼트가 지니는 중요성을 이해하기 위해서는 먼저 헤지펀드가 어디에서 기원했으며 어떻게 지금 상태로 발전해왔는지 살펴야 한다.

지난 60년이 넘는 세월 동안 헤지펀드 혁명은 월스트리트를 넘어 현재는 지구촌 곳곳에 퍼졌다. 헤지펀드가 20세기 금융 전개에서 가장 중요한 축이라고 말하기에는 무리가 있지만, 그 투자 개념과 수단은 미국은 물론이고 전 세계 자산 운용의 지형을 완전히 바꿔놓았다.

헤지펀드만큼 커다란 기회 균등의 수단도 없다. 교육이나 경험, 재능, 노하우와 상관없이 누구든 헤지펀드를 출범해서 수백만 달러를 벌어들일 기회를 마련할 수 있다. 헤지펀드는 1949년 사회학자에서 저널리스트로 방향을 선회한 앨프리드 윈슬로 존스Alfred Winslow Jones에 의해 처음 시작된 이후, 펀드매니저들로 하여금 과거의 펀드매니저들보다 훨씬 많은 투자 이익을 벌 수 있게 해주었다. 1%의 운용보수management fee 외에도 투자 이익에 대한 20%의 성과보수incentive로 구성된 헤지펀드의 보수 체계는 운용 실적이 훌륭한 매니저들에게 진정한 금맥이나 다름없다.

이런 무한대의 기회 덕분에 헤지펀드는 과거 50년 동안 기하급수적인 성장을 거듭했다. 증권거래위원회Securities and Exchange Commission, SEC의 집계에 따르면 2004년 중반 무렵 헤지펀드의 수는 대략 6,000개 수준이었으며 운용 자산 규모는 수백억 달러에 달했다. 그러나 처음부터 그랬던 것은 아니었다. 헤지펀드의 초창기에는(처음 40년 정도) 단지 소수의 매니저들만이 자신들의 패를 철저히 감추고 이 은밀하지만 수익성이 높은 투자 수단을 운용하고 있었다.

헤지펀드가 시장평균을 앞지를 수 있는 이유는 가장 똑똑한 최고의 인재들을 끌어들일 수 있고 하룻밤 사이에 많은 돈을 벌 수 있는 업계 고유의 특징 때문이라고 많은 사람들은 생각한다. 세상의 시각에서 볼 때 뮤추얼펀드가 최고의 인재들을 유치하는 데 종종 실패하는 이유는 헤지펀드에 버금가는 금전적 보상을 제공하지 못하기 때문이다. 헤지펀드의 경우 펀드매니저와 운용 팀이 이익을 나눠가질 수 있는 반면, 뮤추얼펀드 매니저들은 운용 성과에 비례해서가 아니라 자산 규모에 비례한 운용보수를 받는 차원에 그친다.

최근 몇 년 동안 월스트리트의 대규모 투자파트너십 몇곳이 주식 공개를 한 후 과거와는 달리 더 이상 시장에 유동성과 위험자본risk capital을 제공하지 못하게 되면서 그 빈틈을 치고 들어온 것이 바로 헤지펀드였다. 과거에는 골드먼삭스Goldman Sachs, 모건 스탠리Morgan Stanley, 살로먼 브라더스Salomon Brothers, 리먼 브라더스Lehman Brothers(월스트리트의 4대 금융기관들)와 같은 금융회사들이 시장에 유동성을 제공했다. 하지만 이제 이 회사들은 각계각층에 존재하는 개개의 투자자들에게 자신들의 투자 행보를 보고해야 하기에 그 옛날의 비공개 투자파트너십 시절처럼 큰 위험을 감수할 수 없게 되었다. 이로 인해 시장에 커다란 구멍이 생겨났다. 이 회사들은 과거와 달리 더 이상은 자기자본매매proprietary trading[*] 팀을 운용할 수 없게 되었으며, 대규모 차익 실현을 위해 비록 통제된 위험일지라도 더는 높은 위험을 감수하거나 그로 인해 발생할지도 모르는 높은 손실 가능성을 알릴 수도 없게 되었다. 대신에 그들은 순수한 증권

---

[*] 투자 자본을 위탁 받거나 위임하여 투자하는 것이 아니라 기업의 자본이나 개인 본인의 돈으로 직접 투자하는 형태. 프롭 트레이딩이라고도 한다.

중개나 결제기능clearing function 같이 재미도 덜하고 더 단순한 사업 위주로 방향이 조정되었다. 이런 사업은 수익성이 높지만 따분한 것도 사실이다.

오늘날 헤지펀드는 글로벌 자본시장과 파생상품 시장에 유동성과 위험자본의 상당 부분을 제공한다는 점에서 자본시장의 중요한 구성 요소로 자리 잡았다. 혹자는 헤지펀드가 글로벌 금융시장을 교란시킨다고 비난할 수도 있겠지만 결과적으로 보면 헤지펀드는 시장 생태계에 중요한 먹을거리를 제공하면서 펀드매니저, 투자자, 그리고 서비스 제공사 모두에게 이득을 안겨주고 있다.

1960년대부터 1970년대 대부분은 존스의 투자파트너십과 몇몇 펀드회사들이 헤지펀드 시장을 주물렀다. 하지만 1970년대 후반과 1980년대 초에 존스의 투자파트너십이 서서히 내리막을 걷기 시작하자 그의 손에서 횃불을 이어받은 세 명의 똑똑한 후계자들이 다른 수천 명의 헤지펀드들에게 전해주면서 헤지펀드의 불꽃은 영원히 불타오를 수 있게 되었다.

세 명의 똑똑한 후계자는 바로 조지 소로스George Soros, 마이클 스타인하트Michael Steinhardt, 줄리언 로버트슨으로, 이 세 사람이야말로 현대 헤지펀드 산업의 진정한 아버지들이다. 절정기를 구가할 때 이 세 사람과 그들의 펀드 조직은 전 세계 머니매니저들의 선망과 두려움의 대상이었다. 심지어 현업에서 은퇴하거나 자본을 투자자들에게 돌려주고 몇 년이 더 흐른 뒤에도 이 세 사람은 대다수 헤지펀드 매니저들의 성과를 판단하는 척도가 되고 있다.

소로스와 스타인하트, 로버트슨 모두 공식적으로는 헤지펀드의 무대에서 물러났지만 그들을 잘 아는 모든 이에게 한 번 투자자는 영원한 투자자임을 각인시켰다. 언론과 대중은 현재 그들이 펀드를 청산하고 자본을 투자자에게 돌려주고 원로 역할을 하고 있는 모습만 보고 이들이 은퇴했다고 생각하겠지만, 그들의 사무실을 방문해보면 무언가 다른 느낌을 받게 된다.

그들은 여전히 시장에서 활발히 움직이고 있다. 그들이 단순히 투자자들에게 자본을 돌려주고 텐트를 걷고서 집으로 돌아갔다고 생각해서는 안 된다. 그들은 여전히 전 세계 시장 곳곳에 개입하고 있다. 어떤 방법으로든, 그리고 어떤 형태로든, 그들은 자본을 거래하고 관리하고 있다.

2004년 봄을 기준으로 타이거펀드 출신의 매니저들이 관리하거나 통제하는 자산 규모는 헤지펀드에 투자된 자산 총액의 10%가 넘는 것으로 여겨진다. 로버트슨의 타이거펀드는 2000년에 문을 닫았지만 그가 무대를 떠나고 몇 년이 흐른 뒤에도 헤지펀드 산업 곳곳에서 여전히 그의 존재를 느낄 수 있었다.

소로스와 스타인하트는 모험심에 가득 찬 헤지펀드 매니저에서 정력적인 자선사업가로 변신을 꾀하며 역사에 자취를 남기기 위해 많은 노력을 기울였지만, 로버트슨은 시장에서, 그리고 결과적으로는 헤지펀드 산업에서 계속 맹활약을 펼치고 있는 것이나 다름없었다. 다시 말해 헤지펀드 산업의 횃불은 그들 셋의 뒤를 이어 새롭게 부상하는 매니저 집단에게로, 이를 테면 블루리지 캐피털 Blue Ridge Capital의 존 그리핀 John

Griffin, 론 파인 캐피털Lone Pine Capital의 스티븐 맨델Steven Mandel, 매버릭 캐피털 매니지먼트Maverick Capital Management의 리 에인슬리Lee Ainslie와 같은 사람들에게로 전해졌다. 나름의 독보적인 위치를 가진 뛰어난 펀드매니저들인 그들 모두에게는 한 가지 공통점이 있다. 즉 타이거 매니지먼트의 새끼호랑이Tiger Cubs로 태어났다는 것이다.

　로버트슨과 타이거의 진정한 성공은 엄청난 규모의 운용 자산과 놀라운 운용 실적을 뛰어넘는다. 결과적으로 말해 이 회사의 성공은 새끼호랑이들의 전설적인 실적으로 가늠할 수 있다. 그들의 성공은 로버트슨을 스타인하트나 소로스와는 다른 존재로 구분 짓는다. 두 사람이 성공한 펀드 조직을 구축한 것은 맞지만, 그들의 조직은 결코 타이거처럼 성공한 신예 매니저를 연달아 배출하는 산실이 되지는 못했다.

　헤지펀드 산업의 관찰자이자 비공개 재간접펀드fund of funds*의 투자 담당 이사인 헌트 테일러Hunt Taylor는 이렇게 말한 바 있다. "헤지펀드 산업은 앞으로도 오랫동안 줄리언의 영향을 실감할 것이다. 그는 투자 이익을 내는 조직이 아니라 위대한 머니매니저를 탄생시키는 산실을 만들어냈다. 타이거에서 처음 경력을 시작해 성공적인 헤지펀드를 운용하는 사람은 거의 30~40명에 달한다. 이 점이야말로 그의 가장 놀라운 업적일 것이다."

　이 책은 존스의 횃불을 이어받아 가장 성공적이면서도 두려움을 한

---

* 증권에 직접 투자하는 대신 다른 펀드에 투자하는 펀드

몸에 받는 헤지펀드 조직을 일궈내고, 그 과정에서 성공한 펀드매니저를 연달아 낳으면서 앞으로도 오랫동안 자산운용 방식에 가장 깊은 영향을 미칠 만한 전설을 탄생시킨 한 인간에 대한 이야기이다. 로버트슨은 20세기 가장 훌륭한 트레이더이자 머니매니저 중의 하나인 동시에, 월스트리트의 위대한 스승이자 영감을 제공한 사람 중 하나이다. 하지만 위대한 매매 실적이나 영감은 손쉽게 그리고 값싸게 얻어지는 것이 아니다. 이 책은 줄리언 로버트슨과 타이거 매니지먼트, 그리고 이 둘이 헤지펀드에 미친 영향에 대한 이야기이다.

JULIAN ROBERTSON

금속 시장에서 막대한
수익을 벌어들이다

1994년 쌀쌀한 봄날 아침. 타이거 매니지먼트의 대표인 줄리언 로버트슨과 애널리스트들은 맨해튼 중심부에 있는 회사 사무실에 틀어박혀 원자재 생산자와 이용자 들이 보내온 각종 보고서와 정보를 살피면서 다이아몬드 원석을 찾는 데 여념이 없었다. 14년 전 헤지펀드를 시작해 시장에서 이익을 내기 위해 롱쇼트에쿼티 long/short equity, LSE* 전략을 사용해 왔던 로버트슨이 볼 때 지금은 더 높은 차익을 제공하는 더 큰 시장으로 확장할 적기였다. 타이거 매니지먼트에 있어 1994년 초반은 지루할 정도로 느리게 흘러갔다. 그러나 하반기로 접어들면서 타이거와 이 회사가 운영하는 펀드는 시장에서 강력한 영향력을 가지게 되었다. 타이거로 꾸

---

* 헤지펀드의 대표적인 전략으로 상승장에서는 레버리지 등을 통한 롱 포지션을 이용하고, 하락장에서는 쇼트 포지션 기법으로 수익을 추구하는 전략

역꾸역 밀려들어온 투자자들의 예탁 자산은 40억 달러나 되었다. 지금까지의 정황으로 볼 때 1990년대는 맹수들의 시대가 될 것이 분명했다.

그럼에도 로버트슨은 여전히 불안했다. 그의 머릿속에는 짙은 그림자가 드리워 있었다. 그 그림자의 이름은 조지 소로스였다. 1960년대에 자산운용사를 세운 소로스는 이제 세계 금융시장의 전설적인 존재가 되었다. 그는 머니매니저들에게 선망의 대상이었다. 로버트슨은 자신의 종목 발굴 능력이나 헤지펀드 운용 능력이 소로스에 못지않다는 사실은 잘 알았지만, 성공한 월스트리트의 펀드매니저를 넘어 세계 금융시장의 아이콘으로 인식되려면 아직은 넘어야 할 큰 산이 있었다. 매주 투자회의에 직원들이 올리는 보고서를 샅샅이 읽는 이유도 바로 이런 정신적 굶주림 때문이었다.

그런데 지금, 변화를 일으킬 만한 것이 로버트슨의 눈에 들어왔다. 구리시장에 대한 보고서를 읽던 중 감이 왔다. 로버트슨은 지난 몇 주 동안 구리 수요가 제자리를 유지하고, 심지어 감소 징후를 보이는데도 구리 가격이 계속 오르고 있다는 사실에 주목했다. 원자재 애널리스트들과 구리시장의 상황을 자세히 의논하고 네트워크를 동원해 여러 사람들과 이야기를 나눈 후, 로버트슨은 구리 수요가 실제로 감소하고 있으며 조만간 수요가 반등할 기미도 전혀 보이지 않는다는 결론을 내렸다. 자신이 행할 거래가 옳은지를 입증하려면 그는 현장에 있는 사람들로부터 더 많은 정보와 데이터를 끌어모아야 했다. 그의 머릿속에서 사람들의 명단이 빠르게 스쳐 지나갔다. 그는 구리시장 동태를 정확히 알려주고 자신의 직감이 옳은지 여부를 확인시켜줄 만한 사람들의 명단을 추리기 시작했다. 여러 원자재 브로커들에게 전화를 걸고 몇몇 구리 생산자들과 대화를 나누며 얻은 정보를 통해 로버트슨은 자신의 예감이 맞다는 확신이 들었다. 그들이 전해준 데이터로 보건대 구리 광산의 생산량은 예년 수준이며 생산자들도 아무 어려움을 겪고 있지는 않은 듯 보였다. 상당한 비용 절감을 통해 구리 생산은 순조롭게 진행되고 있었다. 수요는 분명 줄고 있었고 가격 하락은 시간문제로 보였다.

타이거의 애널리스트들이 증권사나 중앙은행, 원자재 거래사 등 여러 출처에서 수집한 보고서를 철저히 분석해서 도출한 리서치 결과에 따르면 구리의 거래가는 지나치게 높았다. 가격이라는 것은 해당 상품의 현재 수요와 공급에 따라 정해지므로, 수요가 하락하면 당연히 가격이 내려가야 했다. 그것이 기본적인 수요·공급 시나리오였다. 이 시나리오는 로버트슨의 애널리스트들에게 근사한 쇼트short 기회가 눈앞에 펼쳐지고 있음을 알려주고 있었다.

쇼트의 기본 개념은 간단하다. 어떤 증권의 거래가가 현재 지나치게 높은 수준이어서 가격 하락을 확신한다고 하자. 그렇다면 당신은 증권 보유자와 계약을 맺어 수수료를 지불하고 증권을 빌려와 그것을 시장에서 판다. 가격이 떨어지면 그 증권을 다시 사서 원래의 소유자에게 돌려준다. 증권의 매도가와 매수가의 차액에서 거래에 든 비용을 제한 금액이 당신이 벌게 되는 차익이다.

타이거의 매니저들에게 쇼트는 새로운 방식이 아니었다. 쇼트는 그들의 자본 운용 방식에서 가장 중요한 수단이었고, 지금까지 큰 성공을 이루는 데 적잖은 역할을 했다. 그들은 쇼트 포지션 행사에는 도가 튼 사람들이었으며, 자신들의 능력이면 좋은 기회를 충분히 찾아낼 수 있을 것이라고 믿었다. 하지만 구리시장이 심상치 않게 흘러가고 있다고 생각한 사람들은 타이거의 매니저들만이 아니었다. 몇몇 헤지펀드를 비롯해 다른 산업의 관찰자나 참가자들도 구리 가격 상승에 의아해하고 있었다. 그들도 가격이 하락할 것이라 예상했다.

타이거에 투자자들의 관심이 쏠린 것은 여러 건의 탁월한 투자 성과를 거둔 후부터였다. 회사는 운용 자산 규모 면에서 연달아 기록을 갱신하면서 업계 최대의 헤지펀드회사 중 하나로 빠르게 성장하고 있었다. 로버트슨을 비롯해 타이거의 펀드매니저들은 훌륭한 투자 실적을 유지해야 업계 지위를 유지할 수 있다는 사실을 잘 알고 있었다. 어떤 헤지펀드든 유입 자산이 줄어들지 않으려면 누구나 인정하는 실적을 연달아 내고, 또한 새로운 자산이 유입되어도 그 우수한 실적을 유지할 능력이 충분함을 기존 투자자들과 미래 투자자들에게 입증해야 한다. 그렇기에 로버트슨과 그의 팀은 자신들이 자산을 효과적으로 관리할 수 있으며 투자자들이 새로 예탁하는 수십억 달러의 자산도 무리 없이 관리할 수 있음을 끊임없이 입증해야 했다.

실수는 용납되지 않았고, 훌륭한 아이디어와 훌륭한 기회는 언제든 대환영이었다. 로버트슨은 자산운용팀을 매섭게 몰아붙이면서 괜찮은 투자 기회가 없는지 계속 물색하게 했다. 타이거 매니지먼트는 일인자가 되어야 했다. 업계 최고이자 최대가 되어야 했다. 로버트슨은 자산운용팀이 이를 실현하도록 만들어야 했다. 소로스 조직의 그림자에 가려진,

작은 구멍가게 수준의 그저 그런 펀드회사로 여겨지는 것을 더는 참을 수 없었다. 로버트슨은 오로지 자신의 성공만으로 독보적인 존재가 되고 싶었다. 그는 누구나 인정할 최고의 성공을 거두기 위해서라도 훌륭한 거래를 해야 할 필요가 있었다. 그리고 구리시장 동향에 대한 조사는 그 거래가 현실로 다가왔음을 알려주고 있었다.

타이거 매니지먼트의 성공 투자 뒤에 숨은 비결은 바로 스토리이다. 스토리의 논리가 합당하다고 판단되면 투자도 합당하다고 판단했다. 스토리를 구상할 수 없거나 전개가 쉽게 이해가 가지 않는다고 판단되면 투자도 하지 않았다. 스토리가 변하면 투자도 변해야 했다. 타이거의 투자는 과거에도 지금도 모두 스토리를 위주로 이루어진다.

로버트슨의 지론에 따르면, 투자와 관련된 스토리에 변함이 없다면 투자의 포지션을 계속 늘려야 한다. 스토리가 변하는 순간이 발을 빼야 할 타이밍이었다. 타이거의 애널리스트와 트레이더들은 이것이 타이거의 사업 방식임을, 그리고 그 원칙을 철저히 지켰기에 로버트슨과 타이거 매니지먼트가 헤지펀드 업계의 거대한 야수로서 부상할 수 있었음을 속속들이 잘 알고 있었다. 그들은 이 간단하면서도 현명한 방식으로 일을 진행해왔다.

스토리라는 개념을 이해하려면 다음의 예를 살펴보자. 당신이 견고한 참나무 테이블에 관심이 있다고 가정해보자. 애널리스트는 테이블 시장을 관찰하고 정보를 평가한 후 그 테이블이 견고하게 잘 만들어졌고 부서질 리도 없기 때문에 100달러도 비싼 가격이 아니라는 결론을 내려주었다. 이것이 바로 스토리이다. 이제 테이블을 살 마음으로 가구점에 간다. 그런데 테이블을 손으로 여기저기 쓰다듬어보고 있는데 한 귀퉁이가 떨어져 나간다. 가구점 주인은 망가진 테이블을 빨리 처분하고 싶은 마음에 20달러에 팔겠다고 말한다. 애널리스트가 볼 때 이 가격은 거저나 다름없다. 그는 수선이 조금 필요하기는 하지만 원래의 가치가 100달러인 물건을 20달러에 살 수 있다면 다시 없는 구입 기회라고 생각한다. 하지만 로버트슨의 생각은 다르다. 그는 스토리 자체에 결함이 생겼으므로 이 테이블을 구매해서는 안 된다고 말할 것이다. 최상급 참나무로 견고하게 만들어진 테이블이라면 한 귀퉁이가 떨어져 나갈 이유가 없지 않겠는가? 로버트슨이라면 한 귀퉁이가 떨어져 나간 것은 단순히 테이블이 망가진 것 이상의 의미를 지닌다고 말할 가능성이 크다. 리서치의 신뢰성 자체가 의심의 대상이 된 것이나 다름없다. 스토리가 망가졌으니 거래에서 발을 빼고 다른 거래를 찾아 떠나야 한다.

자신과 타인을 한번 믿기 시작하면 절대로 그 믿음을 꺾지 않는 로버트슨의 능력이야말로 과거에나 지금이나 그와 다른 대다수 헤지펀드 매니저들을 구분하는 특징이다. 로버트슨은 자신의 장점과 단점을 이해하며 이 둘을 어떻게 활용하고 보완해야 하는지를 잘 알고있다. 그는 어떤 것에 집착하면 다른 사람들이 다 포기하고 떠난 후에도 절대로 포기하지 않는 끈기를 발휘하며, 사활이 걸린 중요한 문제도 순식간에 결정내릴 수 있다. 대다수 사람들에게는 이런 기질이 없다. 로버트슨은 타이거의 독특한 행보 내내 이런 기질을 효과적으로 발휘해 수차례 펀드의 성공을 이끌 수 있었다.

로버트슨과 그의 자산운용팀이 1995년에 구리시장에서 믿기 힘든 기회를 포착할 수 있었던 것도 이처럼 절대로 자신의 신념을 꺾지 않는 기질 덕분이었다.

로버트슨과 그의 팀이 구리시장의 동향을 살펴보기 시작했을 때만해도 거기에 엄청난 부의 기회가 있다는 것은 짐작도 하지 못했다. 스토리와 거래 기회와 높은 수익 실현이 가능하다는 사실을 이해했기에 훌륭한 거래 기회가 출현했다고만 생각했을 뿐, 구리 가격이 폭주하는 동안에도 기존 거래를 고수함으로써 업계 펀드매니저와 세상 모두의 인정을 한 몸에 받게 되리라고는 생각도 하지 못했다. 다만 스토리가 합리적이므로 이번 거래가 괜찮은 투자가 될 수 있을 것이라는 사실이 그들이 아는 전부였다. 로버트슨의 생각에는 구리시장 투자나 다른 투자나 별반 다를 것이 없었다. 하지만 결과적으로 그것은 다른 어떤 투자와도 다른 투자가 되었다. 구리시장 투자는 타이거 매니지먼트의 가장 빛나는 거래가 되었다.

구리 가격은 1994년 초부터 시작해 연말까지 계속 급등했다. 1995년도에도 오름세는 계속 되었다. 하지만 로버트슨은 구리시장에 대한 스토리를 믿었고, 그 스토리가 아직은 변하지 않았으며, 자신의 생각이 절대적으로 옳다고 자신했다.

1995년 처음 몇 달 동안 구리 가격은 안정세를 보였지만, 봄이 되면서 다시 급등했다. 이로 인해 많은 투자자들이 빌린 주식을 되갚고 거래에서 발을 뺐다. 그들은 구리 가격이 더 오를 것이라 판단했고 손실이 더 커지는 것을 막기 위해 막대한 손실을 감수하면서까지 쇼트 포지션을 처분했다. 이 초봄의 랠리로 많은 헤지펀드 매니저들이 큰 손해를 봤고 펀드 수익률도 급락했다.

구리 가격은 1파운드당 1.25달러 이상으로 치솟았고 앞으로도 더 오를 소지가 다분해 보였다. 도대체 이번 구리 가격 상승이 어디에서 비롯되는지, 누가 그 가격을 지탱하고 있는지 아무도 알지 못했지만 구리 가격이 오르고 있다는 사실은 분명했다. 그러던 어느날 세계 최대 구리 거래회사 중 한 곳에 대한 아주 흥미진진한 정보가 시장에 떠돌기 시작했다. 스미토모 상사의 트레이더 한 명이 구리시장에서 불법거래 행위를 했고, 그것이 잘못 되면서 이 일본의 투자 복합기업이 천문학적 손해를 보게 되었다는 소문이었다. 이미 입은 손실과 잠재적인 손실액이 감당할 수 없는 수준에 이르자 스미토모의 경영진은 트레이더들에게 현재 회사가 보유한 포지션을 헐값에라도 내놓아 시장에서 완전히 발을 빼고 거래에서도 손을 털라고 명령했다. 당시 스미토모는 구리시장 최대의 보유자이자 매수자 중 하나였다. 스미토모가 손실을 무릅쓰면서 시장에 저가로 구리를 토해내자 기다렸다는 듯 가격이 폭락했다. 시장의 환경을 이해하고, 또 조만간 구리 가격이 하락할 것임을 예상하고 있던 로버트슨과 그의 팀에게는 이번 사태야말로 성공적인 거래를 행하는 데 꼭 필요한 기회였다. 스미토모가 거대한 손실을 입었고 그 금액이 계속 불어나고 있다는 소식에 구리시장은 방향을 잃고 허우적댔다. 1996년 5월까지 가격은 30% 이상 떨어졌다. 7월이 되었을 때 9월물 구리 선물가는 1파운드당 87.80센트에 거래되고 있었다.

무엇이 구리 가격의 방향 선회를 이끈 것일까? 답은 간단했다. 스캔들이 구리시장을 뒤흔들면서 투자자와 투기꾼 모두 손실을 조금이라도 줄이기 위해 최대한 많은 물량을 쏟아냈던 것이다. 이는 말 그대로 부도 세일이나 다름없었다. 로버트슨과 그의 팀이 구리에 주목했던 이유는 리서치를 통해 구리 가격이 너무 높게 형성돼 있음이 드러났기 때문이었다. 솔직히 그들도 가격 하락만을 예상했지, 정확히 언제 하락이 진행될지는 알지 못했다. 구리와 관련된 스토리를 마음에 들어한 타이거의 매니저들에게 그 스토리는 시장에서 쇼트를 행할 좋은 기회가 되어주었고, 그들은 구리가 지나치게 높은 가격에 거래되고 있으며 결국에는 시장 스스로의 자정장치가 작동할 것이라고 믿고 있었다. 하지만 그들도 구리시장이 잘못 흘러가는 원인이 무엇인지는 정확히 알지 못했다. 스미토모의 문제도 알지 못했으며, 이 일본의 거대 복합기업에 근무하는 트레이더가 구리 가격을 인위적으로 떠받치고 있다는 사실도 알지 못했다.

구리 파동은 스미토모가 하마나카 야스오 부장을 해고하면서 비등점에 달했다. 그간 쌓아놓은 막대한 포지션으로 인해 시장 참가자들로부터 **미스터 5퍼센트**라는 별명으로도 불리는 스타급 구리 트레이더인 하마나카가 구리시장에서 부적절한 거래를 행해왔다는 사실이 드러났고, 이번 금융 스캔들로 회사가 입은 피해액은 26억 달러가 넘었다. 쇼트 포지션을 취하는 트레이더라면 누구든 그렇겠지만 이번 사태는 로버트슨에게는 달콤한 음악이었다. 어떤 것의 가격이 고평가되어 있다면 가격 하락은 누구든 가정할 수 있다. 그러한 가격 상승이 시장 자체의 움직임에 따른 것이라면 시장 스스로가 자정작용을 할 것이기 때문이다. 하지만 어떤 것이 고평가되어 있는데 고평가된 경로 자체가 잘못돼 있다는 가정은 아무나 할 수 없다. 두 번째 가정에 근거한 거래야말로 훨씬 짜릿하고 재미있으며, 물론 투자 수익도 훨씬 높게 거둘 수 있다.[1]

로버트슨과 타이거의 매니저들이 구리 거래에서 그토록 막대한 차익을 거둔 이유를 이해하려면 구리시장을 뒤흔든 스캔들 뒤에 숨은 스토리를 먼저 이해할 필요가 있다.

1996년 6월, 회사에서 해고되기까지 10여 년의 기간 동안 하마나카는 구리시장에서 철옹성 같은 입지를 구축하고 있었다. 그의 대담한 거래 행보는 전설이었고 사람들은 구리 하면 으레 하마나카를 떠올릴 정도였다. 그는 시장 타이밍을 파악해 회사에 막대한 수익을 안겨줄 기회를 포착하는 능력이 뛰어난 사람이었다.

많은 사람들은 스미토모가 불공정 행위에 대한 비난을 처음 받은 1996년 봄 혹은 초여름에 하마나카의 문제를 세간에 드러냈다고 믿고 있지만, 이 시기에 구리시장에 참여했던 금속 트레이더나 투기꾼 들의 말은 다르다. 그들은 그 전부터 하마나카의 거래 방식에 무언가 상당히 잘못된 점이 포착되었다고 한다. 스미토모를 가까이서 관찰한 사람들의 말을 빌자면, 1990년 이미 하마나카는 몇몇 거래에 실패하면서 회사에 상당한 손해를 입혔다. 이후 행해진 일련의 감사에서 스미토모의 경영진은 하마나카의 답변에 만족했고 감독기관의 조사 역시 마찬가지였다. 하마나카는 자신의 일을 계속하면서 회사의 체면을 세워줄 수 있었고, 이 사건은 그로부터 몇 년 후, 구리시장이 혼란에 빠지는 화근이 되었다. 스미토모가 1990년에 입은 손실은 1996년의 손실인 26억 달러에 비하면 새 발의 피에 불과했고, 이번에는 경영진도 이 용감무쌍한 트레이더가

행한 불법 행위를 시장에 공표하는 것 외에는 다른 대안이 없었다.[2]

베어링은행Baring의 싱가포르 주재 딜러로 무리한 베팅으로 인해 1995년, 232년 전통의 명망 높은 은행을 파산까지 몰고 간 악명 높은 닉 리슨Nick Leeson의 경우와 마찬가지로, 하마나카는 무리한 베팅을 행하면서도 자신은 손실을 피할 수 있으며 심지어 막대한 차익 실현도 가능하다고 철석같이 믿었다. 훗날 드러났다시피 그가 트레이딩 전표를 감춰두고 있는 서랍장이 너무나도 컸다는 것이 문제였다. 서랍장이 전표로 가득 차서 더 이상 전표가 들어갈 공간이 없게 되자 말 그대로 서랍장 전체가 무너져내렸다.

일부 소식통에 따르면 처음에는 스미토모의 딜러들이 외부인의 눈을 피해 여러 건의 장부외 거래off-the-book transaction를 주선하는 등 그가 손실을 은폐하도록 도와주었다고 한다. 하지만 손실액이 눈덩이처럼 불어나고 장부외 거래의 수도 늘어나자, 하마나카는 자신의 행동을 감추기 위해 서류를 위조하고 서명을 도용하고 거래 기록을 파기하기까지 했다. 하마나카는 1996년 12월, 자신의 이런 불법행위들을 저지른 죄가 있음을 인정했고, 회사는 이번 스캔들을 대중에 발표할 수밖에 없었다.

결국 자신이 보유한 거대한 실물 포지션을 제대로 관리하지 못한 하마나카의 무능력과, 롱 포지션이 너무 많은 탓에 쇼트 매도에는 극도로 취약한 그의 운용 방식이 합쳐져 카드로 만들어진 부실하기 그지없는 집의 붕괴를 자초했다. 많은 사람들은 하마나카가 빠져나오지 못할 궁지에 몰리게 된 이유가 자신의 포지션이 매우 크므로 시장 가격을 마음대로 끌어올릴 수 있다고 자만했기 때문이라고 말한다. 이런 자만에 도취된 하마나카는 장외시장에서 생산자들에게 풋옵션 put option을 팔고 프리미엄을 현금으로 챙겼다. 풋옵션을 매입한 생산자는 미래에 정해진 가격에 구리를 팔 수 있는 권리를 얻는다. 구리 가격이 계속 올라가면 풋옵션 매수인이 옵션을 행사하지 않기 때문에 매도인은 돈을 번다. 하지만 불행히도 하마나카가 보유한 포지션의 규모가 어느 정도인지를 파악한 트레이더와 투기꾼들이 구리 가격 하락을 유도했고, 그로 인해 판매한 풋옵션이 모두 행사되면서 그는 막대한 손실을 입게 되었다.

하마나카가 국제 구리 가격을 끌어올리기 위해 구리 실물을 매수하기 시작하면서 이런 취약성은 더욱 커져만 갔다. 그의 헛된 시도에 더해 스미토모 사도 시장에 롱 포지션을 덤핑으로 쏟아내는 필사적인 움직임을 보이는 등 쇼트셀러 short seller에 제대로 대처하지 못한 것이 구리 가격의 하락을 부채질했다. 스미토모의 사내 통제 능력 부족, 무능한 경영진, 그리고 감독 소홀이 문제의 근원이었지만, 문제가 표면에 드러난 계기는 헤지펀드들의 본격적인 움직임이었다.

스미토모사가 하마나카의 부정행위와 막대한 포지션, 그리고 조만간 확실시되는 엄청난 손실에 대한 진상을 발표하기 몇 달, 심지어 몇 주 전부터 많은 헤지펀드 매니저들은 시장이 무언가 잘못 돌아간다고 생각하던 참이었다. 정확히 무엇이 잘못되었는지는 아무도 알 수 없었지만, 구리 가격을 살펴본 매니저들은 가격 추이가 비정상적으로 흐르고 있음을 금세 파악했다. 또 가격이 비정상적으로 높게 형성돼 있을 때 할 수 있는 유일한 행동은 안타깝지만 쇼트밖에 없다는 사실도 잘 알고 있었다.

심지어 스미토모의 문제가 드러나기 전, 1995년부터 1996년 중반까지 쇼트 셀러들은 구리 가격을 끌어내리기 위해 수백만 톤에 달하는 구리를 빌려와서 시장에 쏟아 부은 것으로 추정된다. 많은 사람들은 이 거래가 합당한 결정이긴 했지만 자신들이 통제할 수 없는 어떠한 힘이 작용해 하마나카가 곤경에서 빠져나오고 구리 가격은 더 올라갔을지도 모른다고 생각했다. 다행히도 그런 힘은 존재하지 않았다.

타이거의 펀드매니저들이 볼 때 이번 거래는 일생에 한 번 있을까 말까한 근사한 기회였다. 모든 데이터를 종합할 때 가격이 하락할 것이 분명했고, 현재의 쇼트 포지션을 유지하기만 해도 그간의 리서치에 비추어 흡족한 수익을 거둘 수 있을 것이 확실했다. 5월 초, 칠레의 어느 대규모 구리 광산이 파업을 가까스로 피하고 런던비철금속거래소London Metal Exchange의 구리 보관 지정 창고들의 비축 물량이 줄어들지 않고 있다는 징후가 포착되자 타이거의 펀드 운용팀은 상황이 매우 유리하게 돌아가고 있음을 직감했다. 애널리스트들은 쇼트 베팅이 절대적으로 옳다고 자신했고 로버트슨의 머릿속에서는 이익이 차곡차곡 쌓여가는 것이 보이는 듯했다. 밤새도록 숫자를 분석한 결과, 가격 폭락이 확실시되므로 쇼트 포지션을 더욱 늘려야 한다는 결론이 나왔다. 오랫동안 가격이 높은 수준을 유지했기 때문에 시장 능력이 한도까지 달했음은 누가 봐도 확실했다. 복잡한 경제적 상황을 따질 필요도 없는 천금 같은 기회였다. 이것이 대단히 훌륭한 기회였음을 깨닫게 되기까지는 18개월이라는 시간이 걸렸다. 이제는 그간의 속앓이와 고통에 대한 보상을 받을 차례였다.

여름과 가을 내내 타이거는 구리에 대한 쇼트 포지션을 계속해서 늘려나갔다. 1995년 6월에 타이거펀드가 쌓아 놓은 구리 쇼트 포지션은 10억 달러가 넘었다. 그해 내내 시장을 조사하고 분석한 운용팀은 자신들의 결정이 옳으며 가격이 계속 떨어질 것이라는 확신을 더욱 다질 수 있었다. 헤지펀드 업계의 지인들을 비롯해 여러 정보통들이 쇼트를 해야 한다고 귀띔하기는 했지만, 로버트슨은 타인의 조언에 따라 움직이는 사람이 아니었다. 그가 자본 운용 및 관리에만 전념할 수 있도록 운용팀이 직접 업계 구석구석을 관찰하고 뛰어다녀야 했다. 불편하고 힘들더라도 감수해야 했다. 로버트슨은 애널리스트들을 출장 보내 국제 구리시장의 동향, 현재의 이용량, 앞으로 예상되는 이용량에 대한 정보를 최대한 많이 확보하게 했다. 1990년대 초는 인터넷만 접속해도 정보를 얻을 수 있는 시대가 아니었기 때문에 무언가를 조사하기 위해서는 발바닥에 땀이 나도록 직접 돌아다니는 길밖에는 없었다. 지금은 시대가 변해서 클릭 한 번이면 정보와 데이터를 얻을 수 있지만, 자기 일에 충실한 투자자들은 현장을 직접 둘러보고 자료를 수집한 후 롱 포지션인지 쇼트 포지션인지를 결정한다.

운용팀은 금속 생산업체를 만나 새로운 광산과 기존 광산의 생산량이 표시된 차트와 도표를 눈으로 확인했다. 이용업체를 직접 만나 구리창고가 빈틈없이 차 있는 것도 확인했다. 길가에서든 이사회실에서든 틈만 나면 회의를 열었지만 나오는 답은 똑같았다. 현재는 공급 포화 상태였다. 구리가 소비되는 속도보다 땅에서 채굴되는 속도가 더 빨랐다. 공급이 늘어날 징후는 보이지 않았다. 아니, 오히려 줄어들 징후만 속속 나타나고 있었다. 로버트슨과 운용팀은 가격이 더는 오를 여지가 없으며 내려갈 일만 남았음을 확신했다. 지금까지 가격이 안정세를 그리거나 약간 오른 탓에 아직은 쇼트 포지션으로 손실을 보고 있는 형세지만, 타이거의 매니저들은 그간의 조사 결과를 확신했다. 조만간 때가 올 것이 분명했다. 타이거의 매니저들이 볼 때 이번만큼 대대적으로 구리 쇼트를 행할 호기는 다시 보기 힘들었다. 리서치에는 틀린 점이 없었고, 이제는 그간의 고생에 대한 결실을 거둘 일만 남아 있었다.

로버트슨은 트레이더들에게 계속 쇼트를 행하라고 지시했는데, 이는 시장이 흘러가는 방향에 완전히 역행하는 행동이었다. 솔직히 로버트슨은 가격이 왜 계속 오르고 있는지를 이해할 수가 없었다. 애널리스트들은 시장이 고평가되어 있다고, 공급이 수요를 웃돈다고(즉, 스토리에 변화가 없다는 뜻이다), 시장이 부적절하게 움직이고 있다고 보고했다.

로버트슨은 애널리스트들의 보고를 믿었다. 그가 볼 때 애널리스트들은 시장 상황을 이해하고 있었으므로 결국에는 구리 가격이 내려갈 것이 분명했다. 그는 무엇보다도, 리서치 결과를 확신했으며 다른 사람들의 행보에 아랑곳없이 자기 일에만 전념하면서 쇼트를 계속 유지한다면 타이거 매니지먼트가 엄청난 이익을 거둘 것임을 의심치 않았다. 다른 사람들이 구리시장에서 놓치고 있는 무언가를 로버트슨은 간파했던 것이다. 그는 시장에서 거래되는 가격을 다 주고 구리를 사들이는 바보같은 짓은 하지 않았다. 구리가 부적절한 가격에 거래되고 있음이 분명했기에 그는 이번 기회를 놓칠 생각이 절대로 없었다.

자신의 거래 방식에 대한 확신과 부하 직원들에 대한 믿음은 그에게 막대한 보상을 안겨주었다. 1996년 봄, 하마나카의 부정행위와 관련한 대대적인 금융 스캔들로 시장이 발칵 뒤집히면서 구리 가격이 대폭락하기 시작했다. 1996년 5월말에 타이거 매니지먼트는 하루에만 구리 쇼트 포지션으로 3억 달러가 넘는 차익을 보았다. 이것은 하루치 이익으로는 창사 이래 최대 금액이었으며, 이번 일로 로버트슨은 역사상 가장 훌륭한 머니매니저 중 한 명으로 입지를 굳힐 수 있었다. 다른 사람들이 잘못 행동하고 있고 자신은 옳다는 확신과 믿음, 그것이 그에게 엄청난 이익을 안겨주었다.

많은 수익으로 기뻐하는 로버트슨에게 기쁨을 배가시켜주는 전화 한 통이 걸려왔다. 조지 소로스의 펀드에서 사령탑을 맡아 영국 중앙은행을 파산 직전까지 몰고 가면서 소로스를 일약 세계 최고의 투자자로 올려놓는 데 일등 공신이었던 스탠 드러켄밀러Stan Druckenmiller라는 트레이더에게서 온 전화였다(9장 참조). 타이거가 이익을 실현하고 며칠 뒤, 전화를 건 드러켄밀러는 로버트슨이 포지션을 유지하면서 계속 가격 하락을 이끈 것에 많은 찬사를 아끼지 않았다. 소로스의 펀드는 1996년 4월에 이익을 전혀 남기지 못한 상태에서 구리 포지션을 모두 처분한 참이었기에 쇼트를 고집했던 타이거처럼 떼돈을 벌지는 못했다. 솔직히 말해 이익은 커녕 오히려 손해만 입고 빠져나와야 했다. 로버트슨에게 이번 승리는 단순한 돈의 승부가 아니라 누가 옳고 그른지에 대한 승부였다. 그는 자신의 리서치가 효과가 있었음을, 자신에게는 옳은 것을 고집할 능력이 있음을 재삼 확인할 수 있었다. 시장이 어떻게 움직이고 동종업계의 사람들이 어떻게 행동하는지에 구애받지 않아야 함을 깨달을 수 있었다. 그는 정보를 갖추었고 자신이 옳다는 신념이 있고 이제는 수익도 올렸

다. 이 세 가지의 결합이 그에게 타이틀을 안겨주었다.[3]

이제 로버트슨과 타이거 매니지먼트의 위상은 어느 때보다도 높아져 있었다. 그의 구리 거래는 헤지펀드를 뛰어 넘어 금융계 전체에 그의 존재를 확실히 새기는 몇몇 거래 중 하나가 되었다. 시대를 초월하는 위대한 트레이더, 투자자, 머니매니저의 반열에 그의 이름도 올라가게 된 것이다.

JULIAN ROBERTSON

타이거의 탄생

월스트리트에서 부富로 향하는 길은 수십 년간 사람들이 품은 욕망과 야망, 좋은 아이디어와 나쁜 아이디어로 닦여 있다. 많은 사람들이 여정을 무사히 마치고 부를 거머쥐기는 했지만, 성공적인 자산운용이라는 관문까지 통과한 사람은 극소수에 불과하다. 20세기의 막이 내린 현재, 스타급 매니저와 트레이더의 수는 겨우 양 손에 꼽을 정도다. JP 모건 JP Morgan, 찰리 메릴 Charlie Merrill, 저 유명한 제시 리버모어 Jesse Livermore, 최근의 조지 소로스, 워런 버핏 Warren Buffett, 마이클 스타인하트, 마지막으로 줄리언 로버트슨이 고작이다. 애널리스트와 작가, 기자, 심리학자 들은 수백 장의 종이와, 그리고 수천까지는 아닐지라도 수백 시간을 들여 투자 대가들의 성공을 조사하고 분석했다. 그들은 일반 대중이 대가의 성공을 보고 배워서 명예와 부를 거머쥐기 위한 나름의 성공 비법을 창출하게끔 도와주고자 노력했다.

줄리언 로버트슨과 다른 헤지펀드 매니저들의 차이점이 무엇이냐는 질문을 한다면, 십중팔구는 천부적인 승부 근성과 자신의 일을 진정으로 즐길 줄 아는 능력이라는 대답을 듣게 될 것이다. 로버트슨은 승리에서 기쁨을 만끽하며, 기쁨을 만끽할 때 승률은 더 올라간다. 이런 연쇄작용 덕분에 그는 더한 기쁨을 만끽할 수 있었고 더 훌륭한 트레이더이자 투자자이자 머니매니저가 될 수 있었다. 로버트슨에게 승리란 모든 것을 의미한다. 그에게는 최고 득점을 유지하는 것이 가장 중요하다. 한번 승리를 맛본 승자는 계속 승리를 원하기 마련이기에 로버트슨은 언제나 승리에 목말라 있다.

그렇다면 한 인간이 어디에서 그런 승부 근성을 얻게 되는 것일까? 로버트슨처럼 유머 감각과 재치가 넘치는 사람이 어떻게 높은 승부근성을 가질 수 있었던 것일까? 이런 천성은 대부분은 어린 시절에 습득되기 마련이다. 우리는 1930년대의 노스캐롤라이나를 살펴볼 필요가 있다.

줄리언 하트 로버트슨 2세는 다우존스산업평균지수Dow Jones Industrial Average가 역사상 최저점인 41.22포인트를 기록하고[1] 대공황의 한파가 몰아닥치기 불과 2주 전인 1932년에 태어났다. 그가 태어난 노스캐롤라이나의 솔즈베리는 피드먼트 고원 지역의 샬럿과 그린즈버러 사이에 있는 인구 2만 7천의 도시였다. 전형적인 남부의 소도시답게 지난 세월의 모습을 고스란히 간직하고 있는 솔즈베리에는 남북전쟁 당시의 남부연합군 포로수용소가 있다. 1930년대와 로버트슨의 성장기 내내, 그리고 1950년대까지 몇 개의 식당과 철물점, 약국 등이 상점의 전부였던 솔즈베리는 여러 면에서 메이베리Mayberry*의 모습과 상당히 흡사하다. 로버트슨과 두 누이(블랜치 로버트슨 베이컨 Blanche Robertson Bacon은 현재 노스캐롤라이나의 롤리에, 윈덤 로버트슨 Wyndham Robertson은 노스캐롤라이나의 채플힐에 살고 있다) 외에도 솔즈베리가 배출한 유명 인사로는 앤드류 잭슨 Andrew Jackson 대통령과 엘리자베스 돌 Elizabeth Dole 상원의원을 들 수 있다. 잭슨 대통령은 사우스캐롤라이나와의 접경지인 왁스호스에서 태어나 어린 시절 상당 기간을 솔즈베리에서 보냈다. 엘리자베스 돌 의원은 줄리언보다 4년 뒤에 솔즈베리에서 태어났다.

솔즈베리는 노동을 중시하고 공동체 정신이 투철한 도시였다. 예전이나 지금이나 이 소도시 시민들은 주말 오후만 되면 파티를 열고 함께 즐긴다. 한번 친구가 되면 다른 곳으로 이사를 간 뒤에도 평생 친구로 지냈다. 이웃 간에 정이 깊었으며 도움이 필요하다 싶으면 기꺼이 팔을 걷어붙이고 도와주었다. 솔즈베리는 한적한 소도시에 대한 미국인들의 상상에 딱 들어맞는 그런 곳이었다.

솔즈베리시는 처음부터 공동체 정신을 기반으로 세워졌다. 주민들이 기억하고 있는 것보다 훨씬 오래 전부터 선조들은 도시의 발전과 유지, 생존을 위해 몸을 아끼지 않았다. 훌륭한 건축물과 공원, 끈끈한 우정 등 이곳에는 남부를 남부답게 만들어주는 특징들이 흘러넘친다.

쇼핑몰과 교외의 주택들이 늘어나면서 시내의 역할이 유명무실해진 다른 도시나 마을들과 달리, 솔즈베리의 시내 중심지는 여전히 생동감과

* 1960년대 TV 시트콤 「앤디 그리피스 쇼」의 무대가 되었던 가상의 소도시

활력을 유지하고 있다. 시민들이 시내 중심가의 역할을 유지시키기 위해 노력한 것도 한 이유고, 주민 대다수가 기존 건물에 애착을 가져 허물지도 않고 높은 가격을 제시받아도 팔지 않은 것도 한 이유다. 시내를 지키기 위한 솔즈베리 시민들의 노력은 어제오늘의 일이 아니다. 실제로 줄리언의 모친인 블랜치 로버트슨은 도시의 역사적 건물 몇 곳을 지키기 위해 앞장서서 활동한 적도 있었다. 그녀 덕분에 도시의 역사연구회인 히스토릭 솔즈베리Historic Salisbury는 일명 리볼빙기금revolving fund이라는 건축물 보존사업을 시작할 수 있었다. 이 기금의 사업 내용을 설명하면 이렇다. 히스토릭 솔즈베리는 건물을 철거하려는 소유주로부터 그것을 매입해서 유지하고 있다가 다시 시장에 내놓아 이 옛 건물을 리모델링하거나 적절한 용도를 찾아낸 사람에게 파는 것이다. 대다수 건물은 1870년대에 세워졌으며 일부는 1850년대에 세워진 것들도 있다. 요즘에도 시내에서는 빈 상점이나 빈 집을 찾기 힘들다. 물론 미술관이나 커피숍, 문구점 같은 현대식 상점들도 들어서 있지만, 솔즈베리 시내는 개인 이발소나 약국 등 옛 시절의 뿌리도 여전히 간직하고 있다.

솔즈베리가 생동감을 유지하는 이유는 시민들이 좋은 시절에나 나쁜 시절에나 변함없이 보인 헌신 덕분이었다. 교외로 이동한 주민들은 거의 없으며, 시내 중심가는 주민들이 원하는 주거, 소매, 상업적 욕구를 모두 만족시키기 위해 발전에 발전을 거듭해왔다. 전직 시장인 마거릿 클루츠Margaret Klutz는 "20년간 노력을 기울이다보니 어느 날 문득 우리는 성공해 있었다"고 말한다. 솔즈베리의 중심가는 노스캐롤라이나에서 **가장 성공적인 중간 규모의 중심가**라는 평가를 자주 듣는다. 지난 5년 동안 건물 1층의 입주율은 95~97%를 유지했으며 주택지구의 주거율은 거의 100% 수준을 유지하고 있었다.

솔즈베리의 성공에는 줄리언 로버트슨 1세와 부인인 블랜치 로버트슨, 그리고 그들 가족의 노력이 큰 역할을 했다. 사업가였던 줄리언 로버트슨 1세는 헌신적인 노력에는 그만한 보상이 따를 뿐 아니라 다른 사람이 할 수 없는 것을 하게 해주는 힘이 있음을 잘 알고 있었다. 그는 지역사회의 발전을 위해 헌신적으로 노력하는 것에서 즐거움을 찾을 줄 아는 사람이었지만, 한편으로는 열정적인 사업가이기도 했다. 로버트슨 1세는 에를랜거 방적Erlanger Mills의 사장이자 재무담당자로 일하며 거의 한평생을 섬유업에 바쳤다. 또한 금융업에도 자취를 남겼는데, 샬럿의 아메리칸 트러스트 컴퍼니American Trust Company의 이사이자, 1976년에 세워진 네이션스뱅크NationsBank의 전신인 노스캐롤라이나 내셔널뱅크North Carolina National Bank의 설립자이기도 했다. (이 은행의 설립은 솔즈베리의 홀리데이인이라는 여관에서 완료되었다.) 누구나 인정하는 실력파이자 행동파였던 로버트슨 1세는 스스로 생각하고 행동하는 모범을 보인 인물이었으며, 상대방이 알아듣기 쉽게 의견을 조리 있게 표현할 줄 아는 사람이었다.

로버트슨 1세는 나무랄 데 없는 차림새로도 정평이 높았는데, 말끔한 외모와 옷차림은 그의 크나큰 자부심이었다. 그가 여성들과 옷의 원단에 대해 이야기 나누는 모습은 흔히 볼 수 있는 광경이었다. 그와 대화를 나눈 사람들은 깊은 인상을 받았다. 그는 장수하는 내내 충만하고 다채롭고 열정적인 삶을 살았다.[2] 남부 아마추어 테니스 대항전에서 우승하기도 하였으며, 비행과 교육에도 관심이 많았다. 계보학에도 관심이 높아서 『리처드 계곡의 윌리엄 로버트슨과 엘리자베스 볼링 로버트슨 일가 The Family of William and Elizabeth Boling Robertson of Richard Va』라는 책을 공동 집필하기도 했다(그는 포카혼타스의 10대손이었다).

군 복무는 로버트슨 1세의 일생에 많은 영향을 끼쳤다. 그는 1918년에 미 육군에 입대하여 전문 저격수와 이동용 병기 훈련교관 자격을 취득한 후 보병대에서 소위로 복무했다. 몇 년의 군 생활을 마친 뒤 고향인 솔즈베리로 돌아와 에를랜거 섬유회사에서 일했다. 2차대전 발발 소식이 들렸을 때는 휴직계를 내고 다시 군대에 들어갔으며, 이번에는 중령 계급장을 달고 유럽 전투를 감독하는 제8보병사단에서 1942년부터 1945년까지 복무했다. 이러한 노고에 대한 보상으로 용감한 군인에게 수여하는 청동성장 훈장을 4개나 받았다.[3]

로버트슨 1세는 섬유회사를 훌륭히 경영한 성공한 사업가인 동시에 현명한 투자자이자 활동적인 자선사업가였다. (승부심과 더불어 자선사업 역시 로버트슨의 세계에서 매우 중요한 역할을 하는데, 그가 타이거를 키우기 위해 그토록 노력했던 이유도 바로 자선사업을 하기 위해서였다. 13장 참조.)

어느 면에서 따져도 로버트슨과 그의 아버지는 원만하고 괜찮은 부자지간이었다. 로버트슨은 아버지에게 시세표를 읽는 법을 배웠으며, 집에서 가족이 다 함께 모일 때 두 사람은 보다 더 훌륭한 종목을 찾아내기 위해 머리를 맞대고 기업을 분석하는 데 많은 시간을 보내기도 했다. 로버트슨은 리서치의 중요성이나 상황 파악의 중요성을 아버지로부터 배웠다. 또한 세심한 부분까지 신경 쓴 옷차림이 중요하며 고급품 사용의 즐거움을 누릴 줄 알아야 한다는 것도 배웠다. 회사에 일하러 나올 때 그는 늘 최고급 맞춤 양복을 입고 이탈리아제 가죽구두를 신었다. 180센티미터가 넘는 키와 단단한 체격은 맞춤 양복을 입은 그의 모습을 한층 돋보이게 해주었다. 부친처럼 그 역시도 깊은 인상을 주기 위해 우아한 이미지를 연출할 줄 알았다.[4]

줄리언 로버트슨 1세는 외아들에게 중요한 존재가 되는 것의 가치를 일깨워주었으며, 가족이 먹고사는 데 부족함이 없고 다른 가족을 도울 여력이 생기도록 열심히 일했다. 그는 겉으로는 말쑥한 차림새를 뽐내지만 안에서는 승부 근성이 불타오르는, 진정한 남부 신사였다. 젊은 줄리언이 위대한 투자자가 되도록 이끌어준 것도 바로 이런 승부 근성이었다. 아버지가 자랑스러워할 만한 근성이었다.

여동생인 블랜치 베이컨의 말을 빌면, 두 부자는 닮은 점이 많기는 하지만 아버지가 좀 더 진지한 타입이라면 아들은 유머 감각이 뛰어났다고 한다.[5] 로버트슨에게 진지함이 조금 모자란다고 해도 그와 대화를 나누거나 그의 행동을 관찰하다보면 정말로 그러한지 의문이 들 수도 있다. 로버트은 자신이 노력파이고 올바르게 행동한다는 데 자부심을 가진 진지한 인간이다. 어린 시절 아버지의 직업생활과 사교생활, 가족을 대하는 행동을 보고 자랐기에 진지함은 로버트슨에게 그대로 스며들어 있었다. 많은 관찰자들은 이런 직업윤리와 신념체계, 그리고 여기에 아버지에게서 배운 리서치 능력이 로버트슨으로 하여금 월스트리트에서 꾸준히 성공가도를 달릴 수 있는 발판을 제공해주었다고 생각한다.

분명 줄리언 로버트슨 1세의 직업윤리는 시들해진 적이 한 번도 없었다. 줄리언 1세는 90줄에 들어서도 솔즈베리 시내의 사무실로 나가 **주식 포트폴리오**를 관리했다. 그는 1995년 2월 22일 95세를 일기로 세상을 떠났다. 「솔즈베리 포스트 The Salisbury Post」 1면에 실린 부고기사에는 줄리언 1세의 별세에 대해 **솔즈베리의 큰 상실**이라고 적혀 있었다. 기사는 아들인 로버트슨의 말을 인용해 이렇게 적었다. "그는 놀라운 사람이었다. 상대방의 의견에는 동의하지 않을지라도 상대방에게도 의견을 말할 권리가 있다는 전제에는 이의를 표하지 않았다."[6]

줄리언 로버트슨이 죽은 뒤 과거 타이거에서 같이 일했던 사람들과 얘기를 나눈다면 아마 그들도 똑같이 말할 것이다. 전 동료들은 로버트슨이 상대방의 의견에 항상 동의한 것은 아니지만, 그들에게 나름의 생각을 표현할 권리가 있음을 이해하는 사람이라고 말한다. 문제는, 로버트슨이 상대방으로 하여금 무엇이 틀렸는지를 납득시키기를 좋아한다는 사실이다. 로버트슨은 상대방과 열띤 토론을 벌여서 그들이 왜 틀렸는지를 조목조목 따지고 들기로 유명했다. 물론 상대방은 로버트슨에게 의견을 말할 기회를 언제든 가질 수 있었다. 그 의견이 아무리 틀릴지라도 말이다.

승부 근성은 로버트슨과 타이거 매니지먼트의 성공을 이끈 여러 특성들 중 하나에 불과하다. 또 다른 특성으로는 리서치 결과에 대한 확신, 탁월한 숫자 감각, 그리고 혼자서는 모든 것을 이룰 수 없음을 잘 이해하는 품성이었다.

솔즈베리의 지도층은 로버트슨의 모친인 블랜치 스펜서 로버트슨이 지역사회 활동에 적극 참여하는 멋진 여성이었다고 기억한다. 그녀는 1930년대 초에 줄리언 1세와 결혼하면서 버지니아 주의 마틴즈빌에서 솔즈베리로 옮겨왔다.

조카딸인 메리 홀티 우드슨 Mary Holtie Woodsen은 "이모는 남부 최고의 미인 중 하나였다. 구혼자가 줄을 이었다. 이모가 줄리언 이모부랑 결혼한다고 했을 때 실망한 신사들이 많았다"고 기억한다.[7]

이웃 시민들에게 선행을 베풀고 많은 사람들의 선망의 대상이 된 것 외에도, 블랜치 로버트슨은 솔즈베리 문화계와 사교계에서 활발히 활동했으며, 미술 후원자였고, 꽃을 사랑한 여성이었다. 남편과 마찬가지로 그녀 역시 고급품을 즐겨 사용했다. 그녀는 컨페더러트 애비뉴 220번지에 있는 집을 값비싼 도자기와 도기 인형, 골동품 가구와 램프, 그리고 아들이 해군에 복무할 때 보내준 인형 수집품으로 채웠다. 이 인형들은 로버트슨이 여러 항구들을 들를 때마다 보내준 것으로 그녀가 진정으로 아끼고 소중히 여기는 소장품이었다. 또한 블랜치는 엄청난 토끼 장식품들로 집안을 채웠다. 집안 곳곳에 천이나 펠트, 돌, 혹은 나무로 만들어진 토끼 장식품들이 놓여 있었다. 그녀가 사망했을 때 그녀의 친구들은 카네이션으로 골조를 잡고 국화로 장식되었으며 행복한 미소를 짓고 있는 아주 거대한 분홍색 토끼를 장례식장에 보냈다. 그것은 주변사람들에게서 사랑을 받았던 한 여인에게 보내는 감동적인 추도사였다. 그녀는 고급 실크와 리넨, 그리고 오늘날 앤티크라 불리는 물건들을 사랑했다.

로버트슨 일가의 집은 언제나 장미 정원에서 갓 잘라온 꽃들로 장식돼 있었고, 줄리언 1세와 블랜치가 사교계의 유명 인사였기에 파티도 곧잘

열렸다. 블랜치는 정원을 가꾸는 데 많은 시간을 보냈으며 정원에 사시사철 꽃이 피도록 하기 위해 아이들의 도움을 많이 받았다. 봄이 되면 그녀와 아이들은 거무스름한 흙 위를 걸어다니며 협죽도, 구주냉이, 금낭화, 페튜니아를 심었으며, 가을에는 튤립과 나팔수선화를 심었다. 계절에 관계없이 집 안팎은 언제나 꽃들로 가득했다.

로버트슨 가족은 대단히 멋들어진 디너와 파티를 여는 것으로도 유명했다. 로버트슨 저택은 많은 행사의 중심지로 중요한 모임이 자주 열리는 장소였다. 남부 양식이 뚜렷이 살아 있는 로버트슨의 대저택은 짙은 색 나무바닥과 크라운 몰딩이 집의 매력과 멋을 한층 살려주고 있었다.

저택의 중앙 홀 바로 뒤편에는 온실 역할을 하는 작은 방이 있었다. 그 방에서 블랜치는 꽃꽂이를 즐겨 하곤 했는데, 가족이 파티를 열 때면 그곳은 남부에서 가장 달콤한 향기를 풍기는 바로 변신하곤 했다.

또한 블랜치는 평생 자선활동에도 많은 시간을 쏟았다. 그녀는 지역사회의 여러 분야에 적극적으로 나서는 자원봉사자였지만, 무엇보다 가장 흥미를 느끼고 열심히 활동한 분야는 솔즈베리의 보존 및 복구였다. 로버트슨 부부는 돈을 넉넉히 기부하는 것으로도 유명했지만, 부인 쪽은 솔즈베리 시내를 보존하고 옛 영광을 되살리기 위한 지역사회 활동에 적극 참여한다는 평도 함께 들었다.

한번은 머틀비치에서 휴가를 보내면서 식료품점을 들렀다가 옆에 있던 한 부부가 브룩그린 가든으로 가는 길을 물어보는 것을 듣게 되었다. 이 사람들이 직접 길을 찾기는 힘들 것임을 잘 알았기 때문에 그녀는 자신이 나서서 그들을 목적지까지 데려다주었다. 사람들은 그녀야말로 이

방인을 만나도 절대로 이방인처럼 대하지 않고 모든 사람을 가족처럼 대한다고 말했다.

로버트슨이 지역사회에 헌신하는 마음과 남을 도울 줄 아는 정신을 가지게 된 것은 그의 모친이 단순히 말이 아니라 행동으로 모범을 보였기 때문이다. 로버트슨 가의 자녀들은 이미 오래 전에 솔즈베리시를 떠났음에도 자신들이 태어난 곳에 후원을 계속하고 있다. 그들은 블랜치와 로버트슨 가족재단Blanche and Robertson Family Foundation을 세우고 기금을 마련해 솔즈베리의 많은 지역 단체에 기부를 하고 있다. 여기에는 어린이와 부모를 위한 독서 프로그램, 지역 고등학교의 신설 야구장을 수리하는 일, 퇴역 군인들을 위한 증축 사업, 골수 검사 사업, 지역 의료 시설 등이 포함돼 있었다.[8] 1986년에 「솔즈베리 포스트」지는 시의 **가장 주목할 만한 여성** 중 하나로 블랜치를 꼽으며 그녀를 **솔즈베리 사회의 위대한 여성**이자 **지난 4반세기 동안 솔즈베리의 모든 주요 행사의 전임 위원장**이라고 칭했다.[9]

로버트슨의 유머 감각이나 다른 사람들과 농담을 즐길 줄 아는 성격도 분명 모친에게서 이어받은 것이다. 그녀는 로버트슨에게 인간관계를 쌓고 사회적, 사업적 역할을 다하기 위한 수단으로서 유머를 이용하라고 가르쳤다.

블랜치 로버트슨은 1993년 12월 여든일곱의 나이로 세상을 떠났다. 「솔즈베리 포스트」의 부고기사는 **우리 시는 '천사'를 잃었다**는 제목으로 그녀의 죽음을 알렸다. 기사에는 그녀를 솔즈베리의 가장 위대한 치어리더라고 표현한 시장의 말 등 지역 유명 인사들의 추모사도 실려 있었다.[10]

장례식장에서 로버트슨은 모친이 상대방의 지갑 크기나, 그 사람의 외모, 혹은 지식수준을 중시해서는 안 된다고 누누이 가르쳤다고 말했다. 이러한 것들은 과거에나 지금이나 중요하지 않다. 중요한 것은 상대방에 대한 자신의 감정이다. 그렇기에 줄리언은 모친을 기리는 추도사에서 솔즈베리시의 **문제아들**조차도 모친을 진정으로 존경했으며 그녀와 어울리는 것을 무척 즐겼다고 말했다.[11]

줄리언 1세와 블랜치 부부는 자신들이 옳다고 믿는 방식으로 자녀를 기르려는 노력을 아끼지 않았다. 로버트슨 가족이 특권층임에는 분명했지만, 부부는 아이들에게 사회적 지위나 사는 곳에 상관없이 모든 사람을 존중할 줄 알아야 한다고 가르쳤다. 블랜치는 자신보다 불운한 사람들을 돕기 위해 많은 노력을 기울였으며 아이들은 엄마의 모범을 통해 많은 것을 보고 배웠다. 줄리언 1세는 아들에게 **승부 근성이 강한 사람**이 되도록 가르쳤고 로버트슨은 아주 어린 시절부터 그런 성격을 잘 드러냈다. 아이들이 어렸을 때 부자는 거실 바닥에 앉아 에소$_{Esso}$(현재의 엑슨모빌 $_{Exxon\ Mobil}$)와 텍사코$_{Texaco}$(현재의 쉐브론텍사코 코퍼레이션$_{ChevronTexaco\ Corporation}$)의 재무제표를 비교하며 어느 회사가 투자금액 1달러당 더 많은 매출을 달성했는지를 확인하곤 했다.

어린 로버트슨에게 친구들과 함께 하는 운동이나 놀이는 소년 시절의 중요한 활동이었다. 그는 야구와 풋볼에서 우수한 선수인 동시에 승부욕이 강한 선수이기도 했다. 다른 소년들과 마찬가지로 어린 로버트슨 역시 지는 것보다는 이기는 것을 좋아했으며, 실력을 기르기 위해 솔즈베리 구장에서 열심히 연습했다. 청소년기 동안 그는 뛰어난 선수였다. 팀의 선수로 선발되어 경기에 참가할 수 있는 시기가 되었을 때에는 실력과 기량이 다른 아이들과 확연히 차이가 났다. 솔즈베리의 구장에서든 월스트리트의 신성한 계곡에서든, 승부 근성은 로버트슨을 성공으로 이끈 원동력이었다. 승부심, 그리고 승리에 따른 보상은 솔즈베리나 월스트리트의 다른 사람들과 그를 가른 원인이었다.

로버트슨 저택의 바로 옆 부지에는 구장 하나가 위치해 있었다. 이 부지는 로버트슨의 아버지가 예전에 구입했던 것으로 로버트슨 집안의 아이들과 다른 이웃 아이들을 위한 운동장으로 이용되고 있었다. 야구 경기를 하기에는 조금 작았지만 풋볼 구장으로는 넉넉한 크기였기 때문에 로버트슨은 또래 친구들을 이곳으로 불러들여 경기를 즐겼다. 로버트슨이 열 살쯤 되던 해의 일이었다. 낯선 소년 하나가 구장으로 와서 같이 경기를 치렀다. 로버트슨이나 친구들에게는 불행한 일이었지만 그 소년은 다른 아이들보다 실력이 월등히 좋았다. 승부심에 불타오른 로버트슨은 그 소년에게 이곳은 자신의 구장이니 떠나라고 말하는 것이 본인의 의무라고 생각했다. 하지만 소년은 그러한 냉대에도 아랑곳 하지 않고 또래 아이들이 흔히 그러하듯 "웃기고 있네"라고 응수했다. 로버트슨은 "나는 못하지만 우리 엄마라면 너를 떠나게 할 수 있어"라고 말한 뒤, 낯선 아이가 자신의 구장을 차지하고 있다는 사실에 이성을 잃고 흥분하여 집으로 뛰어갔다. 로버트슨은 그 아이를 구장에서 떠나게 해달라는 아들의 부탁에 모친이 어떻게 답했는지에 대해서는 말하지 않았지만, 그런 무모한 부탁을 하게 했을 만큼 당시의 패배감에서 느낀 수치심이 얼마나 컸는지는 분명히 기억하고 있었다. 그는 이 사건에 대해 50년이 넘게 한

마디도 하지 않았다. 실제로 (그의 고백에 따르면) 그가 이 사건에 대해 처음 언급한 것은 모친의 장례식장에서였다. 그 사건은 그가 결코 잊지 못했으며 그에게 많은 영향을 미친 것임에 분명하다. 이 일은 로버트슨에게 대단히 중요한 영향을 미친 소도시 생활의 여러 교훈 중 하나로 이때 얻는 교훈들은 이후 수년 동안 여러 측면에서 그의 사업 활동에 계속 중요하게 작용했다.

로버트슨은 경기장에서는 승부욕에 불탔지만 교실에서의 승부에는 별 관심이 없었다. 학창시절 내내 공부는 그의 중요 관심사가 아니었다. 로버트슨 본인의 말을 빌면, 노스캐롤라이나 대학에서도 좋은 시절을 보내긴 했지만 경영학 외에 다른 과목의 성적은 별로 뛰어나지 않았다. 그가 특히 좋아하고 잘하기도 했던 과목은 수학이었다. 학교에 다니는 것이 즐겁긴 했지만, 고등교육에 수반되기 마련인 학문적 엄격함에 대해서까지 즐거움을 느낀 것은 아니었다. 그는 예습·복습을 하거나 시험을 치르는 것을 좋아하지 않았기 때문에 많은 시간을 들이지 않았다. 예상할 수 있는 일이지만, 경영학 수업에는 즐거움을 느끼고 열심히 공부했다. 그는 대차대조표를 읽는 방법이나 숫자를 이해하는 방법, 경제 추이를 분석해 그것이 기업에 미치는 영향을 평가하는 방법을 배우는 것이 좋았다. 경영학 외의 과목에서 중간 정도 성적을 받는 것은 그가 기꺼이 받아들일 수 있는 일이었다. 하지만 경영학 과목에서 2등을 한다는 것은, 훗날 타이거를 운영하게 되었을 때와 마찬가지로, 절대 인정할 수 있는 것이 아니었다.

1955년 23세가 되었을 때 로버트슨은 ROTC를 마치고 소위로 해군에 입대해 탄약보급함에서 복무했다. 2년의 의무복무 기간이 끝났을 때에는 중위였다. 선상에서 생활하고 여러 항구를 거치면서 로버트슨은 스스로의 행동에 책임을 지는 것에 대한 중요함을 배웠다. 먼 길을 돌긴 했지만 해군에서 그는 성숙한 인간으로 거듭날 수 있었다. 또한 해군에서 지낸 시간 동안 그는 미국 밖의 세상을 진정으로 이해하게 되었다. 의무복무 기간 동안 로버트슨은 지중해와 카리브해 등지를 다니고 여러 나라를 둘러보면서 세상 사람들이 어떻게 살고, 일하는지를 직접 눈으로 볼 수 있었다.

로버트슨은 해군 복무 기간이 한 개인으로서 처음으로 **진정한 책임감**을 가지게 된 시기였다고 말했다. 그는 탄약함에서 여러 일들을 수행했으며, 자신의 책임에 대해 일일이 따지고 들지 않은 이유는 국가 안보 때문이었다고 말했다. 그의 탄약함 시절 경험에 대해 이야기를 나누다보면, 해군 복무가 그에게 평생 이어질 영향을 미쳤고 그의 미래를 형성시켰음을 분명히 알 수 있다. 탄약함에서 그가 맡은 임무는 전 세계 주요 도시에 커다란 파괴력을 미칠 만한 무기를 감독하는 것이었다. 즉 무기를 유지 관리하고 준비하는 책임이 맡겨진 것이다. 발사 명령이 내려졌을 경우 함장이 불러야 할 사람이 바로 로버트슨이었다. 해군도 로버트슨도 복무 기간 동안 그가 맡은 책무에 대해서는 한마디도 하지 않았다. 그는 무기가 떨어지지 않게 하고 명령이 떨어졌을 때 즉시 무기를 준비하도록 하는 책임을 맡고 있었다. 젊은 장교에게는 꽤나 무거운 책임이었지만 그는 그런 책임을 지고 있다는 것을 진정으로 즐겼다. 책임감은 그로 하여금 리더십을 이해하게 해주었으며, 책임을 지고 존경을 얻고 더불어

타인을 존중하는 것에 대해 많은 것을 가르쳐주었다. 젊은 시절에 중책을 맡았던 영향은 오늘의 그에게도 계속 이어지고 있으며, 타이거의 20년 역사에도 뚜렷이 작용했다. 상황이 좋지 않을 때에도 그는 꿋꿋이 버티며 역경을 이겨냈다.

해군 시절, 상관들은 로버트슨을 신뢰했다. 배를 준비 완료 상태로 유지하는 것에 관해서도, 부하들이 맡은 일을 충실히 이행하도록 하는 데 관하여서도 로버트슨에 의지했다. 로버트슨은 해군 복무를 통해 자신의 행동은 물론이고 부하들의 행동에도 책임을 져야한다는 것을 배웠다. 그는 훌륭한 리더가 되는 것의 소중함과 자신을 따르는 부하들의 존경을 얻는 것의 중요함을 배웠다. 이것은 로버트슨이 타이거를 세우고 성장시킬 때에도 영향을 미쳤다.

1957년 해군 복무를 마친 로버트슨은 아버지에게 월스트리트로 가 투자업을 배우겠다고 말한다. 그의 아버지 또한 투자와 금융시장을 정식으로 배우려면 뉴욕으로 가야한다고 생각하고 있었다. 누가 뭐래도 뉴욕은 **돈이 있는 장소**였다. 그리고 그의 아들이 돈의 일부와 접할 기회를 찾을 수 있는 곳도 바로 뉴욕이었다.

JULIAN ROBERTSON

3

월스트리트의 남부인

1957년, 로버트슨은 키더 피보디 Kidder Peabody & Co.의 영업부 수습사원으로서 월스트리트에 첫발을 내딛었다. 그는 22년 동안 키더 피보디에서 다양한 영업직을 경험한 후 마침내 회사의 자산운용 사업부인 웹스터 매니지먼트 Webster Management Corp.를 맡게 되었다.

"나는 그들이 믿을 수 있는 정직한 얼간이였다." 로버트슨은 이 유서 깊은 회사에서의 승승장구에 대해 공개석상에서 여러 번이나 그렇게 말했다.[1] 그는 많은 사람들의 신뢰와 감탄을 얻은 정직한 얼간이였다. 사람을 다루는 능력이 뛰어났고 또한 전반적인 시장 상황에 상관없이 고객과 동료를 위해 돈을 벌어주는 능력이 우수했다.

키더에서 로버트슨은 수습사원으로 시작해 사내 영업부의 여러 분야를 경험했다. 영업부는 이 회사의 증권 중개 부서였다. 이곳은 월스트리트의 능력 있는 여러 영업인들이 개인 투자자와 기관투자가들에게 상품(당시에는 주식과 채권)을 판매하는 장소이다. 1960년대부터 1970년대 대부분의 기간 동안 월스트리트의 영업부에서 일한다는 것은 회사의 최전방에서 일한다는 의미였다. 영업부는 수수료와 매매 활동 등을 통해 회사 매출의 상당 부분을 벌어들이는 곳이기 때문이었다. 증권 인수 담당자나 애널리스트로 일하는 것이 더 근사해 보이기는 하지만, 월스트리트에서 회사에 진짜 돈을 벌어주는 사람들은 바로 중개인과 영업부 트레이더들이었다.

로버트슨은 믿을 수 있는 사람이며 사내 동료들의 말에 기꺼이 귀 기울이고 배울 줄 아는 사람이라는 평판을 얻었다. 그는 마치 스펀지처럼 동료와 친구, 경쟁자들로부터 최대한 많은 정보를 계속해서 흡수했다. 키더피보디에서 일하는 동안 그는 회사의 영업부와 매수 부서 양쪽의 업무를 배우고 시장에서 해야 할 일과 피해야 할 일을 이해하는 데 많은 시간을 투자했다. 그는 다른 사람들로부터 배운 지식을 흡수해 회사와 동료, 고객, 그리고 자신을 위한 이익으로 바꾸는 능력이 있었다. 로버트슨은 단순한 증권사 영업사원 이상이었다. 그는 키더에서 일하는 동안 훌륭한 기회를 찾기 위해 열심히 노력했다. 그는 단지 투자 상품을 판매하는 차원에 그치지 않고, 상품을 이해하고 그 상품이 왜 효과가 있으며 그것이 어떻게 고객을 위해 이익을 실현해줄 것인지를 이해하고자 노력했다.

여러 해 동안 로버트슨은 미래의 투자 아이디어와 정보를 얻기 위해 이른바 친구들과 동료들로 이뤄진 독특한 네트워크를 발전시켰다. 그는 주식시장에 중점을 두긴 했지만, 채권 및 원자재 분야에서도 가치투자를 찾아내기 위해 많은 시간을 할애하는 것을 아끼지 않았다.

키더 피보디에서 일하는 내내 로버트슨은 동료와 친구들로부터 재무적 조언이나 도움을 얻고자 할 때 찾아가야 할 사람이라는 평을 들었다. 동료들은 약간의 여윳돈이 생기거나 보너스로 무엇을 해야 할지 모를 때면 로버트슨에게 그 돈을 관리해달라고 맡겼다. 그는 느리지만 착실하게 시장 여건에 상관없이 이익을 낼 수 있는 확실한 투자자라는 평판을 쌓아나갈 수 있었다. 친구들과 동료들의 평가를 통해 로버트슨은 다른 사람이 놓친 금맥을 찾기 위해 열심히 노력하는 사람이라는 평판을 얻었다. 그리고 정보를 수집하고 분석해서 자신과 고객을 위해 돈을 벌 수 있도록 정보를 이용하는 법을 이해하는 사람이라는 평판을 얻었다.

1960년대 중반 키더에서 증권 인수 업무를 하던 로버트 버치Robert Burch는 **아주 약간**의 돈을 벌고 있었다. 그와 동료들은 로버트슨이 시장에서 거둔 성공에 대해 들었고, 그 성공에 동참하기를 원했다. 당시 버치가 5,000달러 정도의 보너스를 받았을 때 그는 그 돈을 로버트슨에게 주면서 투자를 부탁했다. 버치는 로버트슨이 어디에서 투자 아이디어를 얻으며 얼마나 오랫동안 그 투자를 할 것인지를 묻지 않았다. 단지 로버트슨을 직접 겪으면서 버치는 그가 기회를 찾아내고 이익을 실현시키는 방법을 아는 사람이라는 것을 잘 알고 있을 따름이었다. 버치는 로버트슨이 고객을 위해 거둔 성공에 대해 들었다고 말했으며 동료들의 말을 통해 그가 가치를 발견하는 재능이 뛰어나다는 것을 이해했다. 버치는 로버트슨이 자신보다 더 훌륭한 투자 결정을 내릴 수 있을 것이라고 여겼기에 로버트슨에게 돈을 맡기는 것이 상여금을 투자하는 올바른 길이라고 결정했다. 버치가 로버트슨에게 보여준 믿음은 타이거가 성장하고 계속해서 많은 자산을 끌어 모을 때까지도 계속 이어졌다. 투자자들은 로버트슨이 돈을 관리하는 법을 알고 있음을 이해했으며, 그의 능력을 믿었고, 그가 자신들의 편에서 올바른 투자를 해줄 것이라고 믿었다.

언제나 그렇듯이 투자는 좋을 때도 있고 나쁠 때도 있기 마련이지만, 이후 10년 동안 실적에 상관없이 버치를 비롯한 키더의 다른 동료들은 계속해서 로버트슨에게 돈을 관리해달라고 맡겼다. 그러면서 그들은 싹을 틔우기 시작한 머니매니저와 끈끈한 우정과 네트워크를 다져나갔다. 그 관계가 대단히 튼튼하다는 것은 로버트슨이 타이거를 시작했을 때 입증되었다. (오랜 세월이 흐른 후에도 그들의 우정은 변함없이 유지되었다. 오늘날도 로버트슨은 버치에게 새로 투자할 만한 펀드에 대한 아이디어를 공유한다.) 로버트슨은 이미 기록적인 투자 실적을 달성했으며, 더 중요한 것은 한 인간이 어떻게 투자를 하고 시장에서 어떻게 기회를 찾아내고 이용하는지를 바로 옆에서 목격한 충성스런 잠재적 투자자 집단이 생겼다는 것이었다.

로버트슨은 키더에서 리서치 감각을 발전시켰으며, 가치투자의 기회를 제공하는 기업들을 찾는 일에서 즐거움을 느꼈다. 키더에서 그는 가치 사냥을 위한 도구를 얻을 수 있었다. 로버트슨의 가장 첫 번째이자 중요한 도구는 가치투자의 기본을 이해하고 있다는 것이었다. 가치투자는 이해하기 간단하고 쉬우며 활용법도 어렵지 않지만, 인내와 설득이 필요하기 때문에 제대로 터득하기가 정말 어렵다.

로버트슨식 투자 스타일의 발전을 이해하고 타이거의 투자 전략 뒤에 숨은 방법론을 이해하려면, 제일 먼저 가치투자의 기본부터 이해해야 한다. 오늘날 가치투자라고 하면 사람들은 흔히 워런 버핏Warren Buffett과 찰리 멍거Charlie Munger라는, 시대를 초월한 위대한 투자자들의 이름부터 떠올린다. 하지만 이 두 훌륭한 투자자들도 벤저민 그레이엄Benjamin Graham과 데이비드 L. 도드David L. Dodd로부터 게임을 배웠다.

가치투자는 새로운 개념이 아니며 수세기 동안 계속된 것일 수도 있는데, 그 이유는 싼 값에 물건을 사기를 원하는 사람이 어느때나 있었기 때문이다. 하지만 투자 원칙으로서의 가치투자가 실제로 빛을 본 시기는 1940년대와 1950년대로, 1934년에 출간된 투자서의 베스트셀러이며 현재 개정 5판까지 나온 그레이엄과 도드의 책 『증권 분석Security Analysis』이 나온 후였다.* 이 책은 기업의 수치 및 각 사업의 재무적 상태를 평가함으로써 기업을 관찰하고 미래의 전망을 가늠하게 해주는 방법에 대한 이론들을 일목요연하게 정리하고 있다.

그레이엄과 도드는 이렇게 적었다. **투자 운용은 애널리스트를 통해 원금 및 적절한 수익의 보전을 약속해주는 것이다.** 잠재적 투자 대상을 평가하고 조사하고자 할 때 살펴봐야 할 내용은 여러 가지가 있지만, 그레이엄은 다음의 여섯 항목을 기업 분석의 필수 요소로 설명한다.

1. 수익성

* 『증권 분석』은 현재 개정 6판까지 나와 있다.

2. 안전성

3. 순이익증가율

4. 재무 상태

5. 배당

6. 주가의 역사

그레이엄과 도드의 증권 분석 개념 뒤에 숨은 아이디어는 투자자에게 과거와 현재에 대한 정보를 제공하고 미래에 대한 기대치를 정량화하도록 도와준다. 증권 분석의 개념은 증권의 가치 및 수익률의 기대치를 정하기 위해 산업과 개개 기업들의 증권을 면밀히 검토하고, 그럼으로써 투자자는 가격이 지나치게 높은 증권과 지나치게 낮은 증권을 구분할 수 있게 된다는 것이다.[2]

그레이엄과 도드는 **의학이나 법학, 경제학과 마찬가지로 투자도 기술과 학문 사이의 어딘가에 위치한다**고 적었다. 잠재적 투자에 관한 중요한 사실을 찾아내고 제시하기 위해 증권 분석을 이용하는 것은 학문으로서의 투자를 뒷받침해준다. 학문으로서의 투자 개념은 해당 증권의 내재가치 intrinsic value 와 리스크 특성을 결정하기 위해 정보를 수집하는 것이다.

그레이엄과 도드가 정의한 증권 분석은 지난 50년이 넘는 세월 동안 그래왔듯 지금도 월스트리트에서 행해지는 모든 분석의 기초이다. 시대가 변해 어떤 경우에는 컴퓨터가 훨씬 쉽고 효율적으로 분석 작업을 해주지만, 깊이 있는 방법론들은 그레이엄과 도드의 기념비적 책에 바탕을 두고 있다.

그레이엄과 도드의 책은 로버트슨에게도 가치투자의 원칙을 알려주었다. 투자자로서 일하는 내내 그는 투자 상황에 대한 주의 깊고 종합적인 분석을 대신할 것이 없음을 잘 알고 있었다. 분석은 결국 리서치를 말하는데, 여기에는 엄격한 재무 분석만이 아니라 회사의 현 상태와 앞으로의 전망을 정확히 파악하기 위해 기업 경영진과의 면담이나 주요 고객, 공급업체, 경쟁사와 논의하는 것도 포함되었다. 가치투자자로서 로버트슨의 능력은 고객에게 투자 아이디어를 설명하는 영업인으로 일하던 참호에서 습득한 것이었다. 키더에서 일하면서 그는 기본적인 가치투자 철학과 그것이 제공하는 기회를 평가하는 법을 배울 수 있었다.

펀더멘털을 중시하는 투자의 기본은 그레이엄과 도드의 책에 나오지만, 몇몇 투자자들이 남들과 달라 보이고 경쟁자들보다 더 많은 성공을 거두는 것처럼 보이는 이유는 그들이 단지 그레이엄과 도드의 이론과 실제를 충실히 이행할 수 있었기 때문만은 아니다. 승부 근성이 얼마나 강한지, 그리고 그런 승부 근성을 일상적인 투자 결정에 얼마나 적용할 수 있는지도 중요하다.

로버트슨의 선택은 분명했다. 그것은 현실에 들어맞고 적용 가능한 시스템을 이용한다는 것이었다. 여러 해에 걸쳐 로버트슨은 투자 기회를 찾고 탐색하면서 값싸거나 저평가돼 있어 가치 실현의 가능성을 제공해주는 무언가를 찾는 데 초점을 맞추곤 했다.

키더에서 근무하고 월스트리트의 여러 훌륭한 사람들과 만나며 로버트슨은 주식이나 기타 금융 수단에서 기회를 찾아내고 활용하는 방법을 이해하는 머니매니저로 성장해 나갔다. 로버트슨의 아버지는 추진력과 야망을 심어주고 승리의 중요성을 가르치고 사업에 대한 열정을 일깨워주었다. 키더는 이런 특성을 더욱 발전시켜 로버트슨이 재무보고서를 이해하고 리서치를 행하고 친구들과의 귀중한 네트워크를 구축하는 데 필요한 실용적인 능력을 갖추게끔 해주었다.

또한 로버트슨은 많은 사람들이 흔히 칭하는 '시장'이라는 것이 존재하지 않음을 배웠다. 그러한 시장은 존재하지 않는다, 그는 그렇게 결론지었다. 단지 이 장소, 저 장소에서 거래하는 기업들의 총체가 있을 따름이었다. 그는 시장과 게임을 벌인다면 어느 누구도 실제로 돈을 벌 수 없다고 믿었다. 그가 볼 때 돈을 버는 유일한 방법은 저가에 주식을 매입해 그것이 올라가는 것을 지켜보는 것 외에는 없었다. 가치 사냥은 그가 가장 즐기는 것이었다. 가치 기회를 사냥하는 것이야말로 그를 성공으로 이끌어준 요인이었다.

거의 20년 넘게 키더에서 재직하는 동안 로버트슨은 상황이 어떻게 돌아가며 투자 아이디어가 왜 실패하는지를 이해하고자 많은 시간을 들여 노력했다. 키더의 여러 부서를 경험한 뒤 마침내 그는 자산운용 사업부를 책임지게 되었다. 하지만 그는 자신이 그 일을 탐탁치 않아 한다는 것을 깨달았다. 로버트슨에게 있어서 증권사의 영업은 업무 그 자체가 아니라 다른 사람들을 대신해서 업무를 봐주는 하나의 방법일 뿐이었다. 마케팅도 마음에 들지 않았다. 그런 마케팅으로는 자신의 능력이 차별화되지 못했기 때문이었다. 월스트리트에서 마케터들은 재능을 가진 사람들이 아니라 두뇌가 모자라는 사람들로 여겨졌다. 그들은 다른 사람들의 일에 기대어 돈을 버는, 단순한 명령 접수자에 불과하다고 비춰졌다. 로버트슨은 이런 인식을 용납할 수 없었다. 그는 생산자가 되고 싶었으며 존경을 원했고 최고가 되고 싶었다. 그가 볼 때 이 셋 모두를 한꺼번에 이룰 수 있는 유일한 장소는 헤지펀드밖에 없었다. 하지만 모든 위대한 계획이 다 그렇듯, 실제로 행동에 옮기기 전에 정교히 다듬고 정의하고 확장할 필요가 있었다. 그는 리서치를 행할 필요가 있었고, 이 일을 위해 키더에서 일하는 좋은 친구에게 도움을 부탁했다. 그가 바로 로버트 버치였다.

1970년 가을에 로버트 버치는 메리 존스와 앨프리드 존스의 딸인 데일 존스Dale Jones와 결혼했다. 거의 같은 시기에 로버트슨과 밥(로버트)은 앨프리드 존스와 점심을 함께 하면서 헤지펀드의 개념과 그 개념을 자산운용에 활용하는 방법에 대해 깊이 있는 대화를 나눴다. 돈이나 시장에 대한 대화에 별 관심이 없다고 소문이 나 있던 존스는 그보다는 상품이 움직이는 방식이나, 혹은 그것을 적절한 사람들이 올바른 방법으로 적용했을 때 왜 훌륭한 효과를 내는지에 대한 주제에 더 관심이 있었다.[3]

존스는 롱과 쇼트를 병합하는 포트폴리오가 대단히 강력할 수도 있다는 사실을 깨닫고서 21년 전에 최초의 헤지펀드를 시작했다. 사회학자에서 저널리스트로, 그리고 머니매니저로 전향한 앨프리드 윈슬로 존스에 의해 1949년에 처음 시작된 헤지펀드는 순수 자본주의의 마지막 요새를 찾는 월스트리트 사람들의 선택 수단이 되면서 전 세계를 휩쓸어왔다. 실력 있고 운도 좋은 사람이 수천만 달러까지는 아니어도 매해 수백만 달러를 연달아 벌 수 있는 일은 헤지펀드 외에는 없었다. 운동선수들은 그만한 연봉이 가능하겠지만 그들의 직업에는 시간 제한이 있었다. 게다가 실제로 NBA나 메이저리그에서 뛰게 되는 선수가 과연 몇 명이나 되겠는가?

헤지펀드 산업은 무급 저널리스트였던 존스가 가족을 위해 더 나은 생계수단을 찾으면서 시작되었다. 1949년에 「포천」지의 기사를 조사하는 중에 존스는 전체 주식 시장이 움직이는 방식과 개개의 주식이 시장과 관련해 어떻게 움직이는지를 관찰하기 시작했다. 「예측의 유행Fashion in Forecasting」이라는 제목의 이 기사는 존스에게 두 가지를 가르쳐주었다. 첫째, 시장이 상승과 하락을 반복하는 것은 분명하지만 등락의 시기가 언제일지 알아맞히는 것은 불가능했다. 둘째, 많은 시장 전문가들은 자신들의 일을 실제로는 전혀 이해하지 못하고 있었다.

존스의 아들 토니는 이렇게 말했다. "아버지는 기사 소재가 되는 사람들 대다수보다 자신의 머리가 뒤떨어지지는 않는다고 믿었으며, 저널리스트로 일하면서 가족들을 제대로 부양하지는 못할 것임을 일찌감치 깨달으셨다. 그래서 아버지는 헤지펀드 산업을 탄생시키는 작업에 본격적으로 착수하기 시작했다."

존스는 기사를 위한 자료를 조사하면서 트레이더들이 주식시장의 행동을 이해하는 방식과, 그들이 거래 패턴을 관찰하고 아이디어를 발전시키는 방식을 살폈다. 「포천」지 기사를 쓰기 위해 했던 조사는 오늘날 우리가 헤지펀드라고 알고 있는 산업의 기초를 일부분 닦아주었다. 존스는 이렇게 적었다.

주식시장의 흐름을 예측하기 위한 일반적이고 오래된 방법은 제일 먼저 시장 외부의 사실과 수치들을 관찰하고, 그 다음으로 주가를 분석해 가격이 너무 높은지 아니면 너무 낮은지를 확인하는 것이다. 화물차의 적재량, 원자재 가격, 은행의 어음 교환, 세법 전반, 정치적 전망, 전쟁이나 기타 무수한 다른 요인들의 위험이 기업의 순이익과 배당을 결정하며, 이 두 가지가 금리와 더불어 주가를 결정짓는다(그리고 장기적으로도 마찬가지이다). 하지만 그 동안에 끔찍한 악재가 끼어들면 케인스가 말했듯 장기적으로 우리 모두는 죽게 된다.

예를 들어 1946년 늦여름에 다우지수가 5주 동안 205에서 163으로 떨어지며 작은 패닉을 유발했다. 하지만 주식시장과 상관없이 주가 급락 전의 경기는 좋은 편이었고, 급락 후에도 좋은 상태를 유지했고, 그 이후로도 계속 좋았다.

그러나 시장 내부의 특성을 주로 살피는 시장 애널리스트들은 다가오는 주가 하락을 예상할 수 있었다. 이런 예측력을 얻기 위해 그들은 주식시장이 매일같이 쏟아내는 통계 수치를 연구한다. 여러 방법으로 다듬어지고 해석되고 분석된 데이터는 주식시장에 서비스를 제공하는 20여 개의 회사들이 판매하며, 수백 혹은 수천 명의 투자자들이 이를 개별적으로 이용한다. 증권사들이 자료의 정확성을 믿으면서 주식 투자에 유용하게 활용하고 있기 때문에 그러한 자료의 사용은 점차 늘고 있다.[4]

존스는 자신이 수집한 리서치 자료를 활용해, 시장 타이밍이 아니라 종목 발굴에 집중하게끔 해주는 투자 전략을 발전시켰다. 그의 아이디어는 롱 포지션과 쇼트 포지션 모두를 활용하는 포트폴리오를 만드는 것이었다. 롱과 쇼트를 혼합한 포트폴리오를 만들어낼 수 있다면, 시장 고유의 변동성을 견딜 수 있을 것이라는 아이디어였다. 따라서 자산운용 매니저는 시장이 상승하는 강세장에서 이익을 낼 수 있으며(롱 포지션이 가치를 늘려주기 때문이다) 약세장에서도 이익을 낼 수 있다(쇼트 포지션이 가치 하락을 상쇄시켜 주기 때문이다). 다시 말해 투자자는 시장 여건에 상관없이 어느 때든 차익을 실현할 수 있다는 뜻이 된다.[5] 존스는 롱 포지션과 쇼트 포지션이 고루 구성된 헤지 수단을 마련함으로써 투자자가 하락장에서는 시장 리스크를 최대한 줄이고 상승장에서도 리스크 노출을 감소시킬 수 있음을 깨달았다. 강세장 bull market이라고도 불리는 상승장에서는 롱 포지션이 가치를 높여줄 것이고, 약세장 bear market 이라고도 불리는 하락장에서는 쇼트 포지션이 포트폴리오의 손실을 막아줄 것이다.

　이와 같은 포트폴리오 조합 방법은 변동성을 제한한다는 점에서 상당히 합리적으로 보였다. 하지만 다른 모든 훌륭한 아이디어가 그렇듯이 이 포트폴리오 전략에도 한 가지 중요한 문제가 있었다. 즉, 롱 포지션으로 어떤 주식을 선택하고 쇼트 포지션으로 어떤 종목을 선택할 것인지의 문제였다. 결국 이론이 제구실을 하기 위해서는 누군가 그 이론을 실제에 옮겨 이해할 수 있어야 했고, 존스에게는 그것이 커다란 문제였다. 그가 롱쇼트 전략의 가치는 이해하고 있었지만, 롱 포지션을 취할 종목과 쇼트 포지션을 취할 종목을 찾기 위한 리서치를 행하는 방법을 알고 있다고는 말할 수 없었다.

존스는 괜찮은 저널리스트였고 리서치에 있어서는 아주 훌륭했지만 종목 선택에는 별로 뛰어나지 못했다. 그는 헤지된 포트폴리오 안에서 투자 이익을 실현시켜줄 적절한 종목을 찾아낼 수 없었다. 결국 그는 자신이 종목 발굴보다는 세일즈에 더 능하다는 사실을 이해하고서 자산 관리를 다른 사람들에게 맡겼다. 그는 수많은 트레이더로 구성된 조직을 만들었고, 그 조직 안에서 트레이더들은 회사의 운용 자산을 재량껏 거래할 수 있었다. 쉽게 말해서 존스는 복합 전략적인 펀드를 운영한 셈으로, A. W. 존스 앤 컴퍼니 A. W. Jones & Company의 모든 트레이더들은 시장을 돌아다니면서 각자의 펀드를 운영하듯 원하는 포지션을 취할 수 있었다.[6]

존스의 모델 대부분은 오늘날 헤지펀드의 청사진으로 남아 있다. 존스의 모델에 따르면 헤지펀드는 무한책임 파트너 general partner(매니저)가 유한책임 파트너 limited partner(투자자)의 자산에서 발생한 이익의 일부를 나눈다는 점에서 유한책임조합 limited partnership, 합자회사인 셈이다.* 헤지펀드는 항상 레버리지를 이용하며 쇼트 포지션도 일정 부분 포함하고 있어야 한다. 존스는 쇼트를 이용함으로써 헤지펀드가 호황과 불황 모두에서 성공을 할 수 있다고 믿었다. 이익의 20%는 무한책임 파트너가, 나머지는 유한책임 파트너가 가지게 된다. 존스는 운용보수의 필요성을 믿지

---

* 무한책임 파트너는 투자조합의 운영을 맡으면서 투자에 대해 무한 책임을 지니는 사람으로 다른 말로 무한책임 조합원이나 무한책임 사원이라고도 한다. 반면에 유한책임 파트너는 자금의 일부를 대지만 운영에는 관여하지 않는 일반 투자자를 말한다. 유한책임 조합원이나 유한책임 사원이라고도 한다.

않았는데, 그것이 펀드매니저가 투자 자산을 모으기 위한 경쟁에서 포트폴리오의 실적을 등한시하는 결과를 낳는다고 생각하기 때문이었다.

분명 존스가 만들어낸 것은 현대적인 헤지펀드의, 혹은 존스 자신의 말을 빌면 헤지된 펀드hedged fund의 보수 체계였다. 하지만 그는 헤지펀드 회사가 성공하는 데 도움이 될 만한 투자 전략을 만들어내지 못하고 있었다. 이 점에서 우리는 벤저민 그레이엄과 데이비드 L. 도드의 저서를 다시금 상기할 필요가 있다. 이 둘은 가치투자와 현대적인 증권 분석 기법을 발명하고 개발하고 이용했다.

헤지펀드의 원칙을 개발하고 만들어내고 실행시킨 사람은 존스임이 분명하지만, 그의 투자 전략 일부는 다른 투자자들과의 논의를 통해 생겨난 것이라고 볼 수도 있다. 그는 헤지펀드 개념을 최초로 이론적으로 정립시키고 이를 실제에 이용했지만, 가치투자를 만들어낸 것은 아니었다.

로버트슨이 헤지펀드 회사를 시작하기로 결심했을 때 앨프리드 윈슬로 존스에게서 상당히 중요한 영향을 받았음이 분명하다.

버치, 존스와 대화를 나누면서 로버트슨은 헤지펀드를 운영할 때 얻게 되는 힘과 보상을 깨닫기 시작했다. 결국 로버트슨은 헤지펀드를 발명한 장본인보다 이 사업을 그리고 그것이 주는 가치를 더 잘 이해한 셈이었다. 그들의 만남은 중요하기도 했지만 동시에 기이하기도 했다. 존스는 사업이나 장사에 대한 얘기를 좋아하지 않는, 월스트리트의 덫에 갇힌 지식인이었다. 존스는 책을 읽고 저자에게 전화를 걸어 그를 점심식사에 초대해 토론을 즐기곤 했다. 그는 물이 왜 특정한 방향으로 흐르는지에 흥미가 생겨서 그것을 이해하기 위해 몇 주 혹은 몇 달을 할애하곤 했다. 존스가 헤지펀드 사업을 시작한 이유는 자신과 가족이 더 안락하고 부유한 생활을 누리기 위해서기도 했지만, 동시에 투자 외적인 관심거리들을 연구할 자금을 벌기 위해서기도 했다.

로버트슨, 버치, 존스, 이 세 사람이 깊이 있는 대화를 나눈 시기는 시장이 붕괴하고 있던 1970년, 1973년, 1975년이었다. 이 경험은 로버트슨에게 쇼트 포지션을 일부 유지할 때의 장점을 가르쳐주었다. 사실 세 사람은 대화를 나누면서 포트폴리오에 쇼트 포지션을 포함시키는 것의 가치에 대해 상당히 많은 토론을 나누었다. 당시 월스트리트에서 쇼팅 shorting*은 흔한 수단이 아니었다. 대다수 투자자들은 쇼팅이 어떻게 작용하고, 더 중요하게는 왜 그렇게 되는지 이해하지 못했다. 그렇기에 그들은 무엇이 좋은 쇼트이고 무엇이 나쁜 쇼트인지도 알지 못했다. 쇼팅은 투자 세계에서 사람들이 좋아하는 거의 모든 것에 대해 반대편 입장에 서는 것이다. 회사가 망하는 것은 물론이고 돈을 잃기를 원하는 사람은 아무도 없다. 하지만 1970년대의 시장은 계속해서 추락을 거듭하고 있었다. 존스가 볼 때 자신의 성공을 위해서는 쇼팅이 꼭 필요했다. 로버트슨은 존스와 대화를 나누면서 그리고 현실 세계 속에서 그 교훈을 잘 배울 수 있었다.

1978년이 되자 로버트슨은 키더 피보디에서 충분히 오래 일했으므로

---

* 빌린 쇼트 포지션을 파는 행위를 쇼트 셀링(short selling)이라고 하며, 이를 줄여서 쇼팅이라고 부른다.

안식휴가를 가져야겠다고 결심했다. 그는 "하고 있는 일에 일종의 염증을 느끼게 되었다"고 말했다. 키더 피보디에서 일하는 막바지 동안 그의 업무는 대부분 실제로 자산을 운용하기보다는 자산운용 상품을 판매하고 마케팅하는 데 초점이 맞춰져 있었다. 그는 판촉 기획을 하는 것보다는 실적에 비례해 보수를 받는 것에 더 관심이 있었다.

로버트슨은 아내 조시, 두 아들과 함께 뉴욕을 떠나 뉴질랜드로 갔다. 안식휴가의 목표는 뉴질랜드에서 훌륭한 소설 한 편을 쓰는 것이었는데, 북부로 간 남부인이 월스트리트에서 성공을 거둔다는 내용이었다. 조시는 로버트슨이 뉴질랜드에 있을 때보다 오히려 뉴질랜드에 가기 전 영국의 항구도시 사우샘프턴에 머물 때 집필을 더 많이 했으며 "뉴질랜드에서는 책을 쓰는 일에 금방 싫증을 냈다"고 설명했다.

로버트슨이 뉴질랜드로 가기로 결심한 데에는 두 가지 이유가 있었는데, 첫째는 그 나라의 막대한 지리적 자원에 흥미가 생겼기 때문이었고 둘째는 아들인 스펜서와 제이가 언어 문제를 겪을 일이 없기 때문이었다. (조시는 여행 중에 막내아들인 알렉스를 가지게 되었고, 가족이 미국에 돌아온 직후 출산했다.) 로버트슨은 뉴질랜드의 단위면적당 천연자원 보유량이 세계 어느 곳보다도 많다고 생각했으며, 가족과 탐험을 즐기기에도 좋은 장소라고 생각했다. 훗날 그는 뉴질랜드에 오두막을 짓고 골프 리조트를 세우고 와인 양조장을 매입한다. 로버트슨은 자신의 안식년에 대해 말할 때면, 뉴질랜드에서는 모두가 평등했다고 상기했다. 그는 삶의 속도가 느리게 흘러간다는 것을 매우 즐겼으며, 테니스를 비롯한 여러 스포츠를 하면서 많은 시간을 보냈다. 그는 뉴질랜드에서는 새 테니스공을 구하기가 정말 힘들기 때문에 다 낡아 너덜너덜해진 공으로 테니스를 치는 경우가 많았다고 즐겁게 회상했다. 그는 골프 코스에서 파를 달성했던 일을 뉴질랜드에서 가장 즐거웠던 기억 중 하나로 꼽았다. 뉴질랜드에서의 경험은 로버트슨에게 좋은 일이 어떻게 진행되는지에 대한 교훈을 가르쳐주었다. 그 경험은 로버트슨으로 하여금 자신이 이룬 것을 제대로 평가하도록 가르쳐주었으며, 다음 인생 국면을 계획하도록 도와주었다.

뉴질랜드에서 돌아온 로버트슨은 키더 피보디를 그만둬야 할 때가 왔다고 생각했다.

JULIAN ROBERTSON

타이거, 새로운 사냥터를 발견하다

하루 단위로 모든 점수가 기록되고 평균이 주시되고 있다는 점에서 월스트리트는 프로스포츠 세계와 대단히 흡사하다. 월스트리트에서 위대한 사람을 만드는 요인은, 특히 트레이딩이나 증권 중개, 자산운용 부문의 경우, 선수의 기질이다. 선수가 아닌 사람도 좋은 성적을 낼 수 있지만, 월스트리트에서 진정으로 빛나고 중요한 사람들은 팀의 일원이 되어 경쟁을 이해하고 승리와 패배의 차이를 잘 아는 사람들이다. 월스트리트에서는 매일 점수가 기록되기 때문에, 승부 근성을 가지고 경기를 펼쳤거나 펼치는 사람들만이 성공의 의미와 그것이 얼마나 중요한지를 진정으로 이해한다.

로버트슨에게 성공이란 자신의 업무에서 마땅히 받아야 할 인정을 받기 위해 본인의 사업을 시작해 점수를 내고 뛰어난 평균 점수를 유지하는 것이었다. 그가 볼 때 헤지펀드는 세상에 남겨진 순수 자본주의의 마지막 보루 중 하나였다. 의심의 여지없이 헤지펀드는 한 개인이 자산운용 능력만으로 평가를 받고 노력에 부응하는 진정한 보수를 받을 수 있는 유일한 부문이었다. 로버트슨은 대안이 없다고 여겼다. 헤지펀드는 홀로 일어서서 월스트리트에 자취를 남길 수 있는 유일한 방법이기에 그는 헤지펀드를 시작해야 했다.

뉴질랜드에서 안식년을 끝내고 돌아온 직후 로버트슨은 타이거펀드를 세우기로 결심했다. 그는 존스가 헤지펀드로 성공을 거둔 것이나 다른 수많은 펀드매니저들이 헤지펀드를 성공적으로 출범시키는 것을 목격했다. 그는 투자자들이 돈을 집어넣을지 아닐지 선택할 수 있다는 것이 마음에 들었다. 그에게 그것은 훨씬 간단한 사업이었다. 또한 그는 조지 소로스와 로버트 윌슨이 헤지펀드에서 거두는 성공을 목격하는 것이 좋았으며, 이러한 성공의 물결 속에 자신에게 다른 선택이 없음을 이해했다.

로버트슨은 헤지펀드 업계에서는 실적에 비례해 보상을 받는다는 개념이 마음에 들었다. 실적이 좋으면 보수를 받고, 실적이 좋지 못하면 아무 보상도 얻지 못한다. 말하자면 할당 수수료나 연봉 같은 것이 없었다. 헤지펀드 매니저들에게는 투자자들을 위해 돈을 벌어주는 능력이 보상을 받을 수 있는 유일한 길이었다. 펀드매니저가 돈을 벌어 투자자가 이익을 볼 수 있다면 펀드매니저도 보상을 받을 수 있었다. 펀드매니저가 돈을 잃어 투자자가 손실을 입는다면 보상을 받을 수 없었다. 펀드매니저의 부는 투자자의 부와 정확히 비례했다. 그는 이러한 보상 모델이 마음에 들었고 그에게 가장 합당한 모델이기도 했다.

로버트슨과 당시 그의 파트너였던 소프 매킨지 Thorpe McKenzie는 1980년 5월에 800만 달러의 운용 자산을 갖추고 타이거펀드를 시작했다. 로버트슨이 뉴질랜드에 있는 동안 그를 대신해 고객들을 맡아주었던 매킨지는 개인적인 이유와 업무적인 이유로 1982년에 타이거를 떠났지만, 로버트슨을 떠나 자신의 회사를 차렸을 때 그는 몇 년 전보다 훨씬 부자가 돼 있었다.

새로운 헤지펀드를 시작하려면 서류 작업과 투자자 유치가 중요하지만, 펀드의 이름 역시 대단히 중요하다. 두 사람은 회사와 펀드 이름으로 여러 개를 두고 고민했지만 딱히 마음에 드는 것을 찾을 수가 없었다. 그런데 당시 일곱 살이었던 로버트슨의 아들 스펜서가 회사 이름을 타이거라고 부르자고 제안했다. 두 사람이 볼 때에도 좋은 이름이었다. 스펜서가 그 이름을 제안한 이유는 로버트슨이 이름이 기억나지 않는 사람들을 부를 때면 으레 타이거라고 부르기 때문이었다.

펀드를 출시했을 때 로버트슨과 매킨지는 자신들이 끌어 모은 초기 자본 액수에 대단히 실망했다. 머니매니저들이 흔히 그렇듯이 두 사람도 그동안 투자 업계에서 모은 인맥을 동원하기만 해도 더 많은 자본을 모을 수 있을 것이라고 믿던 참이기 때문이었다. 당시 로버트슨에게는 1억 달러를 모으는 것이 목표였다고 한다. 불과 몇 년이 지나지 않아 훌륭한 투자 실적과 강력한 마케팅이 뒷받침되었을 때 회사가 얼마나 커질 수 있는지를 깨달으면서 로버트슨은 그때 정했던 상한선 규모를 내던졌다.

타이거의 첫 고객 중 한 명은 버치였다. 1980년대 초에 앨프리드 존스는 버치에게 A. W. 존스 앤 컴퍼니의 일선 운영을 맡아달라고 부탁했다.

버치가 경영을 맡으면서 회사는 극적인 변화를 맞았다. 실제로 회사의 펀드매니저와 트레이더 들을 통해 직접 투자를 하던 조직이 다른 헤지펀드를 통해서만 투자하는 조직으로 변한 것이다. 그러한 개념은 존스로 하여금 재간접펀드에 눈을 돌리게 했다. 이렇게 함으로써 회사는 비용을 낮은 수준으로 유지하고 존스 스타일에 들어맞는 최상의 헤지펀드에 제한 없이 접근할 수 있게 되었다. 버치의 첫 선택은 타이거였다. 당시 타이거는 영업을 시작한 지 1년 정도 된 상태였다. 버치는 많은 시간을 들여 투자할 펀드를 찾아다녔고 자신의 구미에 맞는 펀드를 다섯 개 정도 찾을 수 있었다. 이 중 존스의 펀드매니저들이 운영하는 펀드는 세 개였다. 버치는 타이거가 마음에 들었다. 그는 2000년 타이거펀드가 사업을 접을 때까지 매해 회사 자산의 일부를 이 펀드에 맡겼다.

1980년에 자산운용사를 차린다는 것은 많은 사람들이 볼 때 그다지 훌륭한 생각은 아니었다. 다우지수는 1966년 고점인 1000포인트 수준에서 머물다가 계속 하락해 1980년에는 800 중반 수준에서 거래되고 있었다. 이후 상당한 폭락을 겪으며 저점인 650 정도까지 내려간 후 주가는 반등하기 시작했고, 1982년과 1983년에 레이건 정부의 세제 감면 정책이 시행되면서 맨해튼 남부에 호황장이 시작되었다. 그로 인해 이후 5년 동안 강세장이 이어지면서 주가는 2700포인트까지 올랐다.

타이거를 세운 후, 로버트슨은 회사가 게임을 벌일 수 있도록 키더 피보디에서 배운 교훈과 월스트리트에서 몸소 겪은 교훈들을 이용했다. 그는 정보를 얻을 수 있는 탄탄한 인맥을 만드는 것이 성공의 비결이라고 배웠다. 월스트리트에서 처음 일할 때부터 그는 전 세계에 인맥을 쌓기 위해 열심히 노력했다. 그들은 잠재적 투자 대상에 대한 정보를 줄 수 있는 사람들이었으며, 로버트슨이 투자 결정을 내리기 전에 합리적인 투자위원회로서 움직여줄 수 있는 사람들이었다.

월스트리트에서 일하던 초기에 로버트슨은 오래된 격언 한 가지를 제대로 이해하고 따를 수 있어야 한다고 배운 바 있었다. 한번 세일즈맨은 영원한 세일즈맨이라는 격언이었다. 영업 업무를 해본 사람의 말은 반박하기가 대단히 힘들다. 그 다음으로 반박하기 힘든 것이 월스트리트의 영업부에서 일해본 사람들의 말이었다. 겉으로 드러난 모습으로는 타이거를 시작했을 당시 로버트슨이 자산운용 사업의 투자 상품 기획에 별 관심을 가지지 않은 것이 분명했지만, 자신이 상상할 수 있는 수준보다도 회사를 더 키우기 위해서는 상품 기획 능력이 절대적으로 필요했다.

타이거펀드 초기에 로버트슨은 현재와 미래 투자자들과 커뮤니케이션 하는 것이 회사 성공에 중요한 역할을 한다는 것을 깨달았다. 그래서 그는 투자 상품을 판매하고 운용 자산을 끌어 모으는 능력에 많은 관심을 보였다. 그가 이용한 커뮤니케이션 방법은 투자자들에게 편지를 보내는 것이었다. 커뮤니케이션은 타이거의 성공에서 빠져서는 안 될 핵심 요인이었다. 투자자들에게 쓰는 편지에서 로버트슨은 시장이나 경제 전반, 백악관, 혹은 세계 전반에 대한 자신의 견해를 즐겨 피력했다. 로버트슨의 커뮤니케이션 의지는 국내는 물론이고 해외에서도 그의 헤지펀드 판매와 마케팅을 성공으로 이끈 주요 요소 중 하나였다. 동시에 그는 정보가 전달되는 것보다 더 빠른 속도로 정보를 수집하기 위해 자신의 방대한 인적 네트워크를 활용했는데, 이를 통해 정보 고속도로라는 개념이 실현되기 오래 전에 이미 본인 스스로 정보 고속도로가 될 수 있었다.

타이거 매니지먼트를 출범했을 때 로버트슨의 네트워크는 이미 대단히 방대한 수준이었다. 그는 단지 수화기를 집어 들기만 해도 필요한 사람 누구하고도 연락이 닿을 수 있었다. 로버트슨은 잠재적 투자 대상이든 아니면 잠재적 투자자이든, 자신의 인맥과 관계에 자부심을 가지고 있었다. 이러한 능력과 자신의 네트워크를 계속해서 다듬고 확대하면서 로버트슨은 타이거의 기초를 미래에 맞게 닦을 수 있었다.

정보 수집을 위한 그의 전화 이용은 전설적일 정도이다. 한 기자는 그가 전화 거는 모습을 지켜본 후 단축 다이얼이 로버트슨을 위해 발명된 것이 분명하다고 말했을 정도였는데, 전화 한 통을 끝내기가 무섭게 바로 다른 전화번호를 누르는 일이 다반사였기 때문이다. 타이거에서 로버트슨이 주로 하는 일은 통화를 하거나 차트를 보거나 정보를 검토하는 것이었다. 그는 타이거가 필요할 때 적시에 알맞은 사람에게서 정보를 확보할 수 있도록 네트워크를 계속해서 발전시켜나갔다.

여러 해에 걸쳐 로버트슨은 세계를 여행하며 안면을 트게 된 수천 명의 명함집을 만들었다. 계속해서 정보를 모으고 처리했으며 필요 없는 정보를 가려냈다. 그는 훗날을 위해 정보를 비축해두는 사람으로도 알려져 있었다.

타이거 출시는 단순히 일을 시작한 것 이상이었다. 로버트슨은 언제나 움직이는 상태에 있어야 했다. 그는 최초의 진정한 멀티태스커에 속하는 사람이었다. 회의를 할 때에도 가만히 앉아 있질 못했다. 정보를 찾기 위해 이 사람 혹은 저 사람과 끊임없이 통화를 했다. 어떤 사람은 친구였고 어떤 사람은 전직 동료였으며 또 어떤 사람은 단지 로버트슨이 그냥 통화하고 싶어한 사람들이었다.

로버트슨의 숫자 능력이 대단하기는 하지만, 기업에 대해 재무제표 이외의 정보를 수집하고 처리하는 능력 역시 거의 초인적인 수준이다. 친구와 동료들은 로버트슨이 사교적 환경에서는 대단히 정중하며 친절하고 재미있고 유머 감각도 뛰어나다고 말하지만, 자신이 열중하는 무언가를 만난 경우에는 그게 무엇이든 다른 사람의 약점을 끄집어내는 비상한 재주가 있다고도 말한다. 투자 결정을 내릴 때 그는 이런 약점을 서슴없이 이용한다.

여느 헤지펀드가 다 그렇듯이 타이거도 처음에는 비교적 작은 규모로 시작했으며, 로버트슨과 매킨지는 펀드 운용을 위한 자료 조사와 트레이딩을 전부는 아닐지라도 대부분은 직접 처리해야 했다. 로버트슨은 합리적인 결정을 내리려면 진행 상황을 소상히 알고 있어야 하며 각각의 변수가 지금과 미래의 상황에 어떤 영향을 미칠지를 이해해야 한다고 말했다. 하지만 회사가 성장하면서 혼자서 무수히 많은 정보를 처리하기가 벅차게 되었다. 그래서 타이거가 존재했던 대부분의 기간 동안 로버트슨은 포트폴리오에 무슨 종목을 포함시키고 무슨 종목을 포함하지 말아야 할지에 대한 최종 결정만을 내렸다. 대신 그는 좋은 학교를 나온 똑똑한 인재들을 적절히 기용해 이들이 여러 가지 질문을 던지고, 많은 답을 찾아내고, 아이디어의 바탕이 될 지식과 정보에 대한 갈증이 가시는 일이 없도록 훈련시킬 수 있었다.

타이거의 운용 자산이 늘어나면서 인적 자산도 같이 늘어났다. 그리고 회사에서 일하는 직원들의 수가 증가하는 동안 운용 자산도 마찬가지로 늘어났다. 타이거가 존속하는 동안 타이거에는 확실히 한 명의 추장과 엄청 많은 인디언들이 있었다. 로버트슨은 자신이 거느린 집단이 대단히 다채롭고 똑똑하다는 사실에 자부심을 느꼈지만, 머리만 좋은 책상물림들이 타이거 초창기 시절의 합의적인 분위기에 방해가 되는 때도 분명 있었다.

모친과 마찬가지로 로버트슨도 농담이나 장난을 의사소통의 한 방편으로 이용했다. 하지만 모친과 다른 점은 로버트슨이 선을 넘는 수준까지 농담을 하거나 비아냥대곤 했다는 것이다. 타이거에서 같이 일한 동료 대부분은 처음 타이거 사무실에 들어왔던 당시에는 다소 견디기 힘들었지만, 그래도 그의 비아냥거림을 무사히 이겨냈다는 것에 스스로 대견하게 여겼다. 로버트슨은 자신의 외모에 대한 자부심이 대단하기에 그렇지 않은 사람을 자주 놀리곤 한다. 그는 상대방의 옷차림을 칭찬하거나 물어보는 것을 서슴지 않으며 마음에 드는 의상을 발견하면 어디서 구입했는지 물어보고 대부분은 직접 가서 구입하기도 한다. 하지만 마음에 들지 않는 옷차림을 보면 두고두고 놀림거리로 삼는 일도 많다. 한 전직 동료는 로버트슨의 비아냥거림을 피가 날 정도로 긁어대 가려움증이 가실 날이 없는 모기 물린 자국에 비유하기도 했다.

지속적인 성장을 하던 타이거에는 개인적 충돌이나 리더의 분노가 원인이 되어 여러 문제가 일어났다. 이러한 문제는 많은 스트레스에 시달리는 투자 회사 대부분에서 흔히 발생하는 것으로, 성공에 따른 금전적 보상으로 대부분이 참고 넘어가게 된다. 회사가 존재하는 내내 타이거의 모든 직원이 높은 보수를 받았으며, 모두가 높은 보수를 받고 있음을 잘 알았고, 그러한 높은 보수를 유지하겠다는 결심이 단호했다. 사업 초기, 회사가 성장하고 이익이 높아지면서 더불어 월급도 올라가자 모든 직원이 즐거워했다. 로버트슨이나 타이거의 직원들에게 그러한 즐거움은 앞으로 다가올 일의 시작에 불과했다.

1980년 5월에 문을 연 타이거가 연말에 공개한 수익률은 모든 수수료를 제외하고 54.9%였다. 반면에 S&P 500과 모건 스탠리 캐피털 인터내셔널 지수Morgan Stanley Capital International Index, MSCI[*]의 수익률은 각기 28.9%와 21.8%였다. 타이거펀드는 대단히 훌륭한 출발을 한 것이었다. 1981년에 타이거는 진짜 능력을 보여주었다. S&P와 MSCI의 한 해 수익률이 -4.9%와 -4.8%를 기록한 반면에, 타이거펀드는 각종 수수료와 보상을 제외하고도 19.4%였기 때문이다.

로버트슨 본인에게 있어 키더를 떠난 것은 그의 인생에서 가장 잘한 결정이었다. 이제 그는 운용 자산을 끌어오는 것에 대해서 보수를 받게 되었을 뿐 아니라 그 자산을 성공적으로 운용한 것에 대해서도 보수를 받고 있었다. 호랑이가 본래의 길을 걷기 시작한 것이다. 그리고 1년 반 동안 회사를 운영하면서 로버트슨과 그의 동료들 모두는 실수를 하지 않는 것이 얼마나 중요한지를 절실히 깨달았다.

[*] 모건 스탠리의 자회사인 모건 스탠리 캐피털 인터내셔널이 주식, 채권, 헤지펀드 등 투자 수단을 망라해서 발표하는 지수로, 국제적인 자기자본 포트폴리오의 벤치마크로 널리 활용된다.

JULIAN ROBERTSON

5

포효하기 시작하는 타이거

타이거는 1982년과 1983년에도 보수와 수수료를 제외하고 42.4%와 46.7%의 수익률을 올리면서 주가지수보다 높은 실적을 계속 유지했다. 조지 오웰의 해인 1984년에도 타이거펀드는 주가지수를 무릎 꿇게 했다. 타이거펀드의 투자자들이 1984년에 거둔 수익률은 20%가 조금 넘었는데, 이는 벤치마크인 S&P의 13.9%와 MSCI의 15.5%를 앞지르는 것이었다. 1984년 4사분기에만 타이거펀드는 거의 17%의 수익률을 달성했다. 반면 같은 기간 S&P 500이 세운 수익률은 고작 1.7%에 불과했다. 회사는 이제 성장기에 접어들고 있었고 기존 투자자와 새 투자자들로부터 운용 자산이 계속해서 새로 유입되었다.[1)]

헤지펀드의 개념은 아주 단순하다. 헤지펀드는 그 구조상 롱 포지션만을 취하는 전통적인 펀드에 비해 펀드매니저들이 훨씬 폭넓은 전략과 수단을 이용할 수 있다. 이론적으로 말해 헤지펀드 매니저들은 이런 유연성을 활용하여 시장 변동성을 완화시키는 안전장치를 마련할 수 있어야 한다. 헤지펀드가 가장 흔히 이용하는 투자 전략은 롱쇼트 전략이다. 유명 헤지펀드 매니저들은 대개 이 전략에서 출발한 다음 다른 전략으로, 이를테면 글로벌 매크로 트레이딩global macro trading*, 다양한 차익거래arbitrage 전략, 그리고 어떤 때는 채권시장 전략 등으로 확대해간다. 헤지펀드 매니저는 자신이 관리하는 자산 액수가 기존 전략에 들어맞지 않거나 혹은 다른 투자 운용 분야에도 능력을 활용할 수 있다는 믿음이 생길 경우, 투자 전략을 바꾸게 된다. 어떤 매니저는 사업을 발전시키기 위하여 다른 투자 분야로 옮겨가기도 하는데, 그들은 새로운 투자 전략이나 펀드를 투자 운용 실무의 자연스런 연장선으로 바라보기도 한다. 회사가 발전할수록 헤지펀드 매니저들은 투자자에게 더 뛰어난 투자 역량을 선보여야 한다. 문제는, 대다수 전략들이 운용할 수 있는 자산 규모에 한계가 있기 때문에, 투자자가 맡긴 자산을 거절하고 싶지 않은 매니저는 밀려드는 자산을 적절히 운용할 다른 전략을 찾아봐야 한다는 것이다.

이는 타이거 매니지먼트가 처한 딜레마이기도 했다. 펀드매니저가 30명을 넘어선 시점에서, 타이거의 운용팀은 분명 투자 게임의 대가들이었다. 하지만 회사 수치를 자세히 검토하자 훌륭한 투자 실적과 관련해 훨씬 인상 깊은 것이 드러났다. 1984년 동안 타이거는 쇼트 포지션에서 엄

---

* 전 세계 각국의 주요 경제 추세와 정치 전망 등을 중시하여 각국의 경제, 금리, 환율 등 거시지표 예상을 기초로 주식, 채권, 통화, 선물 등 다양한 투자 대상에 대해 롱과 쇼트 전략을 이용하는 거래 전략

청난 차익을 실현했다. 그해 실적의 절반 이상이 성공적인 쇼트 거래에서 나온 것이었다. 로버트슨과 그의 팀은 진정한 헤지펀드를 운용하고 있었던 셈이다. 타이거펀드는 시장 여건에 관계없이 수익을 올리고 있었으며, 투자자들에게 회사가 전통적인 롱 투자에서 가치를 발견하는 것만이 아니라 쇼트 투자에서도 기회를 찾아내 활용할 수 있음을 입증했다.

투자자들은 더 많은 돈을 투자함으로써 타이거의 성공에 화답했다. 투자할 자산이 더 많아질수록 투자 대안도 더 많이 필요해졌다. 기회를 찾기가 갈수록 어려워지자 로버트슨은 더 많은 시장에서 훌륭한 거래 기회를 찾아내기 위해 애널리스트 수를 늘렸다. 그의 말을 빗대자면, 문제를 개선하는 방법은 같은 목적을 위해 함께 일하는 사람들의 수를 늘리는 것이었다. 로버트슨은 두 가지 길로 성장에 이를 수 있다고 보았는데, 하나는 전통적인 시장 투자이고 다른 하나는 글로벌 매크로 투자였다.

전통적 시장에서 경제와 **주식회사 미국**의 현 상태에 대한 분석은 그를 보수적인 길로 이끌었다. 그는 미국 시장에 낙관주의가 너무 팽배해 있다고 믿으면서 지금의 현상에 너무 열광하지 말아야겠다고 마음 먹었다. 「인베스트먼트 어드바이저리 센티먼트 Investment Advisory Sentiment」지가 투자 심리를 측정한 결과는 모든 응답자의 59%가 호황을 예상하고 23%만이 불황을 예상하고 있음을 보여주었다(나머지 응답자들은 답하지 않았다). 로버트슨이 확인한 바로는, 그해 첫 2주 동안 아메리칸증권거래소 American Stock Exchange, AMEX와 장외시장의 신용거래계좌 margin account가 지나칠 정도로 많아져 있었으며, 풋콜 비율 put-call ratio, PCR은 많이 낮았다. 대다수 사람들에게 이는 낙관주의를 의미했다.

풋콜 비율이란 콜옵션 거래량 대비 풋옵션 거래량의 비율이다. 머니매니저들은 이것을 투자 심리를 파악하는 수단으로 활용한다. 콜옵션 거래량이 높고 풋옵션 거래량이 낮다는 것은 투자자들이 낙관적이라는 의미이다. 로버트슨과 타이거의 펀드매니저들이 진정으로 낙관적이 되는 것은 대다수 투자자들이 비관적이 될 때 뿐이다. 로버트슨이 살펴본 데이터는 포트폴리오에 자금을 대기 위한 투자자들의 차입금이 기록적인 수준임을 보여주었다. 이번 조사를 통해 투자 대중이 낙관주의에 빠져 있고 그로 인해 시장이 계속 올라가는 것임이 분명히 드러났다. 같은 시기에 현명한 돈은 시장을 빠져나가 쇼팅을 하고 있는 듯 보였다. 전문 투자자들이 보기에 이런 행복감은 조만간 끝날 것이고 시장이 침체기로 바뀌는 것도 시간문제였다.[2]

또한 머니매니저들은 시장의 유동성 부족도 감지했다. 다시 말해 주가 상승의 연료가 될 현금이 충분치 않았다. 시장에 흘러드는 자산은 연기금이나 이익분배기금 profit-sharing plan이 아니라 투기꾼들에게서 나오고 있었고, 이는 랠리가 지속되지 못할 것임을 의미했다. 당시 항상 낮은 수준이긴 했지만 연기금이나 이익분배기금의 투자는 시장에 보다 많은 안정성을 제공해주는 편이었다. 그러한 기관투자가 없었기에 안전망의 구멍이 숭숭 뚫리고 있었다.

로버트슨과 타이거의 매니저들은 이 상황을 이용할 방법을 찾기 시작했다. 그들은 돈을 운용할 적당한 투자처를 물색할 필요가 있었는데, 그들이 발을 들이밀지 않은 분야 한 곳이 소형주 small cap stock였다. 소형주란 작고 투기성이 높으며 거래도 빈약하고 리서치 자료도 거의 구할 수 없는 종목들이다. 이들은 보통 주류 투자로 취급되지 않는 신흥 기업들이다. 지금까지 로버트슨이나 그의 애널리스트들은 소형주를 레이더망에 올려놓고 있지 않았지만, 이제는 유망해 보였다.

이 새로운 영역을 탐구하기 위해 로버트슨은 투자자들에게 도움을 청했다. 로버트슨은 투자자들에게 그의 조사 범위에서 벗어나 있을 수도 있지만 포트폴리오에 집어넣으면 좋을 것 같은 기업들에 대한 아이디어를 요청했다. 과거에도 성공한 많은 투자 매니저들이 소형주를 적극 활용해 투자자들에게 수익을 제공한 바 있었다. 로버트슨은 이러한 기회의 순간이 다시 한 번 무르익었다고 생각했기 때문에 투자자들에게서 이런 기업들을 찾을 방법에 대해 도움 받기를 원했다. 로버트슨은 제일 먼저 투자자들에게 여러 통의 전화를 거는 일부터 시작했다.

로버트슨이 판단하기에 1985년이 호경기가 될 조짐은 그다지 보이지 않는 편이었다. 꽃이 만개하는 시기가 왔지만 회사는 수동적인 투자 자세를 취하고 있었다. 회사의 데이터는 세계적으로 모든 상황이 좋지 않음을 보여주었다. 무엇보다 두 가지 사항이 그의 머리에 경종을 울려댔다. 첫째, S&P 500 전체 기업과 S&P AA 등급 기업들의 채권수익률 차이가 단 몇 주 만에 175베이시스 포인트(1bp=0.01%) 이상 벌어졌다. 그로 인해 주식에 비해 채권의 투자 매력이 훨씬 커졌고, 이것은 주식 투자 매니저들에게는 좋은 일이 아니었다. 둘째는 달러화의 극심한 가치 하락으로, 로버트슨은 이로 인해 주식시장과 채권시장에서 부정적인 반응이 나타날 것이라고 생각했다. 그의 리서치 결과는 외국인 투자자들이 멕시코 페소화 같은 다른 통화의 가치가 하락할 경우에는 어차피 금액이 달러로 지정돼 있기 때문에 손실을 보지 않고 무사히 넘어갈 수 있음을 보여주었다. 페소화가 미 달러당 28에서 200페소로 하락할 경우에는 채권 발행자가 손해를 입게 되는데, 그 이유는 빌린 돈을 달러로 지불해야 하기 때문이다. 하지만 지금은 달러화의 가치가 떨어지면서 채권자들이 손해를 입고 있었고, 로버트슨은 채권자들이 손실을 입을 경우 미국이 발행한 주식과 채권의 포지션을 매도하게 될 것이라고 생각했다.[3]

타이거는 주식 시장에서 상당한 기회를 발견하기는 했지만 그래도 다소 신중하게 움직였다. 로버트슨은 시장의 변동성이 너무 높으므로 다소 보수적인 투자 정책을 추구할 필요가 있다고 생각했다. 그가 이처럼 보수적인 투자 전략을 취하게 된 원인은 세 가지로 생각할 수 있다. 월스트리트에 만연한 상승장에 대한 낙관주의, 장외시장과 AMEX 종목들 위주로 과도한 투기가 진행되고 있지만 보다 안정적인 연기금이나 이익분배 기금의 투자가 저조하다는 점, 그리고 달러화의 가치 하락이었다.[4]

그럼에도 로버트슨은 1985년 3월 시점에서 몇몇 종목이 **믿을 수 없을 정도로** 싸다고 결론지었다. 또한 그는 기업사냥꾼이나 경영권 인수자들에게서 일종의 희망도 발견했다. 여러 기업들에서 경영권 인수를 위한 기회가 무르익어 있었고, 로버트슨과 그의 팀은 경영권이 인수될 가능성이 높은 기업들을 찾기가 쉬운 편이라고 보았다. 그래서 그는 그런 종목을 포트폴리오에 포함시키기로 했다.

하지만 잠재적으로 경영권 인수가 일어날 기업을 찾아낸다고 해서 타이거가 변동성이 높은 시장을 이겨낼 수 있는 것은 아니었다. 회사는 그 이상이 필요했다. 글로벌 시장으로 사업을 확대할 필요가 있었다. 따라서 포트폴리오에 포함할 새로운 종목을 발굴하고 찾아내는 한편, 로버트슨은 더 많은 수익을 내기 위해 타이거 전체의 투자 전략을 확대하고 글로벌 시장의 다른 분야로 옮겨가는 방안을 마련하는 데에도 집중했다. 타이거는 이미 롱쇼트 게임에는 도가 튼 상태였으며, 이제는 더 많은 이익을 실현시켜줄 새롭고, 더 크고, 더 유동적인 시장을 찾고 있었다. 답은 단순했다. 바로 글로벌 매크로 투자였다.

글로벌 매크로 투자를 간단히 설명한다면 국경, 경제, 정치적 환경에 상관없이 수익 기회를 찾는 것을 의미한다. 글로벌 매크로는 세계 어느 분야에서든 투자 기회를 찾아내 그것을 활용해 이익을 실현시킬 수 있다. 대부분의 글로벌 매크로 투자는 특정 국가의 통화, 채권, 혹은 기업에 이익 실현의 기회가 있는지를 알아보기 위해 그 나라의 지정학적 상황, 경제 상태, 정치 등의 요소를 관찰한 다음 거기서 발견한 투자 기회를 활용한다. 일부 매니저들은 특정 국가 위주로 자세한 조사를 진행하기도 한다. 다시 말해 그들은 한 번에 한 나라를 관찰한 후 국내외의 다양한 요소들을 토대로 투자 결정을 내린다. 세계를 몇 개 지역으로 나눈 다음 해당 지역에 투자하는 식으로 보다 폭넓게 움직이는 매니저들도 있다.

글로벌 매크로 투자를 행하고자 할 때 펀드매니저는 금리, 경제정책, 인플레이션, 정치 안정 등 여러 요소들을 감안해 글로벌 경제 추이에 대한 포괄적인 견해를 바탕으로 포트폴리오를 구성한다. 매니저는 개별 종목이나 채권의 실적을 고려하는 것이 아니라 한 나라나 지역의 전체 경제를 조망한다. 이 말은 곧 펀드매니저가 전체 자산군의 가치 변화에서 이익을 내야 한다는 것을 의미한다. 예를 들어 한 펀드매니저가 미국 달러화와 일본 주식에 대해서는 롱 포지션을 취하고 유로화와 미국 채권에 대해서는 쇼트 포지션을 취할 수 있다는 것이다. 실제로 글로벌 매크로 매니저는 전 세계 증권시장에서 이익을 내기 위해 어디든 갈 수 있고 무엇이든 할 수 있다. 글로벌 매크로 투자에서 매니저가 이익 실현의 기회를 찾기 위해 이용하는 자료는 기본적으로 무한대이다. 거래가 성공할 경우 보상은 대부분 막대한 수준이며 실패할 때의 손실 역시 엄청나다. 글로벌 매크로 투자의 원칙은 한 바구니에 계란을 모두 담지 않는다는 것이다. 또한 많은 이들이 엄청난 손실 가능성에 주저하면서도 또 한편 많은 사람들이 이 전략에 모이는 이유는 막대한 이익 잠재력 때문이다. 헤지펀드 매니저들은 대개 글로벌 매크로 투자 쪽으로 기우는데, 이 거래를 행할 경우 불필요한 위험을 감수하지 않으면서도 막대한 자본을 운용할 수 있기 때문이다.

슬리피지slippage*는 펀드매니저가 새로운 자산을 받아들이는 것을 고려할 때 절대 간과해서는 안 될 투자 방정식의 중요 요소이다. 펀드매니저는 시장에 동요를 일으키지 않고 얼마나 많은 돈을 넣거나 뺄 수 있는지 계산해야 한다. 주식을 매입할 때 너무 큰 포지션을 취할 경우 주가가 지나치게 급등할 수 있다. 이렇게 되면 이익 가능성이 줄어든다. 또한 펀드매니저는 일단 이익이 실현되었을 때, 더 중요하게는 포지션이 투자자에게 불리한 방향으로 움직이기 시작했을 때, 포지션을 철회할

* 의도한 거래 체결의 예상 가격과 실제 체결 가격 사이에 발생하는 차이

수 있는지 확인해야 한다. 포지션이 지나치게 크면, 시장이 추락할 경우 제때 발을 빼지 못할 수 있다. 시장에 영향을 미치지 않는 수준에서 회사가 취할 수 있는 포지션의 규모와 범위는 제한적이기 때문에 매니저가 운용하는 자산이 일단 일정 수준을 넘게 되면 포트폴리오를 다루기가 어려워질 수도 있다. 따라서 그들은 더 큰 자산을 원활히 다루고 보다 큰 유동성을 제공해줄 수 있는 여러 전략들을 실험한다. 로버트슨, 소로스, 스타인하트 같은 매니저들이 글로벌 매크로 전략을 택하는 것도 이런 이유 때문이다. 그들의 펀드가 대단히 커지면서 운용해야 하는 돈도 엄청나게 많아졌다. 그들이 할 수 있는 일은 더 크고 유동적인 시장을 물색하는 것이 고작이었다. 불행하게도 주식시장은 그리 유동적이지가 못하다. 채권시장이나 통화시장에 비하면 주식시장은 대기업을 제외하고는 상대적으로 유동성이 부족하다. 시장에 큰 소동을 일으키지 않으면서 재빨리 그리고 효율적으로 진입하고 빠져나올 수 있는 방법을 찾다보면 대형 펀드의 매니저들은 가장 유동적인 시장에 이르게 된다. 바로 통화시장이다. 달러화, 유로화, 파운드화, 엔화의 세계 시장이 단연코 가장 유동적인 시장이다.

로버트슨과 타이거가 가치주를 찾아내는 펀드매니저에서 글로벌 매크로 매니저로 변화하기 시작한 것은 타이거의 자산이 급속도로 불어나던 1980년대 중반이었다. 전 세계의 개인 투자자와 기관투자가들이 돈을 맡기면서 로버트슨과 타이거의 애널리스트들은 더 많은 돈을 운용할 수 있는 투자 분야를 찾아내야 했다. 주식시장에서 투자자들은 해당 기업의 주식 규모나 범위에 따른 제약을 받는다. 하지만 글로벌 매크로 투자에서는 자산 규모가 큰 문제가 될 일이 거의 없다. 로버트슨과 타이거의 애널리스트들은 채권시장과 통화시장의 유동성이 매우 높기 때문에 막대한 자본을 투입해서 포지션을 운용해도 유동성 문제를 겪을 위험이 없다는 것을 깨달았다.

로버트슨과 타이거가 본격적으로 글로벌 매크로 투자를 시작한 것은 1985년 이 회사가 달러 거래에 뛰어들어 큰 이익을 벌어들이면서였다. 이러한 차익을 통해 로버트슨은 글로벌 매크로 투자를 행하면 막대한 수준의 자본을 운용할 수 있으며 그 결과로 커다란 이익을 벌어들일 수 있음을 직접 체험했다. 달러 거래에 본격적으로 진출하기 시작하면서 타이거펀드는 주식시장과 주식 관련 상품에 집중하던 펀드에서 거래할 수 있는 모든 대상에 초점을 맞추는 펀드로 방향을 전환하게 되었다.

로버트슨이 말했다. "우리는 깨닫지도 못하는 사이 계속해서 많은 돈을 글로벌 매크로 거래에 투입했는데, 유동성이 그 어느 분야보다도 높기 때문이었다. 그러면서 우리는 마치 삼투압 현상처럼 점점 더 매크로 거래에 관여하게 되었다. 우리에게 잘 맞는 쪽으로 일종의 장기적인 진화를 한 셈이었다."[5]

1985년 1사분기 동안 타이거의 실적은 부침을 겪었다. 첫 두 달 동안 타이거의 수익률은 S&P 500을 겨우 50베이시스 포인트 앞질렀을 뿐이지만, 분기 말에는 수익률을 약 4% 차이로 따돌렸다. S&P 500의 수익률이 9.2%에 불과했던 반면에, 타이거의 수익률은 12.9%로 올랐다.[6]

타이거가 거의 4% 가까이 더 높은 수익률을 올렸던 이유는 그 기간 동안의 달러화 약세를 이용했기 때문이었다. 달러화는 영국 파운드화에 비해 거의 20% 가량 떨어졌으며 전체 통화 시장에 비해서는 10%가 넘게 가치가 하락되었다. 이것은 로버트슨의 귀에 달콤한 음악이었다. 그는 평소에도 강달러가 미국 경제에 직면한 가장 큰 문제 중 하나라고 믿었기에, 달러화의 가치 하락을 기꺼이 이용했다.[7]

하지만 5월 말이 되면서 상황이 변했다. 타이거는 복제 의약품generic drug 부문에 보유한 몇몇 쇼트 포지션으로 인해 막대한 손실을 입었다. 이 잘못된 쇼트 포지션은 타이거 수익률을 5% 가까이 깎아먹었다. 로버트슨과 그의 팀은 복제 의약품 회사들이 전반적으로 고평가돼 있으며 조만간 떨어질 것이 분명하다고 여겼다. 하지만 불행히도 시장의 나머지는 이 회사들이 저평가돼 있다고 믿었고 이로 인해 주가가 크게 올랐다. 로버트슨은 주가가 결국에는 자정 작용을 할 것이며 큰 손해를 입은 포지션도 시간이 지나면 원상회복될 것이라고 믿었다. 그러나 투자자들에게는 자신도 결국 인간이며 자신과 팀도 실수를 할 수 있다고 말하기로 결심했다. 그는 투자자들에게 타이거가 지난 5년만큼 좋은 실적을 유지할 것이라고는 믿지 않는다고, 다시 말해 회사의 지난 성장이 "지속 가능하지 못하다"고 말했다.[8] 그렇다고 로버트슨이 백기를 던질 것이라는 뜻은 아니었다. 실제로는 그 반대였다. 그는 투자자들에게 자신이 일을 옳게 하고 있으므로 돈을 더 많이 맡겨달라고 부탁했다. 타이거펀드는 복제 의약품 종목에서 입은 손실을 메웠으며, 미국 담배 종목에 취한 쇼트 포지션과 크라이슬러에 대해 취한 롱 포지션에서는 괜찮은 수익률을 올리고 있었다. 크라이슬러는 파산 직전에서 회생하면서 저가 생산자로서 입지를 굳히며 올바른 길을 걷고 있는 듯 보였다. 타이거는 보잉에 대한 포지션에서도 이익을 보고 있었다. 1985년에는 항공 교통이 15% 증가했다. 이는 영국 파운드화와 프랑스의 프랑화에 대한 달러 가치 하락과 합쳐져 보잉으로 몰려드는 주문이 증가할 것임을 의미했다. 조만간 보잉이 영국이나 프랑스의 경쟁사들에 비해 더 우월한 입지를 가지게 될 것이 분명했다.[9]

로버트슨은 시애틀에 본사를 둔 이 비행기 제조사를 염두에 두면서 한편으로는 근처에 있는 다른 회사에도 관심을 가졌다. 뉴욕 주 롱아일랜드에 있는 폴 코퍼레이션Pall Corporation은 맥주 필터에서 혈액 필터에 이르기까지 온갖 종류의 필터를 제조하는 회사였다. 이 회사는 육안으로 식별할 수 있는 가장 작은 입자인 직경 40피코미터(1피코미터 pm = 1/1조 미터)의 입자에서 0.04피코미터의 입자까지 걸러내는 필터를 제조할 수 있었다. 근처에 살고 있었기 때문에 로버트슨은 이 회사가 훌륭한 기업으로서의 평판을 쌓아가고 있음을 익히 알고 있었다. 그리고 회사의 CEO를 직접 만나본 결과 이 회사가 대단히 훌륭하게 경영되고 있으며 조직 구조도 탄탄하다는 것을 확인할 수 있었다. 약달러로 인해 회사의 성장이 둔화되긴 했었지만 로버트슨은 이 회사의 가치를 믿고 있었다. 그리고 자신이 확인한 사실이 마음에 들었다. 그가 투자 영역의 확장에도 관심이 있긴 했지만, 언제나 저평가된 주식이 타이거의 포트폴리오에서 중요한 자리를 차지했다.[10]

1985년 중반이 되면서 타이거는 예전 수익률을 되찾았다. 분기 수익률은 S&P 500을 7% 이상 앞질렀으며, 한 해 수익률은 12% 이상 앞질렀다. 로버트슨은 결과에 만족하면서도 앞으로 다가올 시기를 걱정했다. 그가 모은 자료는 소비 진작을 위한 의도적인 저금리로 인해 경제에 불이 붙을 것임을 보여주었다. 문제라면 엉뚱한 것에 소비자들의 지출이 몰리고 있는 듯 보인다는 점이었다. 그들은 대만, 유럽, 일본산 제품을 구매했고, 로버트슨은 이런 외국산 제품들에 대한 지출 증가가 미국 경제에 도움이 될지 의문을 품었다. 제조업 부문은 시장으로 몰려드는 저가 제품들로 몸살을 앓고 있었고 제조사들의 상황은 대단히 좋지 않았다. 성장 추세를 보이는 유일한 부문은 서비스 부문으로, 이것 역시 로버트슨에게는 문제였다. 그의 조사에 따르면, 이 문제에 관심을 가지는 사람들이 별로 없었고 그의 질문에도 거의 만족스런 답변을 주지 못했다. 그 질문이란, 미국이 무언가를 생산할 필요가 있겠는가? 였다. 해결책은 달러 가치가 더욱 내려가는 것이었다. 그렇게 되면 미국으로 들어오는 수입품들의 가격이 상대적으로 높아질 것이기 때문이었다.[11]

로버트슨은 달러화 가치가 하락하는 속도가 마음에 들지 않았다. 그는 더 빠른 하락을 원했다. 그런 점에서 로버트슨과 그의 팀은 주식 시장에서 특별한 기회를 찾고 있었다. 쉽게 말하자면 주가는 싼 편이었다. 이 시기에도 시장은 여전히 충분히 저평가돼 있었기 때문에 투기꾼들이건 기업이건 주식을 대량 매수할 매력이 높은 편이었다. 기업은 자사주를 싸게 매입할 수 있어서 좋았고, 투기꾼들은 저평가된 기업이 적대적 경영권 인수나 LBO leveraged buyout의 목표가 될 가능성이 높기에 낮은 주가를 선호했다. 합병에 대한 열광이 계속되었다. 합병이 성사할 경우 인수 가격은 일반적인 시장 수준보다 훨씬 높은 수준에서 거래되기 때문이었다. 합병이 많이 일어나지 않더라도 기업들은 주가가 낮은 것을 이용해 자사주 매입을 하고 있었다. 이는 주가가 올라서 타이거의 실적이 상승된다는 뜻이었다. 하지만 로버트슨은 자신의 생각에 대해서도 신중한 자세를 유지했다. 그는 타이거펀드가 갑작스럽고 대대적인 시장 폭락이나 변동에도 충분히 안전하기를 원했다. 펀드의 이익을 확보하고 더 중요하게는 커다란 손실을 입는 것을 방지하기 위해 그는 풋옵션을 매입했고, 그 결과 회사의 손실은 3%에 그칠 수 있었다. 풋옵션은 잘못된 종목 선정으로부터 펀드를 지켜주지는 못했지만 시장 리스크를 상당 부분 줄여주는 역할을 했다.[12]

불과 28일 후에 로버트슨은 태도를 바꿔 조심스런 낙관론을 취했다. 달러화가 여전히 떨어지고 있었기에 로버트슨은 인플레이션과 금리에 대해서는 그다지 낙관할 수가 없다는 결론을 내렸다. 그는 미국 경제가 실제로는 튼튼해지고 있다고 믿었다.[13] 이러한 믿음은 여름 내내 그리고 가을까지도 계속되었다. 달러화가 여전히 추락하면서 수입품의 가격이 비싸지고 수출품의 가격이 싸졌고, 로버트슨은 이것이 미국 경제에 필요한 자극제가 될 것이라고 생각했다. 더 싼 달러화는 농업, 제조업, 광업 같은 비서비스 부문의 경제 전망이 좋아질 것임을 의미했다. 또한 달러화 하락이 경제에 얼마나 도움을 줄지 말하는 것은 시기상조이기는 하지만 로버트슨은 **약간이라도 도움이 된다**고 생각했다.[14]

1985년 여름은 타이거에게 대단히 좋은 해였다. 가을로 접어들 무렵 그해 타이거의 수익률은 34.7%가 되었던 반면, 같은 해 9월 중순까지 S&P 500의 수익률은 2.7% 떨어졌다. 타이거는 계속해서 좋은 실적을 유지했지만, 포트폴리오의 종목 선택에서는 그처럼 운이 좋지는 못했다. 로버트슨은 주식 투자의 다소 저조한 실적은 전 분기의 높은 실적과 직접 관련이 있으며 지금은 단지 분기 차이를 겪고 있을 뿐이라고 믿었다. 달러화 하락이 전체 포트폴리오에 도움을 주고 경제에도 자극이 될 것이었다. 달러화 하락이 투자자들의 흥미를 유지할 만큼 충분하지는 않았지만 로버트슨은 어째서 현재의 경영권 인수 활동이 타이거 투자자들에게도 도움이 되는지를 설명했다. 거의 모든 인수 거래가 시가보다 높은 가격에 행해지고 있었고, 인수 게임에 직접 참여하지는 않았지만 타이거도 이러한 움직임에 전혀 무관하지는 못했다. 예를 들어 타이거가 8월에 주당 12.5달러에 매입한 애비올Aviall, Inc.의 인수 합병 금액은 주당 25달러였다. 타이거는 엠파이어항공Empire Airlines의 주식을 9달러에 매입해 보유하고 있었으며 인수 거래 시 금액은 15달러였다. 로버트슨이 볼 때는 차익 자체도 기분이 좋았지만 두 회사의 인수자들이 투자자들보다 얼마나 더 회사를 높게 평가하고 있는지를 관찰하는 것도 흥미로운 일이었다.[15]

1985년 말을 향해가면서 로버트슨은 다가올 새해가 보여주는 가능성에 흥분했다. 그는 투자 기회를 엿보는 많은 돈이 시장에 쏟아져 들어올 준비를 하고 있다고 믿었는데, 이는 합병 열기와 합쳐져 주식 시장이 상승할 것임을 의미했다. 로버트슨이 볼 때 이는 그와 타이거의 투자자들에게 막대한 잠재 수익의 가능성을 제공해주었다. 그는 1985년 12월 13일에 투자자들에게 보낸 편지에서, 크리스마스 선물로 에메랄드나 다이아몬드를 생각하고 있다면 이 편지를 아내에게 보이지 말라고 당부했다. 1985년은 타이거의 투자자들에게도 근사한 한 해였다. 달러화가 떨어졌을 때 타이거는 옳은 베팅을 했으며 수수료를 제외한 수익률은 51.4%였다. 반면에 S&P 500 지수의 수익률은 31.7%, MSCI 지수의 수익률은 40.6%까지 오르는 데 그쳤다.[16] 로버트슨은 1986년의 실적도 엇비슷할 것이라고 예상했다. 경영권 인수나 대량 매집으로 인해 주식 물량이 상당히 줄어들면서 시장은 모순된 행보를 보이고 있었다. 예를 들어 투자자가 식품주를 사기 원해도 선택의 여지가 별로 없었다. 제너럴푸드General Foods, 내비스코Nabisco, 아이오와 비프 패커스Iowa Beef Packers, 카네이션Carnation 같은 기업들의 주식은 대량 매집되었고, 랠스턴Ralston과 켈로그Kellogg 같은 여타 종목들은 이미 상당수의 자사주 매입이 행해지고 있었기에 두 회사 모두 투자 수익 전망이 별로 좋지 못했다. 로버트슨은 차입 매수(LBO)나 자사주 매입으로 인해 매입 가능한 주식 총수의 약 10% 정도가 사라졌다고 보았다. 정말로 놀라운 수치였다. 주식 공급의 10%가 그토록 단기간에 증발되는 일이 언제 또 있겠는가? 로버트슨의 조사에 따르면 공급이 급감하는 반면 수요는 늘고 있었다. 연기금들이 계속 증가하고 있었고 이익분배기금도 늘고 있었으며 IRA(퇴직연금계좌)도 늘어났고 외국인 투자자들이 미국으로 들여오는 자본도 계속 늘고 있었다. 로버트슨은 앞으로 12개월 동안 약 1,300억 달러의 자본이 시장으로 들어올 것이라고 보았고, 여기에 개인투자자들의 수요까지 합치면 주식 투자에 대한 열기가 대단히 뜨거워질 가능성이 높다는 결론을 내렸다.[17]

1986년 초에도 타이거가 계속 성장할 것이 확실시되면서 로버트슨의 기분은 상당히 좋았다. 1980년 창사 당시에 꿈꾸었던 것보다 회사는 훨씬 빠른 성장을 거듭하고 좋은 실적을 내고 있었다. 회사가 성공가도를 달리고 있음이 분명했지만 로버트슨은 투자자들에게 그들의 돈으로 정확히 어떤 종류의 투자 상품이 구입되고 있는지를 이해해달라고 설명하는 것도 잊지 않았다. 그가 보기에 투자자들 일부는 이 기간 동안 타이거가 돈을 번 방식에 대해 혼란스러워하고 있었다. 투자자들 일부는 타이거가 순전히 쇼트만 행해왔기 때문에 항상 수익을 낼 수 있었다고 믿고 있었다. 로버트슨은 쇼트 포지션 대부분이 하락장에서 손실을 막아주는 완충장치가 되어주었으며 몇몇은 상승장에서도 완충장치가 되어주었지만, 시장이 30~40% 하락할 경우에는 쇼트 포지션만으로는 완전한 방어물이 될 수 없다고 자세히 설명했다. 로버트슨은 시장이 그처럼 대폭락하면 회사의 포트폴리오도 15~20%의 가치 하락을 피하기 힘들 것임을 투자자들이 알아주기를 바랐다. 어쨌든 타이거는 지분 조합equity partnership이었으므로, 전체 실적이 전체 지분의 추이에 영향을 받았다. 대부분 투자 회사들이 상대실적relative performance을 기준으로 투자자들에게 수익을 배분한다면, 타이거는 절대실적absolute performance을 기준으로 삼았다. 절대실적은 투자에서 창출된 실제 수익을 계산할 때 벌어들인 차익이나 잃은 손실을 기준으로 한다. 상대실적은 하나의 투자가 다른 비슷한 투자나 동일 투자에 대해 얼마를 벌었는지를 기준으로 삼는다. 대부분의 헤지펀드는 절대실적을 기준으로 하는 반면, 뮤추얼펀드는 상대실적을 기본으로 한다. 타이거는 절대실적에 따라 수익을 배분했다. 따라서 시장 평균을 넘는 것도 좋지만, 가장 중요한 것은 실제로도 돈을 벌어야 한다는 점이었다.

하지만 로버트슨과 타이거의 팀에 대두되는 한 가지 문제가 있었다. 주식 매매가 타이거의 순이익에서 언제나 많은 부분을 차지해오기는 했지만, 이제는 글로벌 매크로 포지션을 늘려야 할 때가 왔다는 사실이었다. 몇 달 전만 해도 로버트슨은 투자자들에게 투자의 **제한적인 리스크** 노출이 3~4%를 넘지 않도록 하겠다고 장담했지만, 지금은 원자재 포지션에서 자산의 **최대 25%까지 리스크를 노출시키기 위해** 파트너십의 조항을 바꿀 방안을 모색하고 있었다.[18] 회사는 중점을 두는 투자를 전체적으로 바꾸는 중이었고 펀드매니저와 투자자 모두에게 이는 상당히 좋은 결정이었다.

로버트슨의 투자자들이나 외부 관찰자들 일부가 보기에 그가 글로벌 매크로 전략을 밀어붙인 이유는 남들보다 한발 앞서 추세를 이해하고 발견하는 **능력이 탁월했기** 때문이었다. 자산운용 분야에서 올해의 대박 투자가 내년에도 대박 투자가 되리라는 보장은 없다. 로버트슨의 장점 중 하나는 미국과 해외에서 투자 기회를 찾아야 할 때 나무보다는 숲을 볼 줄 아는 안목을 가지고 있다는 점이다. 투자 기회를 찾아 맹목적으로 이리 뛰고 저리 뛰면서 감정적으로 행동하는 머니매니저들이 많다. 로버트슨이 투자 결정을 내리는 모습을 지켜 본 사람들의 말에 따르면, 그는 그렇게 행동하지 않는다. 그는 투자 방정식에서 감정을 배제할 줄 알며 명확하고 결단력 있게 행동할 줄 아는 사람이다.

그는 1986년 2월 주주들에게 보낸 편지에 다음과 같이 적었다. "우리의 특기는 좋은 주식과 나쁜 주식을 골라내는 것이지 원자재를 다루는 것이 아닙니다. 둘은 완전히 다른 일입니다. 그렇긴 하지만 어떤 양식에서 여러분 스스로를 완전히 배제하는 것은 잘못된 행동인데, 그랬다가는 기회를 놓칠 것이기 때문입니다." 타이거의 투자 활동에 원자재 거래를 추가하는 것을 허락해달라고 투자자들을 설득하는 것이 편지의 요점이었다. 당시 타이거의 사모투자설명서Private Placement Memorandum, PPM에는 무한책임 파트너들이 원자재 시장이나 선물 시장에서 거래를 해서는 안 된다고 명시돼 있었다. 두 시장에서 거래를 하려면 타이거는 상품선물거래위원회Commodity Futures Trading Commission, CFTC와 회사의 유한책임 파트너들 모두로부터 허가를 받아야 했다. 자신의 취지를 설명하기 위해 로버트슨은 키더 시절 은 시장에서 찾았던 성공 기회를 인용했다. 아래는 편지의 발췌문이다.

> 지난 날 원자재 시장의 특수한 상황을 이용하지 않았다면 저는 몇 번이고 큰 실수를 저지를 뻔 했습니다. 여러분 중에는 1960년대 후반 재무부가 은의 가격 상한을 효과적으로 유지하기 위해 비축된 은을 공개 시장에 내다 팔아 재무부의 은 비축분이 급속도로 바닥나고 있다는 것을 발견한 키더 피보디의 한 젊은 애널리스트였던 저를 기억하는 분도 있을 것입니다. 은 투자는 제가 했던 가장 매력적인 투자 중 하나였습니다. 관련 리스크가 전혀 없다는 점에서 그 매력은 두 배였습니다. 훗날 여러분은 양의 숫자가 급격히 감소했을 때 소 선물에 뛰어드는 것을 기억하게 될지도 모릅니다.[19]

타이거는 통화시장에서도 상당한 차익을 거둔 참이었다. 1985년 통화 거래가 타이거의 이익에서 차지하는 비율은 28% 정도에 불과했다. 로버트슨과 그의 팀은 통화 리스크를 5% 수준으로 제한시켰다. 그는 기회를 발견했고 그 기회를 활용할 수 있기를 원했다. 타이거의 투자 규정에 따르면 로버트슨은 통화시장에서 약간의 포지션을 취할 수는 있었지만, 리스크 노출 수준에 대해서는 제한을 두고 있었다. 투자 성공의 가능성이 있다고 믿는 기회를 적극 이용하기 위해서라도 로버트슨은 투자약관을 변경해야 했다. 헤지펀드는 투자제안서offering memorandum에 정해진 내용을 따라야 하는데, 이것은 투자자들의 자산을 운용하는 방식과 펀드매니저들이 수익을 내기 위해 이용할 수 있는 투자 전략을 자세히 기술하고 명기한 일종의 투자 요강이라고 말할 수 있다. 당시에 타이거의 투자제안서는 무한책임 파트너(펀드매니저)의 원자재 및 선물 거래를 금하며, 거래를 원할 경우 CFTC에 선물투자신탁회사commodity pool operator, CPO*로 등록해야 한다고 명기하고 있었다. 로버트슨은 알루미늄 선물을 매입하고 싶었지만 투자제안서에 언급된 조항으로 인해 그럴 수가 없었다. 로버트슨은 이런 규정으로 인해 잠재적으로 상당한 피해를 입게 되었다고 생각했다. 그는 석유 주식에서 쇼트 포지션의 기회를, 석유 선물에서 롱 포지션의 기회를 발견했다. 그가 볼 때 석유 주식은 유가를 배럴당 20~22달러 수준으로 끌어내리고 있었지만, 3월 선물가격은 배럴당 약 16달러였다. 로버트슨은 이 대단히 큰 가격 편차를 이용할 기회를 놓치고 싶지 않았다. 문제는, 투자제안서의 조항이 원자재 및 선물 거래를 금

---

* 선물에 투자하기 위해 다수의 투자자로부터 자금이나 유가증권 등의 신탁기금을 모집하여 운영하는 개인이나 법인

하고 있기 때문에 투자를 할 수가 없다는 것이었다. 투자제안서 내용을 변경할 필요가 있었다. 그는 CFTC에 등록하기로 결심했다.[20]

로버트슨은 투자자들에게 자신의 병기고에 더 많은 무기를 비축해놓을 필요가 있음을 설득하고 나섰다. 이유는 아주 간단했다. 이용할 수 있는 기회와 정복할 시장이 늘어났으므로 시장이 제공하는 모든 도구를 다 활용해서 수익 창출을 꾀해야 한다는 것이었다. 투자자들은 로버트슨이 글로벌 시장을 탐색해서 돈을 투자하고 벌어들일 적절한 장소를 찾아낼 뛰어난 능력이 있음을 별로 의심하지 않았다. 주식시장에 대한 그의 펀더멘털 접근법fundamental approach이 대단히 성공적이라는 것이 입증되었기 때문에 투자자들은 그가 주식시장에서 발휘했던 능력이 통화시장과 선물시장에서도 재연될 수 있을 것이라고 믿었다. 그들은 자신의 머니매니저가 성공하기를 원했으며 그러한 성공에 필요한 모든 무기를 다 갖출 수 있기를 원했다. 그렇기에 타이거의 투자자들은 로버트슨이 선물 거래를 행할 수 있도록 사모투자설명서의 내용을 바꾸는 것을 허락해주었다.

글로벌 매크로 투자는 기업 대 국가 차원으로 투자하는 펀더멘털 접근법이 필요하다. 실업이 증가하고 소비자신뢰지수가 떨어지고 있을지라도 다른 나라들에 비해 그 나라의 통화가 강세를 보인다면 수출이 힘들 수도 있다. 글로벌 매크로 매니저들은 해당 국가의 물가 정보를 모두 동원해 펀더멘털 분석에 근거한 결론을 내리고 거기에 맞춰 행동해야 한다.

한 가지 문제는 글로벌 매크로 투자는 롱쇼트 투자에 비해 변수가 상당히 많다는 점이다. 가장 커다란 변수로는 정치적 위험과 이를 정확히 평가할 줄 아는 투자자 개인의 능력이다.

한 나라를 관찰하면서 정치적 상황이 얼마나 안정적인지 혹은 불안정한지 파악할 수가 없다면 그 나라에는 투자를 피하는 것이 상책이다. 나라에 대한 투자와 일개 기업에 대한 투자는 다르다. 그 회사의 경영진이 무능하다는 판단이 서면 좋은 기업이 아니므로 당연히 투자를 피하게 된다. 반면 글로벌 매크로 투자를 고려할 경우 정부와 중앙은행이 얼마나 튼튼한지 그리고 국가적 사건과 세계적 사건에 그 나라가 어떻게 행동하고 반응할 것인지 파악해야 한다. 거기에 따라 투자 결정이 내려진다.

로버트슨은 유한책임 파트너들에게 타이거펀드의 원자재 거래를 허락해달라고 열심히 설득하면서도, 한편으로는 다음의 문구로 스스로를 보호하는 것도 잊지 않았다.

> 우리의 모든 원자재 거래가 다 수익을 냈다는 뜻은 아닙니다. 또한 앞으로도 그러지는 못할 것입니다. 게다가 우리에게는 원자재 거래에 대한 노하우가 없다는 사실과 거래에 따르는 높은 레버리지 비율로 인해 리스크가 높을 수밖에 없다는 사실도 지적하고 싶습니다. 그럴지라도 특별한 기회가 왔음에도 투자 규정으로 인해 그 기회를 이용 못하는 일이 생겨서는 안 된다고 확신합니다.[21]

그는 타이거가 순자산의 최대 25%까지 원자재 포지션에 투자할 수 있도록 회사 규정을 바꾸자고 제안했다. 타이거가 원자재에 순자산의 25%를 투자한다면, 통상적인 원자재 거래 수익률은 1/10 미만이므로 실제로 늘어나는 전체 순자산은 대략 2~2.5% 미만 정도가 된다는 말이 된다. 실제 리스크에 노출되는 현금은 작다고 해도, 원자재 포지션이 0으로 떨어질 경우 타이거의 총 포트폴리오는 이론적으로 25%의 손실을 입을 수도 있었다. 로버트슨은 원자재 시장이 가파르게 하락하더라도, 이를테면 20~30% 정도가 급락하더라도 회사가 입는 손실은 5~7%에 그칠 것이라고 믿었다. 대단히 커다란 리스크에 노출되는 것일 수도 있지만 회사 전체에 노출될 시장 리스크는 상당히 제한적일 것임을 그는 이해하고 있었다.

로버트슨과 변호사들은 이러한 전략을 실행할 때 펀드가 감수해야 할 리스크와 잠재적 손익에 대해 투자자들에게 아주 상세히 설명했다. 또한 타이거 팀이 대단히 신중하게 거래를 할 것임을 분명히 밝혔다.

로버트슨은 회사가 원자재 옵션을 항상 행사하기보다는 특수한 상황이 발생했을 때 기회를 이용할 수 있도록 원자재 옵션을 보유하고 있어야 한다고 주장했다. 그는 주식 투자를 전문으로 하는 사람이 원자재 시장에서 기회를 찾아내고 불필요한 리스크를 피할 능력이 있는지에 의문을 품는 투자자들을 안심시키는 한편, 잠재적 보상을 감안할 때 왜 리스크를 감수할 가치가 있는지에 대해서도 설명해 주었다.

그는 1986년 초의 실적에 대한 자신의 생각을 피력하며 편지를 마쳤다. 이미 드러났듯이 1986년 첫 몇 주가 지났을 무렵 타이거의 수익률은 8.4%였으며 반면에 S&P는 2% 정도의 수익률을 달성하고 있었다. 조짐이 상당히 좋았다. 어쨌든 음력으로 따졌을 때 그 해는 호랑이해였다. 1사분기가 끝날 때까지도 타이거는 계속 훌륭한 실적을 유지했다.

그해 첫 세 달 동안 타이거가 세운 수익률은 25.7%가 넘은 반면에 S&P의 수익률은 14%를 조금 넘는 수준이었다. 하지만 문제가 생겨나고 있었다. 월스트리트의 머니매니저들이나 워싱턴의 금융관료들은 경제가 폭발적으로 성장할 것이라고 점쳤지만 로버트슨의 리서치 자료는 경제 위축을 가리키고 있었다. 주택 판매는 늘었지만 자동차, 소매, 자본재 판매는 떨어졌다. 이로 인해 타이거는 1986년 2사분기의 처음 6주 동안 힘든 시기를 보내야 했다. 1사분기가 끝나갈 무렵 경제가 상당히 쇠퇴할 것이라는 조짐이 드러났고 회사가 주시했던 많은 경제지표들은 앞으로의 전망이 별로 밝지 못하다는 것을 보여주었다. 몇 달 전만해도 시장이 상승할 것이라고 점쳤던 로버트슨은 이제 방어 태세로 움직이고 있었다. 다시 말해 폭풍 전의 고요 속에 기다리고 있는 셈이었다. 그 기간 동안 타이거는 5%가 넘는 손실을 입었고 상황이 반전될 것 같아 보이지도 않았다. 손실이 전분기의 이익을 전부 잠식할 수도 있다는 뜻이었다.

1986년 상반기가 끝나갈 무렵에는 상황이 더욱 안 좋아졌다. 2사분기가 끝난 1986년 6월 30일에 S&P는 5.6%의 수익률을 올렸지만 타이거의 수익률은 제로였다. 로버트슨은 타이거의 안 좋은 실적이 시장을 휩쓸고 있는 과도한 낙관주의 때문이라고 설명했다. 그가 볼 때 채권 딜러들은 지나치게 강세장을 예상했으며, 쇼팅은 거의 전무했고, 증거금 거래(신용 거래)는 사상 최고조에 달했다. 그는 대단히 신중하게 시장에 접근하고 있었다. 그러면서 그는 다른 기회도 찾고 있었다. 그는 상황이 좋아지길 기다리고 있었고 또한 그러리라 예상했다. 금리가 낮아지고 있으며 유가도 내려가고 있었고 유럽의 경제 상황이 호전되고 있었다. 하지만 로버트슨의 생각에 장단기 채권 딜러와 주식 트레이더 들 모두에게 지나친 낙관주의가 팽배해 있었기에 그가 단기적 압박이 쌓여가고 있다고 생각할 소지가 충분했다. 로버트슨은 시장이 조만간 단기 침체에 빠질 것이고 이후 지속적인 강세장이 형성될 것이라고 확신했다.

로버트슨은 시장에서 이익을 낼 방법을 찾고 있었고, 이를 위해서는 타이거의 투자 전략에 또 한 번 중대 변화를 꾀해야 했다. 그는 투자자들에게 이제는 벤처캐피털venture capital과 사모투자private placement investment에 **중점**을 둬야 할 시기라고 말했다.22)

로버트슨이 볼 때 주식시장은 날로 매력을 잃고 있었으며 한때 합리적인 가격이었던 종목들이 지금은 고평가되고 있었다. 주가수익비율price/earnings ratio, PER과 심지어는 주가순자산비율*마저도 급격히 올랐기 때문에 이제는 벤처캐피털 투자의 상대적인 매력도가 올랐다고 생각했다.

로버트슨은 벤처캐피털 분야에 대해서는 비교적 소규모로만 투자를 하기로 결정했다. 타이거의 전체 투자에서 벤처캐피털 투자가 차지하는 비중은 퍼센트로만 따진다면 총자산의 15% 미만으로 그렇게 높지 않은 수준이었다. 하지만 로버트슨은 벤처캐피털 투자가 앞으로 몇 년 간 회사 순이익에 의미 있는 공헌을 할 것이라고 예상했다.23)

로버트슨은 벤처캐피털 시장의 전망에 흥분하는 기색이 뚜렷했지만 투자자들 중 일부는 다소 회의적으로 굴었다. 투자자들은 타이거가 월스

---

* multiple of book value : 주가를 주당 장부가치로 나눈 비율. 다른 말로 price/book value ratio, 줄여서 PBR이라고도 한다.

트리트에서도 유동성이 대단히 낮은 시장에 모험을 감행하다 유동성 문제를 만날지도 모른다고 우려했다. 타이거에 맡긴 돈을 회수하지 못할지도 모른다고 염려하는 투자자들의 불안을 진정시키기 위해 로버트슨은 사모투자설명서의 유동성 조항에는 아무 변경도 없을 것이며 투자자들은 분기에 한 번씩 돈을 인출할 수 있고 반년에 한 번씩 펀드를 환매할 권리를 보장해주겠다고 약속했다.

사모투자를 하든 벤처캐피털 투자를 하든 타이거의 자본이 최대 10년까지 묶일 수 있었다. 사모투자의 가치가 상당히 올라가고 펀드 환매가 늘어날 것을 감안하면, 유동적이며 수시로 거래되는 펀드의 일정 부분이 적정 수준 이하로 떨어질 수도 있는 일이었다. 그렇기에 장기적으로 자본을 묶어두어야 하는 투자에 펀드 자산의 일정 부분 이상을 할당하는 것은 신중하지 못한 행동이라는 데 로버트슨도 동의했다.[24]

만약을 위해 로버트슨은 하반기에 더 좋은 실적을 올리겠다고 약속하지는 않았지만, 대신에 투자자들에게 매달 보내는 편지에서 2사분기에 타이거의 수익률이 제로이긴 했어도 과거의 경험으로 보아 "한 분기에 형편없는 실적을 세우면 그 다음 분기에는 대단히 훌륭한 실적이 뒤따랐다"고 상기시켰다. 과거 투자 상품 판매에 별 관심을 기울이지 않았던 머니매니저가 이제는 투자 자산을 유치하기 위해 은근한 판매 기법을 이용하고 있는 셈이었다. 투자를 끌어 모으기 위해 그는 편지에 이렇게 적었다. "우리는 여러분들께 투자를 늘려주시면 좋겠다고 부탁드리는 바입니다."

그해 늦여름, 정글에서 자신의 영역을 확대하기로 결심한 로버트슨은 퓨마펀드Puma Fund를 출시했다. 퓨마펀드는 투자자들에게 투자금에 대해 4년의 환매 제한lock-up을 요구했으며, 자기자본이 대략 2/3이고 부채는 1/3 정도였으며, 전반적으로 상당히 공격적인 투자 전략을 추구하고 있었다.[25] 타이거펀드의 경우에는 파트너들이 분기별로 돈을 인출할 수 있기에 사모투자가 적합하지 않았지만, 4년의 환매제한 기간을 둘 경우 로버트슨은 사모투자를 자유롭게 행할 수 있었다. 사모투자의 증권은 비유동적이었기에, 이는 투자자들이 일정 기간 동안 주식을 처분할 수 없다는 뜻이었다.

1986년 7월 25일 주주에게 보낸 편지에서 로버트슨은 메이시Macy의 사모증권 가격이 매력적이었음에도 유동성이 낮기 때문에 타이거펀드에서는 투자할 수 없었다고 적었다. 그로서는 이 사실을 지적할 수밖에 없었는데, PER가 높아진 시장에서는 사모투자 증권의 상대적 가치가 **실질적으로** 증가할 것이 거의 분명하다고 믿기 때문이었다. 환매 제한 장치 외에도 타이거펀드와 퓨마펀드의 또 다른 주요 차이점은 로버트슨이 펀드의 부채 조달을 위해 모건 스탠리를 이용했다는 점이었다. 그 결과 퓨마펀드의 자본비율은 자기자본이 2/3를 차지하고 부채가 1/3 정도로 구성되었는데, 이는 다시 말해 퓨마의 운용자본이 타이거펀드보다 30% 이상 많아질 수도 있다는 뜻이었다. 부채를 이용할 경우 리스크가 늘어난다는 사실을 로버트슨도 모르지 않았기에 그는 기존 주식 포트폴리오보다 오히려 수익률의 변동성을 더 줄이기 위해 특별한 헤징 전략을 이용하기로 했다. 그는 과거에 사용했던 것과 비슷한 전략을 사용했는데, 괜찮은 종목에는 롱 포지션을 취하고 안 좋은 주식에는 쇼트 포지션을 취하며 원자재와 주식 헤지를 혼합해서 사용한다는 전략이었다. 그는 이 전략을 통하면 리스크를 헤지하고 적절히 관리해서 안정적인 수익 흐름을 제공할 수 있을 것이라고 믿었다.

로버트슨은 퓨마펀드에서는 **공격적인** 트레이딩 전략을 추구하기로 마음먹었다. 퓨마를 출시하기에 앞서 로버트슨은 훌륭한 트레이더와 공격적인 매매 전략을 실행할 거래 노하우를 갖추지 못하고 있다고 여겼다. 그는 수석 트레이더로 마이클 빌스Michael Bills를 영입했다. 골드만삭스에서 주식 매매와 차익거래를 담당했던 빌스에게 주어진 임무는 회사의 트레이딩 부서를 쇄신하고 부서의 전문성을 보다 강화하는 것이었다. 빌스를 영입하기 전까지의 트레이딩은 로버트슨의 주 관심사가 아니었지만, 회사 자산이 늘어나고 새로운 기회가 발견되면서 트레이딩은 타이거 매니지먼트에서 없어서는 안 될 중요한 부분이 되었다. 로버트슨이 퓨마펀드에 맞는 트레이딩 전략을 취합하고 실행할 수 있었던 것도 빌스의 트레이딩 능력과 실력을 믿기 때문이었다.

시장에서 보다 공격적인 매매가 가능해지자 로버트슨은 오버트레이딩 overtrading*을 통한 오버행overhanging, 대량 대기매물을 적극 이용할 수 있게 되었다. 예를 들어 로버트슨은 IBM이 마음에 들었고 시장에서 그 주식의 가격이 적절하다고 판단했는데, 자료 조사를 통해 지난 여러 주 동안 시장에 수백만 주의 IBM 매물이 대기하고 있었으며 그 수가 점차 줄어 마

---

* 증권 용어에서는 원래 여러 브로커를 통해 매입과 매도를 동시에 진행해 증권에 대한 관심을 높여 주가를 끌어올리는 불법적인 주가 조작 행위를 의미하지만, 여기서는 운전 자본이 허락하는 한도를 넘어서 트레이딩을 하는 것을 의미한다.

지막 5만~10만 주 정도가 남아 있음을 알게 되었다. 이 마지막 물량을 매입하는 것이 합리적일 터였다. 로버트슨은 이를 오버트레이딩이라고 불렀는데, 이것은 그가 타이거에서 지금껏 해온 일의 자연스런 진화였고 이제는 이것을 퓨마에서 행할 수 있게 되었다.[26]

로버트슨은 투자자들에게 환매 제한 조치의 타당성을 납득시키기 위해 퓨마가 4년 동안 환매를 참아주는 투자자들에게 훌륭한 투자 수단이 될 것이라고 했다. 그는 편지에 이렇게 적었다. "퓨마는 장기적인 성격으로 인해 퓨마의 화살집에 타이거보다 더 많은 화살을 보유하게 될 것입니다. 또한 부채 구성으로 인해 운용 자본도 훨씬 더 많아질 것입니다."

1980년대 들어 16~20명 정도로 구성된 작은 집단이었던 타이거는 운용 자산이 늘면서 매니저 수도 50명 정도로 확대되었다. 최종적인 투자 결정의 권한은 모두 로버트슨이 가졌다. 분석을 담당하는 사람들도 여럿이었지만 정보나 스토리가 아무리 훌륭할지라도 로버트슨의 허락 없이는 어떤 증권도 타이거의 포트폴리오에 편입되지 못했다.

퓨마펀드는 1986년 여름이 끝나갈 즈음에 출범했다. 그 이후의 일은 모두가 알다시피 역사가 말해준다. 그렇긴 해도 1986년은 여전히 실망스런 한 해였다. 타이거 매니지먼트는 1986년 9월 30일까지 3개월 동안 큰 손실을 입었다. 수익률이 7% 넘게 떨어졌다. 석유 종목들이 예상과 달리 움직이면서 손실이 불어났다. 손실의 가장 큰 원인은 쇼트 포지션이었다. 1985년 11월부터 1986년 9월까지 유가가 50% 이상 떨어졌음에도 석유 종목들의 가격은 계속 올랐다. 로버트슨은 이런 현상을 도무지 이해할 수 없었다. 그가 볼 때 1986년 가을 석유 산업은 끔찍한 재앙 속에 있었으며 상황이 나아질 것 같지도 않았다. 그렇게 생각하는 사람은 극소수에 불과했다. 월스트리트의 나머지는 석유 종목이 확실한 투자처라 믿으면서 주가를 계속 끌어올리고 있었다. 석유 종목에서 입은 손실이 3사분기 동안 타이거에 먹구름을 드리운 것은 분명했지만 몇 가지 희망적인 뉴스도 있었다. 복제 의약 종목들이 마침내 무너지고 있다는 소식이었다. 로버트슨은 손실을 만회할 수 있게 되었다! 그는 이 회사들이 지나치게 고평가되었다고 믿으면서 일정 기간 동안 쇼트 포지션을 취해 오고 있었다. 그럼에도 복제 의약품 종목에서 실현된 차익이 전체 투자를 흑자로 돌려줄 정도로 충분하지는 못했다. 다만 제니스랩Zenith Labs에 대한 쇼트에서 홈런을 쳤는데, 이 주식은 한 분기 동안 45%가 추락하면서 뉴욕증권거래소 역사상 여덟 번째로 최악의 실적을 거둔 종목으로 기록되었다. 그렇더라도 이번 쇼트 포지션에서 발생한 이익이 석유 종목에서의 손실을 덮어주지는 못했다. 로버트슨은 포기할 생각이 없었다. 그는 석유 산업에 대한 자신의 리서치 결과가 옳고 석유 종목에 대한 쇼트 포지션이 적절한 투자라고 믿으며 계속 포지션을 유지했다. 정유 부문의 이익률이 떨어지고 있었다. 로버트슨은 석유 회사들보다 먼저 그 사실을 간파했다. 또한 그는 석유 종목에 대한 쇼트 포지션을 또 다른 각도에서도 정당화했는데, 그것은 훌륭한 쇼팅 기회를 찾기가 대단히 힘들었다는 이유였다. 과거에 그는 소형성장주들에서 좋은 쇼트 기회를 많이 찾을 수 있었지만 지금 이 종목들은 현저히 저평가돼 있었다. 심각할 정도로 가격이 낮았기 때문에 로버트슨은 이 종목들 대다수에 대해서는 앞으로 랠리가 진행될 것이라고 믿으면서 쇼트가 아닌 롱을 취하는 쪽을 택했다.

타이거 매니지먼트의 펀드들은 글로벌 매크로와 롱쇼트 모두에서 상당한 손실이 계속되었다. 스크루지가 정글로 들어왔고, 타이거와 퓨마는 "흥, 헛소리!"라고 말하는 그의 크리스마스 정신 부족을 즐기지 못했다. 로버트슨은 1986년 12월 18일에 주주들에게 보내는 편지를 쓰기 시작했다. 절대실적 기준에서 보면 타이거펀드의 수익률은 수수료를 제외하고 17.4%로 그다지 나쁜 수준은 아니었다. 하지만 상대실적 기준에서 보면, 타이거 역사상 처음으로 S&P 500보다 못한 실적이 예상된다는 점에 로버트슨은 실망스러웠다. 다행히 그해 마지막 두세 주 동안 뒷심을 발휘해 주식시장 벤치마크를 간발의 차로 앞지를 수 있었다.[27]

하지만 미래를 생각할 때, 로버트슨은 진정한 가능성을 확인했다. 그는 아시아에서 미국 시장으로 상당한 자본 유입이 있을 것이고 결국에는 주식시장이 상승할 것이라고 전망했다. 일본은 이미 미국 채권시장에서 큰 역할을 하고 있었고, 타이완도 매달 10억 달러의 무역흑자를 기록하면서 이 돈을 미국 시장에 투입하고 있었다. 로버트슨이 볼 때 일본은 돈이 존재하는 장소였고, 일본이 채권시장이나 부동산시장에 투입하던 돈의 일부를 주식시장에 투입하면 미 증시가 사상 유례 없는 고공행진을 기록하게 될 것임이 분명했다.

일본 시장에 돈이 넘쳐흐른다는 증거로 로버트슨은 도요타를 지목했다. 이 자동차 회사는 1986년 주당순이익의 17배(PER 17), 1987년 예상 순이익의 22배에 거래되고 있었다. 이는 1986년 주당순이익의 5배,

1987년 예측 순이익의 7.5배에 거래되고 있는 포드와 비교할 때 놀라운 수치였다. 그가 또 다른 예로 지목한 회사는 도쿄전력회사였다. 이 전기회사는 1986년 주당순이익의 70배에 거래되고 있었으며 최근에는 시가총액이 오스트레일리아 주식시장 전체의 시가총액과 맞먹었다. 이 기간 동안 일본인들이 부동산시장과 미술품시장에 관심을 쏟으면서 가격이 천장을 뚫은 바 있었다. 로버트슨은 아시아의 투자자들이 주식시장으로 관심을 전환해 이를 통해 주가가 더 높아지기를 희망했다. 그는 자신이 시장을 예측할 수 있다고는 믿지 않았지만 한 해 동안 벌어진 일을 적절히 다루었으며 새해를 맞이해 시장이 어떻게 될지를 꽤 정확히 파악하고 있다고 자신했다.[28]

JULIAN ROBERTSON

1987년의 시장 붕괴

1980년대 내내 월스트리트에는 꿈과 희망이 흘러넘쳤다. 월스트리트에 있는 모든 조직, 모든 직급의 사람들이 유례없는 호황에 즐거움의 탄성을 지르고 있었으며 적대적 경영권 인수와 정크본드 시대에서 생겨난 엄청난 부로 한 몫을 톡톡히 챙기고 있었다. 월스트리트의 모든 분야가 돈을 긁어모으고 있었고 세계 각지에서 자본이 유입되었다. 이 새롭게 발견된 부를 통해 머니메이커*, 거래 중개인, 증권 인수자 모두 한계를 모를 정도의 화려한 삶을 누릴 수 있게 되었다. 월스트리트에서 일한다는 것은 기적과도 같은 일이었다. 엔진의 모든 실린더가 점화되어 돌아가고 있었다. 갑작스런 엔진 정지는 상상도 못할 일이었다.

* 자산관리사, 애널리스트, 펀드매니저를 총칭하는 말

하지만 작지만 꾸준히 성장 중인 월스트리트의 한 집단에는 상황이 그렇게 좋기만 한 것은 아니었다. 밀물은 일반적으로 모든 배를 띄어주지만 이 배들이 쇼트 포지션에 닻을 내리고 있는 상태라면 주가 상승이 파괴적인 결과를 불러올 수도 있다. 타이거의 보트 역시 그런 정박 상태였다. 펀드와 펀드 운용자, 그리고 추종자들 모두 겁을 먹고 있었다. 절대실적을 기준으로 하면 나쁘지 않은 편이었지만 상대실적을 기준으로 하면 형편없는 성적이었다.

이때까지 타이거 매니지먼트의 힘은 인재를 끌어 모으고 유지하는 로버트슨의 능력에 의존해왔다. 회사가 발전하고 진화할 수 있었던 것도 이러한 애널리스트와 트레이더 들이 뒤에 있기 때문이었다. 타이거의 성장 속도가 대단히 빨랐기 때문에 인프라의 문제도 끊임없이 대두되었다. 리서치를 수행할 명민한 인재들이 필요했으며 매매를 적시에 적절하게 수행하고 처리해줄 강력한 후선 직원들도 필요했다. 자산이 계속 유입될수록 전방과 후방의 인프라 모두 회사의 성공에 중요한 요소가 되었다. 이러한 성장통은 차치하더라도 타이거가 고수해온 포트폴리오와 그 구성은 의심의 여지 없이 관심의 대상이었다. 로버트슨을 비롯한 타이거의 매니저들이 시장에서 차익을 실현하기 위해 상당한 수준의 레버리지를 이용하는 것은 드문 일이 아니었다. 회사의 롱 포지션이나 쇼트 포지션에 정해진 레버리지 공식은 없었지만 대부분의 경우 롱 포지션의 경우 175%, 쇼트 포지션의 경우 75% 정도를 유지했는데 이는 익스포저$_{exposure}$* 기준

* 위험에 대한 노출 수준. 금융파생상품과 관련하여서는 거래 상대방에 관련된 금액 모두를 의미함.

으로 따질 때 타이거의 포지션이 순매수라는 의미였다.

  1987년 초에 이르자 타이거의 실적이 조금 변했다. 타이거는 약 70베이시스 포인트라는 근소한 차이로 총 퍼센트 기준에서 S&P 500을 앞지르게 되었다. 그것은 세계 주식시장이 앞으로 대단히 변동성이 높아질 것임을 알리는 단초였다. 신문 기사는 시장에 개인 투자자들이 많이 존재한다고 말하고 있었고 정치가들은 시장의 과도한 투기 열풍에 대해 우려를 표하고 있었지만, 로버트슨이 볼 때 이 완전한 투기에 개인 투자자들은 아직 참여하지 않고 있었다. 그에게는 최근의 주가 급등이 개인 투자자자들의 흥미를 자극하지 못했다는 사실이 놀라웠다. 또한 로버트슨이 수집한 정보에 따르면, 전문 투자자들 상당수가 최근의 주가 급등에 관련돼 있다고 믿을 만한 근거가 있었다. 게다가 일본인들도 아직 시장에 돈을 투입하지 않고 있었다. 일본인들은 엔화 거래가 변동이 심하기 때문에 관망세를 유지하고 있는 듯 보였다. 로버트슨과 그의 팀은 주식을 고르는 데만 신경을 집중했다. 시장 안팎에서 벌어지는 다른 일들은 그들의 관심 요소가 아니었다. 그들은 적당한 기회를 찾아내야 했다.

  이 기간 동안 타이거의 사람들이 시장을 상당히 낙관하면서도 한 줌의 건전한 회의주의를 잃지 않았다는 점은 전혀 과장이 아니다. 로버트슨과 그의 애널리스트들은 대단히 신중하게 움직였다. 그들은 스스로를 시장 판단자가 아니라 종목 발굴자라고 생각하면서 경솔하지 않게 움직이려 했고, 자신들의 시장 예측을 포함해 모든 시장 예측에 대해서도 일정 수준의 건전한 회의주의를 유지했다.[1]

  3월에 로버트슨과 그의 팀은 S&P 500과 막상막하의 실적을 유지했다.

그들이 1987년 첫 3개월 동안 벌어들인 수익률은 약 20% 정도로, 절대 실적 기준으로는 좋은 편이었지만 상대실적 기준으로는 별로 대단한 성적이 아니었다. 그는 유한책임 파트너들에게 보낸 편지에서 펀드의 1사분기 실적에 만족한다고 적었다. 더욱이 그는 타이거가 시장에 거품이 빠질 때를 준비하고 있으며 "이러한 환경에서는 그런 시기가 반드시 오기 마련"이라고 적었다. 그는 그때야말로 타이거가 맹공격을 행할 시기라고 믿었다. 시장이 가치를 잃으면 그가 취한 일련의 쇼트 포지션들이 최대의 차익을 거두게 될 것이기 때문이었다.[2]

1987년 3월 6일에 투자자들에게 보낸 편지에서 로버트슨은 시장에서 한 가지 흥미진진한 새로운 현상을 발견했다고 언급했다. 그는 이 현상을 **어리석은 계절**이라고 부르면서 그것이 빠르게 다가오고 있다고 말했는데, 시장이 극도의 모멘텀을 경험하고 있다는 것이 그 이유였다. 시장의 모멘텀은 회사 자체의 고유한 성장률이나 PER와는 상관없이 성장률이 증가하는 종목을 매입하고 성장률이 떨어지는 종목을 매도하라고 요구했다. 로버트슨은 투자자들이 성장률이 연 15~30%인 보험회사인 마시 앤 맥레넌Marsh & McLennan과 같은 회사의 주식을 팔고 대신에 성장률이 (-)에서 (+)로 전환되어 1988년 예상 주당순이익의 40배 정도에 거래되는 반도체회사의 주식을 매입하고 있다고 보았다. 그는 이러한 전략에는 가치가 **철저히 무시돼 있다**고 밝히면서 그런 투자 전략에는 참여하지 않겠다고 밝혔다.[3]

같은 시기에 로버트슨은 시장 여러 분야에서 내재가치가 별로 없는데도 **부전승**에 오른 종목들을 여럿 목격했다. 시장의 **어리석은 계절**이 다가오고 있다는 증거를 발견한 것이다. 예를 들어 그는 에이즈와 관련이 있다는 이유만으로 시장이 한 기업을 부전승 종목에 올려놓는 것을 보았다. 최고의 중개인들과 똑똑한 파트너들이 그에게 전화해서 콘돔에 대해 열심히 설명하고 콘돔 제조회사를 소유했을 때 이용할 수 있는 기회를 누누이 강조한 일도 있었다. 로버트슨은 콜로라도 산 정상에 올랐을 때도 비슷한 투자 조언을 들었는데, 거기서 **나이든 아이슬란드 출신**의 스키 강사는 콘돔 산업의 투자 장점을 귀찮을 정도로 말을 했다고 한다.

하지만 타이거의 리서치는 완전히 다른 말을 하고 있었다. 첫째, 시장이 개선되고 있기는 하지만 에이즈 치료 및 예방 산업의 규모는 연 1억 5,000만 달러로 비교적 작은 산업이었다. 둘째, 로버트슨의 리서치에 따르면 멘터Mentor 같은 작은 회사들이 여성 소비자를 대상으로 디자인한 새 콘돔을 출시한 후에 연말부터 142%의 성장을 이루긴 했지만, 기존 대기업들이 그런 시장 기회를 발견하고 중소기업을 시장에서 몰아낼 가능성도 충분했다. 콘돔 열풍에 동참하자고 강권하는 사람들에게 로버트슨은 단호히 거절의 뜻을 밝혔다. 그는 멘터나 다른 콘돔 회사 주식에 대해 쇼트 포지션을 취하지는 않았지만 산업이 위축될 것을 전제하면 언젠가는 그래야 할 때가 올 것이라고 믿었다.[4]

같은 기간 동안 로버트슨은 월스트리트를 사로잡은 또 다른 광기에도 대처해야 했다. 그것은 내부자 거래insider trading였다. 전 회사였던 키더 피보디의 직원 세 명도 내부자 거래에 연루되었는데, 그 중 하나가 마틴 시겔Martin Siegel이었다. 키더의 운용이사인 시겔은 기업 사냥꾼으로 유명한 이반 보에스키Ivan Boesky와 드렉셀 번햄 램버트Drexel Burnham Lambert의 증권 인수 담당자인 데니스 레빈Dennis Levine과 결탁해서 내부 정보를 악용해 불법 이익을 취하려 한 혐의로 증권사기죄가 인정되었다.

로버트슨은 키더에서 일하던 시절 시겔을 알고 지내면서 그를 좋아하고 능력을 높이 사긴 했지만, 알코올을 지나치게 많이 마시면 중독자가 되듯이 시겔도 돈에 완전히 중독된 돈벌레moneyic가 되었다고 생각했다. 그럼에도 로버트슨은 돈이 그토록 자유롭게 흘러 다니고 거기에서 나오는 탐욕과 힘에 사람들을 **중독 시킬** 수 있는 다른 산업이 전무하므로 사람들이 월스트리트를 포기하지는 않을 것이라고 자신했다.[5]

로버트슨은 월스트리트가 여전히 말에 좌우된다는 사실에 놀랐다. 월스트리트를 빼고 말 한마디로 매일같이 수십억 달러의 매매가 행해지는 산업은 찾아볼 수 없었다. 계약도 아무것도 없이 말만으로 매매가 행해지는 것이다. 로버트슨은 몇 사람의 몰락이 산업 전체 붕괴를 의미하지는 않는다고 믿었다. 과거에나 지금이나 그는 월스트리트의 윤리도 다른 산업의 윤리와 별로 다르지 않다고 생각했다. 하지만 그는 이른바 **월스트리트에 불어 닥친 거대한 변화의 시간**을 확인했다.

1980년대 전까지 포드, IBM, 제너럴모터스 같은 미국 산업의 거인들은 비즈니스 스쿨 졸업생 중에서도 가장 똑똑하고 재기 넘치는 인재들을 확보할 수 있었다. 하지만 지금 이들은 월스트리트로 향하고 있었다. 1986년 골드만삭스는 하버드 비즈니스 스쿨 졸업생의 7%를 채용했다. 그리고 이곳의 졸업생 중 32%가 투자금융 산업에 채용되었다. 월스트리트에 입성한 이 유능한 젊은 인재들에 비하면 1950년대 처음 월스트리트에 발을 들여놓은 로버트슨은 초라하게 여겨질 정도였다. 그가 볼 때 가장 똑똑하고 전도유망한 젊은이들이 월스트리트로 몰려드는 것은 실수였다. 그토록 젊은 인재들이 경제의 한 분야로 운집하는 탓에 월스트리트는 점점 더 전쟁터가 돼가고 있었다. 그들 모두가 꿈을 이루고 능력에 맞는 보상을 받을 공간이 충분치 않았다.[6] 반면 경제 성장의 원동력이 되어주는 다른 산업, 이를테면 제조와 기술 분야는 가장 유능한 경영 인재들을 점점 잃어가고 있었다.

로버트슨의 회사는 주식 거래 스캔들에 연루된 적이 단 한 번도 없었지만 그렇다고 상황이 타이거에 아주 순조롭게 돌아가고 있지도 않았다. 회사의 실적은 표준에도 미치지 못했다. 상대실적과 절대실적 모두에서 타이거는 **창사 이래 최악의 부진**에 빠져 있었다. 하지만 여느 매니저들이 타격 부진을 겪다가 홈런 한 방으로 영광을 되찾을 것이라고 생각하듯이 로버트슨 역시 자신들에게도 부진을 타개하고 앞으로 나아갈 도구가 갖춰져 있다고 믿었다. 그렇기는 해도 그에게 닥친 문제들은 만만치 않았다. 로버트슨은 가계부채가 역대 최고 수준을 보이고 있고, 브라질이 해외 채무에 대해 제재 조치를 취하고 있으며, 무역 적자가 통제 불능의 상태로 치닫고 있는 것이 염려스러웠다. 하지만 로버트슨은 주식시장의 전망이 그렇게 나쁘지는 않다고 보았다. 그가 생각할 때 주식은 최고의 투자 게임이었다. 비록 부동산이나 채권 등 다른 투자 대안들에 비해 주식의 가치 평가가 힘들다는 단점이 있을지라도 투자 전망이 비관적인 이 둘에 비하면 주식 전망은 좋은 편이었다. 로버트슨이 귀 기울이는 여러

경제학자들은 경제가 **주식시장 강세에 좋은 쪽으로 움직일** 채비를 갖춘 상태라고 생각했다.[7]

어떤 경제학자는 로버트슨에게 전에는 수입에 의존하던 재화들을 직접 생산하면서 미국 경제가 힘을 얻게 될 것이라고 말했다. 그 경제학자는 이런 현상은 약달러의 직접적인 결과이며, 그 덕분에 1987년 하반기 동안 GNP가 6% 올라갈 것이라고 생각했다. 로버트슨은 이런 일이 발생한다면 저금리가 유지되고 따라서 주식시장도 상당한 성장을 이룰 수 있을 것이라고 여겼다. 로버트슨이 주의 깊게 관찰하는 또 다른 요소는 일본인들의 시장 진입이 임박했다는 사실이었다. 데이터에 의하면 1986년 12월 미국 주식에 대한 일본인들의 투자는 순매수였으며 새해에도 매수세를 이어나갔다. 하지만 매수가 이어지기는 했어도 로버트슨이 기대하고 예상했던 수준에는 미치지 못한 상태였다. 그는 약달러가 굳어지면 수문이 열려 일본인들의 매수가 아주 크게 높아질 것이라고 내다보았다.

새해가 한참 지났음에도 타이거는 저조한 실적을 보였다. 5월까지 S&P 500의 수익률이 −0.6%를 약간 밑도는 수준인 반면 타이거의 수익률은 −6.4%였다. 로버트슨은 가치 시장에서 모멘텀 시장으로 이동한 것과, 견실한 가치주라고 믿었던 소형주들을 지나치게 많이 보유하고 있는 것이 손실의 원인이라고 설명했다. 게다가 소형주의 인기가 떨어지고 대형주는 상승세를 이어갔기 때문에 타이거는 롱과 숏 모두에서 손실을 입을 수밖에 없었다.

로버트슨은 투자자들에게 지금 자신이 패닉에 빠지는 일은 절대 없을 것이라고 장담했다. 그는 타이거의 자산 운용 방식 전체를 바꾸기 위해 오랫동안 아주 잘해왔다고 믿고 있었다. 그러나 로버트슨은 펀드가 대형주 매수에 초점을 맞추기 시작하면서 투자의 초점을 약간 바꿔나갔고, 애널리스트들 역시 회사 실적이 제자리를 찾고 상대실적이 개선 조짐을 보일 때까지 과도한 레버리지(시장 익스포저가 아닌 레버리지) 이용을 줄여 나갔다.

로버트슨은 투자자들에게 보내는 월례 서한에서(투자자들과 타이거 모두) 한 배를 타고 있으므로 모두 가라앉든가 모두 순항하든가 둘 중 하나라고 강조했다. 그는 편지에서 타이거가 상대실적에 있어서 기대보다 미흡한 성적을 거두고 있으며 어떻게 해야 배를 올바른 방향으로 이끌 것인지에 대해 의견을 나누고 싶다고 밝혔다. 그가 생각하기에, 해결의 열쇠는 조직의 건실함이었다. 그는 적절한 경험이 있고 문제를 수정할 능력이 있는 좋은 인재를 보유하고 있다고 말했다. 또한 과거의 기록도 자신과 팀이 문제를 수정하고 앞으로 나아갈 능력이 있음을 보여주고 있다고 밝혔다.[8]

한 해의 중간을 마무리하는 시점에서 로버트슨과 그의 팀은 다시 일본으로 눈을 돌렸다. 1987년 6월 당시 일본은 세계 최대의 금융자본국이었다. 일본 주식시장의 시가총액을 합한 금액이 미국 시장보다 컸을 뿐 아니라 연방정부도 누적되는 적자재정의 재원 조달을 위해 일본에 의지했다. 타이거의 사람들은 여러 기회를 발견했다. 첫째, 그들은 일본인들이 미국 시장에 투자할 전망이 높다는 사실을 반겼으며, 둘째로 일본 기업 몇 곳이 터무니없을 정도로 고평가돼 있다고 믿었다. 한 예가 일본전신전화日本電信電話, NTT 사였다. 이 일본의 전화회사는 시가총액이 3,340억 달러가 넘었는데, 주식시장의 총 시장가치가 2,360억 달러인 독일, 1,920억 달러인 프랑스, 1,530억 달러인 이탈리아보다도 훨씬 높았다. 거품이 형성되고 있다는 징후는 이것만이 아니었는데, 로버트슨은 일본 기업의 재무담당자들이 흥미로운 행동을 보이고 있음을 알아챘다. 리서치 결과는 일본 대기업의 재무담당자들 대다수가 미국 기업의 재무담당자들처럼 현금을 단순히 양도성예금증서CD에 넣어놓는 차원에 만족하지 않고 있음을 보여주었다. 그들은 회사 자금을 주식시장에서 굴리기로 결정했고 이 목적을 위해 별도로 펀드까지 조성했다. 문제는 재무담당자들 다수가 시장이 달성한 40%의 가치 증가에 만족하지 않으면서 차입금까지 끌어다 시장에 투입했다는 것이다. 기본적으로 말해서 그들은 시장에서 더 많은 돈을 벌기 위해 초과현금을 일종의 증거금으로 이용하고 있었다. 이런 목적으로 조성한 투자 몇 개가 성공을 거두기는 했지만, 주식시장에서의 신용거래를 위해 초과현금까지 이용하는 일본의 모습에 로버트슨과 그의 애널리스트들은 긴장했다. 로버트슨이 볼 때 문제점은, 노사정 협력 하에 커다란 경제력을 창출하는 데 성공한 일본인들이 그 성공에 도취되어 시장이 한번 오르기 시작하면 계속 오르기만 할 것이고 시장이 상승할수록 모두에게 더 좋으므로 돈을 많이 벌 기회를 더 많이 찾을 수 있다고 믿는다는 것이었다.[9]

물론 이러한 생각은 1600년대에 네덜란드에서 일어난 튤립 열풍과 그 후 발생한 시장 붕괴를 떠올리게 한다. 1636년 직접 확인하지도 않고 튤립 구근을 구입하고 팔고 다시 사고파는 일이 수십 번 반복되었다. 암스테르담의 한 남자는 4개월간의 튤립 투자로 6만 길더를 벌었다고 전해진다. 한 도시의 시장이던 그의 연봉은 500길더였다고 한다. 튤립 광풍은 걷잡을 수 없이 심해지다가 1637년 초 어느 날 갑자기 시장이 붕괴되고 말았다. 며칠 동안 수백 명의 투기꾼들이 파산했다. 손실액이 너무나도 막대했기 때문에 단지 튤립 시장만이 아니라 신용제도 전체가 위험에 처했다. 튤립 시장의 붕괴는 네덜란드에는 국가적 재앙이었으며 런던과 파리를 비롯한 유럽 각지에도 그 여파가 미쳤다. 하지만 여기서 중요한 점은 로버트슨과 그의 팀이 일본 시장의 하락을 예견하면서 그 하락이 제공할 기회를 적극적으로 이용할 준비가 돼 있다는 것이다.

7월 중순 로버트슨은 투자자들에게 타이거 자산의 4%를 오랜 친구인 길크리스트 버그Gilchrist Berg가 관리하는 펀드에 투자할 생각이라고 발표했다. 버그가 운용하는 쇼트 전문 펀드인 폴라펀드Polar fund는 로버트슨에게 쇼트 투자에 접근할 수 있는 독특한 통로를 제공해주었다. 버그는 훌륭한 쇼트 기회를 찾아내고 이용할 줄 아는 전문가로서 놀랄 만한 명성을 쌓아왔으며 비공식 석상에서 로버트슨과 자주 투자 아이디어를 주고받는 사람이었다. 로버트슨은 폴라펀드에 투자함으로써 이 쇼트 매니저와의 관계를 공고히 다지게 되었다. 타이거의 의료산업 부문 컨설턴트인 존 니콜슨은 버그와 공동으로 펀드를 관리하기 위해 원래 맡고 있던 자리에서 물러났다. 또한 폴라펀드에 투자를 하면서 로버트슨은 이 펀드의 투자 아이디어를 일차적으로 이용할 수 있는 권리도 가지게 되었다. 로버트슨이 폴라펀드에 투자한 금액은 대략 940만 달러로 이 금액은 당시 폴라펀드가 관리하는 자산의 거의 4%에 해당했다.[10]

푹푹 찌는 무더위가 이어지고 조수 간만의 차가 바뀌기 시작한 1987년 8월의 어느 날, 로버트슨은 투자자들에게 보내는 편지에 "타이거가 포효하기 시작했습니다. 전체를 울리는 포효성은 아니지만 그르렁거리는 수준은 확실히 넘어섰습니다"고 적었다.[11] 3월부터 마이너스 수익률을 기록하던 타이거펀드가 손실을 완전히 회복했다. 7월 말에는 23%를 넘겼다. 로버트슨은 자신의 부대를 결속시키고, 잘못된 점을 바로 잡고, 이번 역시 위대한 실적을 거두는 한 해가 되기 위해 갈 길을 서둘렀다.

로버트슨은 달러화 가치 하락이 제조기업들에 유리하게 작용한다는 사실을 알고 있었다. 제지와 금속 같은 일부 산업의 주당순이익이 증가했으며 예상보다 좋은 결과가 나왔다. 로버트슨에게 이익을 안겨주고 있는 종목 하나는 제지회사인 제퍼슨 스머핏Jefferson Smurfit으로, 당시 회사에서 두 번째로 높은 보유종목이었다. 창사 당시 바닥 가격에서 매입했던 이 주식은 거의 7배가 올랐고 1988년 예상 순이익의 10배에 거래되었다. 로버트슨이 볼 때 아직도 대단히 매력적인 종목이었다.

미국 제조업계가 일종의 르네상스를 맞이하고 있었으며 로버트슨과 애널리스트들은 이런 결과에 만족했다. 또한 시장에는 유동성이 풍부했는데 이는 투자를 하기만 하면 의심의 여지없이 주가가 오를 것이라는 의미였다. 그리고 이뿐만이 아니라 로버트슨은 상황을 예의 주시하면서 투자 기회를 기다리고 있는 돈도 많다고 믿었다. 약달러가 굳어지고 있다는 것은 이미 시장에 진입한 일본인들이 더욱 많은 돈을 투입할 것이라는 뜻이기도 했다.

로버트슨은 미국 대기업들의 자사주 매입 프로그램이, 그리고 그 프로그램이 크라이슬러, 포드, 내셔널 디스틸러National Distiller, 로웨스Loews 등을 비롯한 여러 종목들의 수급에 미치는 영향이 마음에 들었다. 이 회사들은 타이거의 포트폴리오 편입 요건에 딱 들어맞았으며 그들의 시장 잠재력은 **더 이상 밝아질 수가 없을 정도**였다. 또한 경기 후퇴의 경보음이 울릴 것 같다는 생각도 로버트슨을 고무시켰다. 그는 일본 시장이 심각한 경색에 빠지면서 아시아 시장이 이러한 경보음의 진원지가 될 것이라고 생각했다. 타이거는 상황 악화에 준비하면서 적절한 쇼트 기회를 열심히 찾아다녔다.[12]

이 기간 동안 타이거는 이미 일본 주식 다수에 대해 쇼트 포지션을 취하고 있었다. 다시 말해 그들은 미리부터 보험에 가입하고 있는 셈이었는데, 이 보험금을 받을 일이 없기를 바랐지만 언젠가는 반드시 필요하게 될 것이라고 보았다. 타이거는 제때 보험료를 납입하면서 일본 시장을 분석하고 만반의 준비를 갖춰나갔다. 그러면서도 모든 것이 순조로워 보이는 동안 그들은 주가 상승을 만끽하고 있었다.

그들은 정말로 주가 상승을 만끽했다. 여름 내내 그리고 9월 말까지 타이거의 포트폴리오는 꽤 흡족한 성적을 거뒀다. 여름과 초가을 내내 투자 세계에는 주가가 지나치게 올랐다는 전문가들의 한탄성이 그득했으며 이런 상승세가 영원히 지속될 리 없다는 분위기가 팽배했다. 로버트슨은 사람들이 주식을 팔 이유나 시장의 대량매물 사태에 대비해 포트폴리오를 정비할 이유를 호시탐탐 찾고 있다고 보았다. 타이거의 포트폴리오 역시 대량 매물 사태에 대비하고 있었고,(그것은 폴라펀드 및 타이거 펀드가 보유한 상당량의 쇼트였다.) 그러면서도 한편으로는 합리적 가격에 거래되고 있다고 믿어지는 주식들로 포트폴리오를 채웠다. 로버트슨이 정말로 아끼는 한 종목은 노스다코타 주에 소재한 저축대부은행인 메트로폴리탄 파이낸셜Metropolitan Financial이었는데, 당시 이 회사는 장부가치보다 44.2% 낮은 가격에 그리고 주당순이익의 4배가 안 되는 가격에 거래되고 있었다. 이것 말고도 이 저축은행은 타이거의 포트폴리오에 편입될 가치가 더 있었는데, 경영진이 기 발행주식 10% 이상에 대해 자사주 매입 프로그램을 시행하면서 더욱 매력적인 주식이 되었다. 타이거는 웨스트 프레이저 팀버 컴퍼니West Fraser Timber Company에 대해서도 롱 포지션을 취했다. 목재 사업이 주 분야인 이 회사는 당시 펄프 및 골판지 분야로 사업을 확대하기에 충분한 초과현금을 창출하고 있었다. 사업을 확장하면서도 여전히 주당 4.00달러의 이익을 내고 현금흐름도 상당 수준으로 유지할 수 있다는 사실 역시 웨스트 프레이저의 투자 매력을 더욱 가중시켰다. 이처럼 훌륭한 가치를 지닌 기업들은 1987년 여름 로버트슨에게 이익을 벌 수 있는 기회를 제공하고 있었다.

10월 초가 되자 펀드는 13.9%의 수익률을 달성하면서 S&P 500을 600베이시스 포인트 차이로 앞질렀다. 당시 로버트슨은 투자자들에게 보낸 편지에 이렇게 적었다. "정말로 기쁜 점은 평균 80~85% 수준의 시장 익스포저에서 이러한 실적이 달성되었다는 사실입니다." 로버트슨은 외국인 매수세가 강세장의 중요 요인이라고 보았다. 그는 일본 시장이 붕괴될 때까지는 **대단히 변덕스럽기는 해도** 외국인 자본이 미국 주식시장으로 계속 흘러들어올 것이라고 점쳤다. 이러한 자본 유입은 차입 매수 기업들이 보유하고 있는 상당한 자산군pool of assets과 더불어서 시장을 안정시키고 지속적인 성장세를 유지시켜줄 것이었다. 로버트슨은 눈앞에 벌어지고 있는 상황에 만족했으며 이 상황을 기꺼이 이용하기로 마음먹었다.

그것은 분명 폭풍 전의 고요였다.

로버트슨이 1987년 10월 2일 투자자들에게 보낸 편지에는 꽤 흥미로운 내용이 담겨 있다. "우리가 지나친 자기만족에 사로잡히게 되면 급격한 시장 하락의 위험을 제대로 파악하지 못하게 됩니다. 다시 말해, 우리가 이익을 유지하는 데 관심을 기울이는 대신 이익을 써버리기 시작할 때가 바로 위험한 순간입니다."

로버트슨은 **장밋빛 시나리오**를 전개하기는 했지만 스스로를 보호하고 투자자들에게 신중을 당부하는 것도 잊지 않았다. 그는 투자자들에게 최후의 날에 대비해 미 장·단기 국채로 구성된 자금을 조금은 갖춰두라고 지적했다. 그는 아무리 경험이 많거나 재산이 많은 투자자일지라도 대대적인 시장 하락에 대비해 이러한 자금을 별도로 갖춰놓고 있어야 한다고 생각했다. 다만 그는 이 포트폴리오가 전체에서 높은 비중을 차지해서는 안 된다고 충고했는데, 정상적인 상황에서는 수익률이 대단히 낮아서 최악의 투자가 될 수도 있기 때문이었다. 시장이 제로로 떨어진다는 것은 있을 수 없는 일이었지만 가격 하락은 얼마든 벌어질 수 있는 일이었고, 로버트슨은 투자자들이 최악의 사태에 대비하기를 원했다. 이러한 투자는 엄밀히 말해 최악의 시나리오에 근거한 것이었고, 로버트슨의 생각에 따르면 최악의 상황이 결코 벌어지지 않더라도 모든 투자자가 거기에 대비할 필요는 분명히 있었다.[13]

불과 이 주 후, 사태가 예기치 못한 방향으로 급반전되었고 로버트슨과 그의 팀은 이전에는 결코 경험해보지 못했던 시장 상황에 대응해야 했다. 1987년 10월 19일, 주식시장이 붕괴했다. 다우지수는 그날 하루 508포인트(22.6%)나 떨어진 1738.74포인트로 장을 마감했다. 이번 하락은 대공황의 시작을 알렸던 1929년 10월 28일에 발생한 12.8%의 폭락보다도 훨씬 심각한 수준이었다. 10월 19일 거래 마감 전 30분 동안 시장은 130포인트나 떨어졌다. 월요일에도 하락이 이어졌고 금요일의 폭락과 합쳐서 주가는 총 743.47포인트(30%)나 폭락했다. 이와 비교하면 총 68.90포인트(23.1%)가 떨어진 1929년 10월 28일과 29일의 주가 하락은 약과인 셈이었다. 월요일 거래가 마감되었을 때 다우지수는 한 해 상승분을 모두 잃고도 8.3%나 더 떨어졌다. 정점에 올랐던 8월 25일의 2722.42포인트에 비하면 불과 두 달 만에 36.1%가 떨어진 것이다. 모든 주요 시장 지수가 일제히 큰 폭으로 하락했다. 10월 19일 S&P 500 지수는 57.86포인트가 떨어진 224.84였다. 나스닥 역시 46.12포인트 하락한 360.21로 마감되었다.

1987년의 시장 붕괴는 말할 나위 없이 대다수 투자자들이 겪은 최악의 폭락장이었다. 그것은 상상도 하기 힘든 금융적인 멜트다운*이었다. 월스트리트 전체가 믿을 수 없어 할 말을 잊었다는 반응이었다. 규모와 유형을 불문하고 충격에 빠진 모든 투자자들은 무슨 말을 해야 할지 어떻게 행동해야 할지 알지 못했다. 이때의 시장 붕괴 원인으로는 여러 가

---

* 원자로 이상으로 내부 열이 급격히 상승해 원자로가 녹는 현상

지를 말할 수 있는데, 시장이 5년 동안 진지한 조정이나 인플레이션에 대한 두려움, 금리 인상, 그리고 파생상품 사용에 따른 변동성 증가 등을 한 번도 겪지 않았다는 사실도 한 요인이었다.[14]

로버트슨에게도 1987년의 시장 붕괴는 폭풍우 그 자체였다. 타이거는 이 기간 동안 발생한 손실로 인한 마진콜 margin call(추가 증거금 요구)을 전혀 받지 않은 상태였지만 그래도 상당한 손실을 피해갈 수는 없었다. 로버트슨과 그의 팀은 자신들이 전체 시장에 비해 나쁜 성적을 거둘지라도 시장은 계속 상승할 것이 분명하다고 믿었지만, 이번에는 그런 생각 자체가 피해를 불러왔다.[15] 폭락장에서의 가치 하락을 이용하기 위한 적절한 헤지 수단이 포트폴리오에 구비되어 있지 않았기 때문이었다.

많은 사람들은 이번 폭락과 그 후폭풍이 불어 닥치는 동안 타이거가 당시 로버트슨의 진정한 맞수였던 소로스나 스타인하트보다는 나은 성적을 거뒀다고 생각했다. 그럴지라도 타이거가 손실을 입은 것은 분명했다. 1987년 시장 붕괴 시 타이거는 절대실적과 상대실적 모두에서 시장보다 저조한 실적을 보였다. 그러나 이 저조한 실적은 로버트슨으로 하여금 시장을 앞지르기 위해서는 시장을 염두에 두지 말아야 한다는 믿음을 굳건히 다지는 계기가 되었다. 시장보다는 견실한 투자 종목을 발굴하는 데 초점을 맞춰야 한다. 가치주를 찾아야 하며 발견하기만 하면 분야와 상관없이 매수해야 한다. 그것은 과거에도 현재에도 그리고 미래에도 타이거의 슬로건이었고, 시장이 붕괴하든 붕괴하지 않든 변함없이 유지될 표어였다.

시장은 로버트슨에게 있어 이해하고자 하는 대상인 적이 한 번도 없었다. 시장은 그에게 결코 설명을 해주지 않았으며 앞으로도 그럴 일이 없었다. 로버트슨이 과거에도 잘했고 지금도 잘하는 일은 종목 발굴이고, 그가 투자 사업에서 능숙하게 해온 일도 그것이었다. 1987년의 시장 붕괴를 경험하면서 그는 투자자들과 경쟁자들을 보며 이런 믿음을 재확인했다.

1987년 시장 붕괴가 발생하고 며칠 후 한 기자에게 로버트슨은 자신이 앉아 있는 자리에서 볼 때는 "수소*가 매우 드물어서 어떤 소가 암소를 임신시킬 수 있을지 가늠할 수조차 없다"고 말했다.[16]

로버트슨은 이 불확실한 시기에도 좋은 시기가 올 것이라고 믿는 극소수 중 한 명이었다. 그는 그렇게 믿는 스스로를 대견해했다. 남들과 다른 시각을 유지하는 것이 월스트리트에서의 경력 내내 그를 앞서가게 해주었던 비결이었으며, 이런 본능이 어려운 시기를 헤치고 나아갈 힘이 되어줄 것이라고 믿었다.

로버트슨은 시장에 비관론이 팽배해 있으며 비관론자가 많을수록 자신의 전략에는 더욱 유리하다고 여겼다. 출장을 다니고 리서치를 행하는 내내 그는 극도의 비관주의에 빠지지 않은 사람을 찾기가 힘들었다. 투자자들은 정말로 하늘이 무너졌다고 믿고 있는 듯 보였다. 이 기간 동안 주식을 매수하는 투자자는 있다고 해도 극소수에 불과했다. 많은 전문가들과 대화를 나눠본 결과, 그들은 시장이 어떻게 반응할지를 지켜보고 관망세를 유지하면서 본격적인 게임을 다시 시작하기 전에 시장이 약간

* 강세장을 의미

이라도 정상과 비슷한 상태로 돌아오기를 기다리고 있었다.

하지만 로버트슨과 타이거의 매니저들은 주가가 제자리를 찾은 지금 이 순간에 특별한 기회가 존재한다고 생각했다. 시장이 바닥으로 내려앉았기 때문에 과도한 가치 평가가 사라진 상태였다. 애널리스트 팀의 리서치에 따르면 앞으로 몇 년 간 대단히 전망이 밝아 보이는 기업들이 상당히 많았다. 하지만 한 가지 걸림돌이 있었는데, 바로 경기 후퇴의 위협이었다. 로버트슨은 일본 경제가 추락할 것이며, 그때가 오면 현재의 고평가에 막을 내리는 신호탄이 울리게 될 것이라고 보았다. 그러면 위대한 매수 기회의 시작을 알리는 신호가 울려 퍼질 것이 분명했다.

그가 볼 때에는 이번 시장 붕괴가 끼친 타격을 이해한 사람들은 전체 인구의 15~20%에 불과했다. 하지만 실제로는 연기금이나 이익 분배 제도profis sharing, 스톡옵션 등을 통해 훨씬 많은 사람들이 영향을 받았다. 그들이 지닌 재산의 주된 가치는 주택이 차지했다. 이번 충격으로 금리가 하락하면서 주택 가치가 상승했다. 추측컨대 이번 시장 붕괴로 인해 그들의 재산 가치가 늘어났을지도 모르는 일이었다.[17]

로버트슨은 국내 경제와 해외 경제 요소의 상당 부분들이 불안하다는 사실이 걱정스러웠다. **강제 매수**compelling buy가 여러 건 진행되고 있었지만, 그는 단순히 어떤 종목에 쇼트 포지션을 취하고 어떤 종목에 롱 포지션을 취할지 결정하는 것보다는 무역적자와 예산적자의 문제와 미 정부가 이 쌍둥이 적자에 앞으로 어떻게 대응할 것인지가 더 염려되었다.

로버트슨은 이번 시장 붕괴로 타이거 자산운용팀이 이제껏 겪은 것보다 **훨씬 심각한** 타격을 입었다고 밝혔다. 시장의 비유동성은 **타이거 전 직**

원에게 감정적인 충격은 물론이고 심각한 금전적 타격도 입혔다. 당시 타이거는 일선 업무 직원을 20명이나 감원해야 했다.

시장 붕괴로 인해 타이거의 자산가치는 9월말 수준보다 30% 남짓 하락했다. 이번 붕괴의 규모는 물론이고 그것이 타이거의 포트폴리오에 미친 충격은 로버트슨이 난생 처음 겪어보는 수준이었다. 타이거의 자산이 대단히 급격하게 하락하자 충격에 빠진 매니저들은 무엇을 해야 하고 어떻게 헤쳐 나가야 할지 막막하기만 할 뿐이었다.[18]

로버트슨은 곧바로 투자자들에게 나쁜 소식을 전했지만 몇 가지 희소식도 같이 전했다. 첫째, 그는 창사 이래 타이거의 자산이 700% 이상 늘어났다고 설명하면서 회사의 성공적인 자산 운용을 거듭 강조했다. 이는 7년 전 타이거를 시작했을 때부터 그와 함께 해온 투자자들의 자산은 초기 투자금액 1달러에서 7달러 이상으로 불었다는 뜻이었다. 그리고 이번 시장 붕괴로 타이거펀드가 막대한 손실을 입었지만, 1987년 한 해 전체를 따지면 10% 수준에 불과했다. 뉴질랜드에서 돌아오자마자 회사를 떠났던 마케터가 다시 돌아와 쇼를 펼치고 있는 셈이었다.

사람들이 잘 이해하지 못하는 부분이 있는데, 자산 운용에 있어서 가장 힘든 부분은 자산을 관리하는 일이 아니라 관리할 자산을 모집하는 일이라는 사실이다. 성공적인 자산 운용의 비결은 오랫동안 탄탄한 실적을 유지하는 것이 35%를 차지하고 훌륭한 고객 관리가 나머지 65%를 차지한다. 훌륭한 실적을 유지한다고 반드시 펀드 운용이 성공하는 것이 아니다. 그보다는 얼마나 많은 돈을 끌어 모으는지, 더 중요한 것은 펀드의 실적이 아주 저조할 때에도 빠져나가는 자산이 없게 하는 것이 성공의 관건이다. 로버트슨에게는 붕괴로 인해 포트폴리오가 입은 실제 손실액의 측면에서도 위기였지만, 사업적인 측면에서도 위기였다. 로버트슨이 투자자들에게 보낸 편지는 상당히 사실적인 태도를 유지하면서도 한편으로는 타이거 매니지먼트와 직원들의 각오를 낙관적으로 거듭 강조하고 있었다. 그는 투자자들이 난파하는 배의 쥐처럼 출구를 찾아 허둥지둥 달려 나가지 않게 막을 필요가 있었다. 그 대신에 로버트슨은 타이거가 더욱 강력하고 탄탄한 펀드로 거듭날 수 있도록 투자자들이 더 많은 돈을 투자해주기를 원했다.

로버트슨은 타이거의 미래와 헤지펀드의 미래 모두에 대해 낙관했다. 붕괴의 충격이 컸지만 그럼에도 그는 약간의 운용보수만 줄 뿐 매니저들에게 벤치마크를 앞지르는 실적을 낼 동기를 거의 제공해주지 못하는 대규모 자산 풀보다는, 실력이 입증된 펀드매니저들이 자신의 개인 재산 상당 부분을 같이 투자하기 때문에 실적 향상의 동기도 같이 높아지기 마련인 비교적 소규모의 투자 풀이야말로 투자자들을 위한 최적의 투자처라는 믿음을 버리지 않았다.

로버트슨은 타이거가 큰 타격을 입은 데에는 여러 원인이 있으며 대규모 상승장에서는 타이거가 시장을 앞지르기 힘들지만 하락장에서는 시장보다 나은 실적을 거둘 가능성이 높다고 편지에 적었다. 그는 다음의 세 가지를 손실의 주요 원인으로 설명했다.

1. 포트폴리오에서 소형주의 비중이 지나치게 높았다. 시장이 폭락하자 투자자들이 상승 가능성이 있는 더 크고 강력한 종목을 찾았고,

이로 인해 포트폴리오의 상당 종목들이 비유동적으로 변했다.
2. 타이거는 일본 시장이 대단히 고평가돼 있으므로 하락할 것이라고 생각했다. 이와는 반대로 일본 증시는 미국 증시보다 더 나은 실적을 보였고, 일본 시장이 상대적 강세를 보이면서 타이거의 실적이 저조해졌다.
3. 타이거의 레버리지 비율이 높았다. 헤지 수단을 청산하고자 했을 때 타이거는 시장의 비유동성에 타격을 입었다. 다시 말해 쇼트 포지션과 풋옵션을 청산하기 위해 지급했던 할증 가격이나 롱 포지션 매도를 위해 감수했던 할인 금액 모두 타이거에 심각한 피해를 주었다.

시장 붕괴가 일어나자 타이거는 붕괴 전 최고 300%에 달하던 레버리지 이용 비율을 162%로 크게 줄였다. 붕괴가 일어난 직후 타이거는 포트폴리오에서 롱 포지션의 레버리지 비율은 115%로, 쇼트 포지션은 47%로 줄였고 이를 통해 펀드의 순수 시장 익스포저는 70% 이하로 줄어들었다.[19]

로버트슨은 투자자들에게 보낸 편지에서 분모$_{denominator}$가 무너지긴 했지만 레버리지 비율을 큰 폭으로 줄일 수 있었다고 적었다. 물론 여기서 분모란 회사의 자산가치를 말하는 것이었고, 따라서 절대 금액으로 따지면 레버리지 비율이 소폭 줄어든 것으로 보일 수도 있지만 실제로는 상당히 엄청난 규모였다. 원래 타이거가 펀드를 운영하는 방식은 대량의 주식을 매입하거나 매도하기 위해서 그에 상응하는 거래를 확보해야 한다는 것이었다. 시장 붕괴의 영향으로 로버트슨은 다른 조치를 취하지 않고도 9,000만 달러어치의 주식을 사거나 팔 수 있도록 펀드를 조정했다. 이는 타이거의 유동성 때문이었는데, 유동성을 높이는 과정에서 로버트슨은 보다 유동성이 높은 대형주만이 아니라 유동성이 낮은 소형주도 신중하게 매도했다.[20]

로버트슨이 보기에 대다수 투자 전문가들은(최소한 헤지펀드 매니저들만이라도) 주식시장의 붕괴가 경기 후퇴나 더 심하게는 침체를 이끌 수도 있다고 생각하고 있었다. 하지만 그의 생각은 달랐다. 그가 볼 때 이번 붕괴는 레이더 스크린에 비친 사소한 문제에 불과했다. 그는 미국인들의 80%는 이번 주식시장 붕괴에서 별다른 피해를 입지 않을 것이라고 믿었다. 그들의 재산에서 가장 큰 비중을 차지하는 것이 주택이고 신용 기준이 느슨해질 것이며 개개인이 일하는 공장이 약달러에 힘입어 경쟁을 하기가 한결 수월해질 것이기 때문이었다.

로버트슨은 주식시장의 붕괴가 마땅히 가져야 할 것의 비용은 크게 낮추고 가지지 말아야 할 것의 비용은 크게 높일 것이라고 보았다. 그는 붕괴 후 10일 만에 이에 대한 증거를 목격할 수 있었다. 포드자동차의 판매량이 전년도 같은 기간에 비해 15%나 증가했던 것이다. 로버트슨은 이것을 주식시장 붕괴가 미국의 무역수지 문제 개선에 실제로는 도움이 될 수도 있다는 신호라고 보았다. 또한 시장 붕괴는 인력의 재분배 속도도 높이고 있었다. 몇 달 전만 해도 하버드 비즈니스 스쿨 졸업생의 30%가 월스트리트로 몰려들었는데 이는 경제의 나머지 분야에는 인재가 크게 모자란다는 뜻일 수도 있었다. 시장 붕괴로 인해 대규모 투자사들이 대규모 정리해고를 단행하고 신규 채용을 삼갈 것이 분명했다. 이는 인재

쏠림 현상이 끝날 것이라는 신호탄이었다.

그는 시장이 어디로 향할지는 아직 반신반의하고 있었지만 시장에 귀 기울이는 대신에 가치주를 찾는 것에 대해 다시금 자신하는 태도를 보였다. 그가 분명하게 알고 있는 한 가지는, 포드자동차의 주가가 주당순이익의 4배이고 현금흐름의 2배이며, 시장가치의 절반이 현금이라는 점에서 이 회사는 가치주였다. 포드는 탄탄한 우량 기업이었으며 더 중요하게는 폭풍우를 견뎌낼 현금도 넉넉했다. 로버트슨은 포드의 재무 상태가 대단히 훌륭하기 때문에 월스트리트에 몸담은 사람이라면 당연히 이 회사에 관심을 기울여야 한다고 믿었다.

또한 로버트슨은 전적으로 미 국채로만 구성된 이른바 **둠즈데이 펀드** doomsday fund를 준비하는 것에 무관심한 사람들을 비난한 바 있었는데, 그는 1987년 10월의 폭락장이 오기 전에 투자자들에게 이 펀드를 준비해두라고 충고했다. 막상 일이 닥치자 그의 충고는 거의 신탁이나 다름없어 보였다.

폭락장이 지속되었고 시장 붕괴 전에는 둠즈데이 펀드의 필요성을 믿지 않던 투자자들이 지금은 완전히 정반대로 행동하면서 미 국채에 투자 자금의 상당 부분을 쏟아 붓고 있었다. 로버트슨은 투자자들이 둠즈데이 펀드에 수반되는 리스크를 이해하게 해줄 필요가 있다고 생각했다. 그가 보기에 투자자가 둠즈데이 펀드를 준비하는 것의 최대 리스크는 인플레이션에 대비한 헤지 수단이 되지 못한다는 점이었다. 둠즈데이 펀드가 투자자들이 밤에 숙면을 취하는 데 도움이 되는 것은 맞지만, 현재 저평가되어 있지만 훗날 상승 잠재력이 높은 기업을 찾아내는 데 도움이 되는 것은 아니었다. 저평가되어 있는 기업이야말로 투자자들에게 진정한 가치를 제공해주는 종목이었기 때문에, 로버트슨은 투자자들이 참고 기다린다면 가치주를 비롯한 몇몇 다른 투자에서 커다란 이익을 실현할 수 있을 것이라고 믿었다.[21]

9일 후에 로버트슨이 투자자들에게 또 한 번 보낸 편지에는 **변동이 심하고 감정에 휘둘리기 쉬운 지금의 시기에** 투자자들에게 자산운용팀의 생각을 **수시로 면밀하게 보고**하겠다고 적었다. 편지에서 로버트슨은 타이거의 매니저들이 매력적인 가격에 거래되는 주식이나 채권을 찾아낼 수가 없기 때문에 당분간은 보수적인 접근법을 유지할 것이라고 적었다. 리서치 결과는 의회가 긴축 재정을 꾀할 의지가 별로 없는 듯 보이기 때문에 달러화 가치가 추가로 떨어질 전망이 높고, 그 결과로 수출품이 싸지겠지만 또한 구매력도 동시에 줄어들 가능성이 높다는 것을 보여주었다. 로버트슨에게는 좋은 방향으로 상황이 전개되고 있었다. 리서치에 의하면 그동안 미국의 제조업체들은 해외 업체들에 비해서 경쟁력이 없었기 때문에 지금 시장 상황은 거의 독보적인 매수 기회를 줄 준비가 되어 있었다. 1987년 11월에 타이거가 보유한 익스포저는 65%로, 롱 포지션이 115%이고 쇼트 포지션이 50%였다. 타이거는 유동성을 대단히 높게 유지했는데 구매력이 거의 9,000만 달러 수준에 달했다. 그는 미래에 대해 낙관적인 소견을 피력하면서도 "하지만 우리는 잠시 동안은 보수적인 태도conservative posture를 유지할 것입니다"라는 말로 편지를 끝맺었다.[22] 보수적인 태도라는 것은 그가 만들어낸 말이었다.

1987년 시장 붕괴의 여파가 아직 남아 있는 동안 로버트슨은 「배런

Barron」지에 경제, 시장 전반, 투자, 그리고 조만간 닥칠지 모르는 경기 후퇴의 미래에 대한 자신의 생각을 공개적으로 밝혔다. 로버트슨은 시장과 심신이 지친 투자자들을 돕기 위해 두 번 나섰는데 이 기사는 그 첫 번째였다. 두 번째 도움은 2001년 9월 11일 테러 공격으로 시장이 충격에 휩싸여 있을 때 CNBC 텔레비전의 인터뷰에 응한 것이었다. 두 번의 공식 인터뷰 모두에서 이 남부인은 불안감을 가라앉히고 긍정적인 마음을 되살리고 주식시장과 투자에 대한 자신감을 회복시키기 위해 특유의 매력과 재치와 투자 지식을 발휘했다. 인터뷰에 응한 다른 사람들과 달리 로버트슨은 두 번의 극도로 힘든 타격을 딛고 일어서기 위해서라도 왜 미국이 다시금 투자를 받을 필요가 있는지에 대해 논리적이고 설득적인 근거를 제시해주었다.

1987년에 그는 일본 시장의 지나친 고평가만이 아니라 적자예산에 대해서도 의구심을 품었다. 하지만 그가 가장 관심을 기울인 점은, 시장 붕괴 후 대부분의 기간 동안 주가가 저점을 유지하거나 혹은 더욱 내려가서 채권보다 훨씬 매력적인 가격에 거래될 수도 있다는 사실이었다. 그럼에도 불구하고 로버트슨은 아주 싸다고 여겨지는 종목을 찾는 데 애를 먹고 있었다. 그는 시장의 장기적인 고평가가 **쌍둥이 적자**보다 훨씬 큰 영향을 미칠 수도 있다는 사실이 걱정스러웠다.

로버트슨은 시장과 경제가 올바른 방향으로 나아가고 있다고 믿으면서도 조만간 아주 극적인 사태가 발생해서 세계 경제에 모습을 드러내고 있는 문제점들을 바로잡아줄 것이 분명하다고 생각했다. 그가 볼 때 이런 문제들은 1987년의 시장 붕괴보다도 훨씬 중대하고 장기적인 영향을 미칠 수 있었다. 로버트슨이 생각하기에 진짜 위험한 문제는 일본이었다. 그는 일본 경제가 **터무니없이** 고평가되어 있음을 알고 있었으며, 일본 정부가 예산 적자를 줄이기 위해 최근 일본전신전화의 주식을 360억 달러에 내놓은 것은 어리석은 행동이라고 생각했다. 이것은 천문학적 금액이었고, 이제껏 이루어진 인수 거래 중 가장 큰 규모였다. 당시 미국 최대의 인수 거래 규모는 10억 달러 수준이었다.

로버트슨은 일본 시장의 지속적인 고평가가 결국에는 시장 붕괴로 이어질 것이고 그 후에는 느리고 고통스런 회복 과정이 뒤따를 것이라 보았다. 그때가 언제일지는 짐작할 수 없었지만 느리든 갑작스럽든 30~40%의 주가 폭락이 반드시 일어날 것이라고 예상했다. 로버트슨은 이런 생각을 바탕으로 투자자들에게 일본 시장의 붕괴가 전 세계 시장에 어느 정도 영향을 미칠지 가늠할 수 없다고 말했다. 로버트슨이 보기에 일본 시장은 지금의 약한 경제 상황의 마지막 지푸라기였다. 투자자들이 조심해야 할 점은, 일본 주식시장이 폭락할 경우 일본인 투자자들이 미국 국채를 헐값에 대량으로 내놓을 것이고 이로 인해 채권시장이 흔들리고 더 나아가 미국 증시도 타격을 입을 것이 분명하다는 것이었다.

그는 일본 시장이 붕괴할 경우 일본인들이 국채 시장에서 급격히 자산을 회수할지는 알 수 없지만 다음 분기의 펀드 재가입이 높지 않을 것임은 알 수 있었다. 그리고 그런 일이 일어나면 채권시장도 큰 피해를 입을 것이고 그 충격의 여파가 주식시장에도 미칠 것임은 의문의 여지가 없었다. 그럼에도 로버트슨은 긍정적인 측면을 보았다. 그는 엔화의 고공 행진이 멈추고 달러화가 바닥을 치면 일본인들이 미국 시장에 더 많은 돈을 투자할 것이라고 믿었다. 같은 돈을 주더라도 일본에서보다는 미국에서 구입하는 것이 훨씬 높은 가치를 얻을 수 있기 때문이었다.

로버트슨은 증권 분석에 일가견이 있는 **이성적인** 사람들이라면 일본 밖에 존재하는 커다란 가치를 볼 능력이 있으며 그로 인해 하와이와 뉴욕 증시로 투자가 계속해서 몰려들 것이라고 자신했다. 이런 이유로 일본은 타이거와 애널리스트들이 쇼트 기회를 찾을 수 있는 유일한 투자처였다.

그는 일본 시장에 대해서는 비관적으로 전망했지만 미국 증시는 상당히 낙관적으로 전망했다. 로버트슨의 기억에 따르면 이 기간 동안 타이거의 시장 익스포저 수준은 롱 포지션 110%, 쇼트 포지션 40%로 대략 70% 수준이었다. 하지만 로버트슨이나 타이거의 애널리스트 팀이 커다란 상승장을 예상했다면 롱 포지션 150%와 쇼트 포지션 50%로 포지션을 구성하거나 심지어는 롱 포지션 170%, 쇼트 포지션 70%로 구성했을 테지만 그러지 않았다. 대신 로버트슨은 불확실성 수준을 감안해 순수 롱 포지션 비율을 105% 아래로 유지하는 쪽을 택했다. 포트폴리오는 가격이 싼 종목과 경기 침체 방어주 recession proof*라고 생각되는 기업들로 구성했다.

주식시장에서 그의 마음에 든 기업은 폴리염화비닐을 생산하는 몇몇 기업이었다. 이 기업들은 다음해 예상이익의 6배에 거래되고 있었으며 앞으로 3년 동안 순이익이 증가할 것이 거의 확실시되었다. 또한 그는

---

* 불경기에 큰 영향을 받지 않는 기업

경기 침체 방어주라고 여겨지는 주식들에 대해서도 매수를 유지했는데, 그중 대표적인 종목이 포드자동차였다.

로버트슨은 불경기로 인해 포드의 자동차 판매가 떨어지긴 했어도 이 회사가 마음에 들었다. 리서치에 의하면 포드의 자동차 판매가 60% 수준으로 급감할 경우 차입 매수 전문 기업들이 이 회사의 경영권 인수에 관심을 보일 가능성이 높았다. 거래가 이루어질 경우 차입 매수자들이 지불해야 할 금액은 77달러 수준이 될 것이고 그렇게 되면 로버트슨은 35달러의 현금을 차익으로 실현할 수 있었다. 또한 주당순이익이 18~22달러 수준이므로, 혹시 매출이 15% 가량 떨어진다고 해도 주당순이익은 여전히 12달러 선으로 유지될 수 있었다. 이러한 이유로 포드자동차는 차입 매수 기업들에게는 구미가 당기는 타깃이었고 로버트슨도 같은 이유에서 포트폴리오에 이 회사 종목을 보유하고 있기를 원했다. 또한 로버트슨이 포드에 대해 롱 포지션을 취한 이유는 이 회사의 수치가 마음에 들기도 했지만 제품 자체에 대해서도 믿음이 갔기 때문이었다. 로버트슨과 그의 아내 조시 둘 다 포드자동차를 몰았다(로버트슨은 머큐리를, 조시는 링컨을 몰았다).

로버트슨은 그 밖에 어떤 전략에 따라 타이거의 포트폴리오에서 주식을 매수하거나 매도했을까? 그 답을 알면 놀랄 수도 있다. 시장 붕괴의 여파로 많은 포트폴리오 매니저들이 투자 스타일과 전략을 변경했지만 로버트슨과 그의 애널리스트 팀은 종래의 방식을 고수했다. 그들은 좋은 펀더멘털을 확인하는 일을 계속했으며, 자신들의 리서치 역량을 활용해 적절한 롱 포지션과 쇼트 포지션 기회를 찾아다녔다.

타이거는 플로리다 소재의 윈딕시Winn-Dixie 슈퍼마켓 체인에 대해 쇼트 포지션을 취했는데, 그들의 리서치에 따르면 경쟁사들의 실적이 더 나았기 때문이었다. 또한 일본항공 JAL을 비롯한 여러 일본 회사들에 대해서도 쇼트 포지션을 취했다. 반면 제지회사인 제퍼슨 스머핏를 비롯해 조지아 걸프Georgia Gulf와 비스타 케미컬Vista Chemical을 매력적인 종목으로 보았다.

타이거의 애널리스트들이 조지아 걸프를 매력적으로 본 이유는 이 회사의 부채가 사실상 제로였기 때문이었다. 이 회사는 초과현금을 창출하고 있었으며, 수익성이 높은 사업을 운영하고 있었고, 기초도 탄탄해 보였다. 타이거가 부채 비중이 상당한 비스타 케미컬을 좋은 종목으로 본 이유는 로버트슨의 생각에 이 회사가 1988년과 1989년을 넘기면 대차대조표에서 부채를 정리할 능력이 충분하다고 여겼기 때문이었다. 일단 부채를 정리하고 나면 비스타 케미컬은 사업을 성장시키고 충분한 초과현금을 창출해서 확장과 인수를 행할 수 있을 것이므로 상당히 매력적인 종목이 될 소지가 컸다. 하지만 한 가지 우려 사항 때문에 그는 신중한 태도를 유지해야 했다. 그 우려 사항이란 플라스틱 수요가 고갈될지도 모른다는 점이었다. 혹여 그런 일이 생긴다면 비스타 케미컬은 큰 곤경에 처할 수도 있었다. 흔히 하는 말로 판돈을 모두 날릴 수도 있었다.

로버트슨과 애널리스트들은 자산운용 및 증권중개 회사인 드레이퍼스Dreyfus도 좋게 보았다. 타이거가 드레이퍼스의 주식을 보유한 이유는 주가가 차년도 주당순이익의 10배도 안 되는 금액인 24달러에 거래되고 있으며 자기자본 규제가 거의 없거나 전무한 수준이기 때문이었다. 타이거의 애널리스트들은 드레이퍼스가 저평가되어 있다고 보았다. 그들은 또한 드레이퍼스의 사업에서 단기금융 사업이 차지하는 비중이 대단히 크므로 경기 침체가 **위험하고 오래 지속될지라도** 드레이퍼스에는 거의 또는 아무 영향도 미칠 수 없다고 믿었다.

타이거가 주식을 매입한 또 다른 금융서비스 종목은 보험회사인 마시 앤 맥레넌Marsh & McLennan이었다. 그들은 이 회사가 모두 필요로 하는 무언가(보험)을 제공하며 보험 인수에 따르는 위험도 매우 적다는 점이 마음에 들었다. 이러한 요소들 외에도 차년도 주당순이익의 10배 정도 되는 주가도 로버트슨이 보기에는 대단히 싼 가격이었기에 마시 앤 맥레넌은 타이거의 포트폴리오에 단단히 안착할 수 있었다.

로버트슨이 매수한 금융사는 보험사와 자산운용사만이 아니었다. 그는 당시 아무도 주목하지 않고 있던 모건 스탠리Morgan Stanley도 좋은 종목으로 보았다. 로버트슨은 월스트리트의 시각이 잘못돼 있다고 여겼는데, 이 브로커-딜러 회사broker-dealer*는 수익 창출원이 대단히 다변화되어 있기 때문이었다. 로버트슨은 모건 스탠리 주식을 매입함으로써 타이거가 "수익 창출을 위해 상상할 수 있는 수준보다 훨씬 많은 인재를 확보할 수 있게 되었다"고 말했다.

물론 인재들의 문제점은 그들이 언제든 회사를 떠날 수 있다는 것이었다. 로버트슨은 **인재보다는 굴뚝산업**이 더 좋다고 말하긴 했지만, 이 기간 동안 모건 스탠리가 로버트슨의 인재 회사임에는 분명했다. 그가 모건

---

* 증권 중개와 매매를 겸하는 회사. 현재는 대부분의 증권사들이 여기에 해당된다

스탠리에 흥미를 보인 큰 이유는 이 회사의 능력과 토대를 믿고 이해하기 때문이었다. 로버트슨은 타이거 초창기 시절부터 모건 스탠리 사람들과 밀접한 업무 관계를 유지해오고 있었다. 모건 스탠리는 타이거의 프라임 브로커prime broker*였으며 퓨마펀드 출시에도 깊이 관여했다. 로버트슨이 포트폴리오와 타이거 매니지먼트를 발전시키는 동안 모건 스탠리의 애널리스트들은 아이디어를 무수히 제공해주었다. 일상 업무를 원활히 해내는 모건 스탠리 직원들의 모습을 지척에서 지켜본 것만으로도 로버트슨은 자연스럽게 이 회사의 미래를 낙관할 수 있었다.

대형 금융사들이 타이거의 포트폴리오에 자리를 잡기는 했지만 로버트슨과 애널리스트들은 소규모 저축대부은행에도 관심을 기울였다. 그들은 뉴저지 주의 에그 하버Egg Harbor, 테네시 주의 내슈빌Nashville, 노스다코타 주의 파고Fargo와 같은 저축은행의 주식을 매입했다. 로버트슨은 언젠가는 자금 사정이 넉넉한 누군가가 등장해 주가가 본격적으로 오르기 전에 이 종목들을 알아볼 것이라고 믿었다. 또한 소형 금융주들을 매입함으로써 로버트슨은 금융계에 계속 불고 있는 합병 움직임에 동참할 수 있는 기회도 얻을 수 있었다. 그는 금융계 사람들에게 시장 붕괴 후 이 주식들에 큰 관심을 가지게 되었다고 말했다. 이 종목들이야말로 시장 붕괴로 인한 안 좋은 실적을 없애주고 손실을 메워주어서 타이거를 예전 수준으로 회복시켜줄 수 있는 것들이었다.

12월이 되자 로버트슨을 비롯한 타이거의 팀이 다시 열의를 불태우며

* 헤지펀드 설립 지원부터 자금 모집, 운용, 자금 대출, 주식 매매, 위탁 등 다양한 서비스를 제공하는 금융회사. 세계적인 투자은행들의 주요 업무 영역 중 하나다

모든 실린더를 점화해서 움직이고 있음이 분명하게 드러났다. 첫 번째 증거는 그가 1987년 12월 24일자로 투자자들에게 보낸 편지에서 드러났다. 그가 예전 기운을 되찾아 투자자들에게 타이거의 뛰어난 종목 발굴 능력을 다시금 강조해서 말하려 한다는 것이 편지의 어조에서도 분명히 보였다. 그는 그레이엄과 도드의 방식이 시장을 바라보는 유일하게 올바른 방식이며 완전히 합리적인 결정을 내리기 위해서는 포트폴리오 매니저들이 기업의 재무제표를 검토해야 한다는 자신의 믿음을 거듭 강조했다. 그는 벤저민 그레이엄이 기업을 선택할 때 가장 중점적으로 보았던 것이 대차대조표이며, 그 다음이 순이익이고, 시장 자체에 대해서는 큰 관심을 두지 않았다고 적었다. 비결은 주식시장의 대가라는 사람들과 상담하는 것이 아니라, 합리적인 가치를 찾는 것이었다. 그는 벤저민 그레이엄-워런 버핏-존 템플턴John Templton-피터 린치Peter Lynch로 이어지는 투자 방식의 장점을 역설했다. 그는 시장 전문가들이 한때는 전성기를 맞이할 수 있지만 과연 5년 후에도 똑같은 전성기를 누릴 수 있을지 의문이라고도 말했다.

　로버트슨은 투자자들에게 사람들이 시장 전체에 대해 지나치게 관심을 쏟고 그 결과로 잘못된 것을 생각하느라 많은 시간을 낭비한다고 거듭 강조해서 말했다. 시장은 단지 기업의 주식을 사고파는 장소, 그 이상도 그 이하도 아니었다. 로버트슨은 합리적 가치 평가에 따라 주식을 매입하는 것의 중요성을 투자자들이 알아주기 바랐다. 로버트슨으로 하여금 올바른 기업을 선택하게 해주는 것도 이런 가치 평가 능력이며, 이성적으로 참고 기다리는 한 타이거의 미래도 밝을 것이 분명했다. 시간이 지날수록 가치 평가 능력이 올라가고 주가도 올라가서 이익이 실현될 것이기 때문이었다.

로버트슨은 시장이 부침을 겪을 때일수록 시장 타이밍에 대한 판단을 내리기보다는 위대한 가치주를 찾는 것이 더 쉽다는 결론을 내린 투자자가 자신만은 아니라고 믿었다. 그는 투자자들에게 보내는 편지에 이렇게 적었다. "시장 타이밍에 승부를 거는 사람은 살 때와 팔 때 모두에서 올바른 결정을 내려야 한다는 사실을 잊지 말아야 합니다."[23]

타이거를 다시 원하는 방향으로 이끌고 나갈 수 있게 된 것을 로버트슨이 크게 반색하는 것은 분명했다. 타이거가 1987년을 평탄하게 보냈다고는 말할 수 없지만, 로버트슨은 많은 어려움을 뒤로하고 회사를 이끌어나갈 수 있었다. 그는 투자자들에게 2년 전 연말에 보낸 편지에서 배우자를 위해 특별한 크리스마스 선물을 준비했다면 이 편지를 감춰두라고 말했던 부분을 상기시켰다. 1987년도 저물어가는 시점에서 로버트슨은 투자자들에게 **초라한 선물**을 준비한 것에 대해 궁색한 변명을 피하기 위해서라도 지금 보내는 편지를 배우자에게 보여주라고 충고했다.[24]

1987년 한 해를 끝낼 때 타이거는 손익분기에 거의 근접한 상태였다. 로버트슨은 그 숫자를 발표함으로써 자신들의 투자 활동에 불길한 기운을 드리우고 싶지 않을 정도였다. 타이거는 1987년을 안 좋은 실적으로 끝맺음했다. 7년 전 타이거펀드를 시작한 이래로 투자자들에게 두 자릿수 수익률을 안겨주지 못한 것도 이번이 처음이었다. 하지만 시장 붕괴를 뒤로하고 이제는 앞으로 전진해 더 크고 더 좋은 미래를 준비할 시간이었다.

JULIAN ROBERTSON

새 시대의 새벽

다른 대다수 투자 회사들과 마찬가지로 타이거 역시 시장 붕괴를 이겨내고 1980년대 말엽 시장을 휩쓴 반등의 물결에 동참했다. 하지만 시장 붕괴의 관점에서 볼 때 한 가지는 분명했다. 계란을 한 바구니에 모두 담는 일이 없도록 타이거의 자산 포트폴리오를 다양화해야 할 필요가 있다는 점이었다. 주식시장에 집중하고 글로벌 매크로 투자는 거의 하지 않던 시기는 끝났다. 이제부터는 로버트슨과 타이거의 매니저들은 자산 운용 방식에 있어서 글로벌 매크로 투자의 역할을 대폭 늘려야 했다. 로버트슨은 평균을 넘어 시장보다 압도적인 수익률을 거두고, 더 중요하게는 경쟁사들보다 좋은 실적을 내기를 원한다면, 주식시장 이외의 분야에 타이거의 자본을 배분할 필요가 있음을 깨달았다.

1988년 2월이 되자 타이거의 애널리스트들은 시장을 상당히 낙관하게 되었지만, 세상은 여전히 비관론을 유지하고 있는 듯 보였다. 논평가와 보도기관 들은 미국의 불황이 코앞에 다가왔다고 생각하는 것 같았다. 그러나 로버트슨은 미국 경제에 별다른 문제가 없다고 보았고, 오히려 선거 시즌과 맞물려서 경기가 다소 과열 양상을 보일 수 있다고 걱정했다. 예를 들어 자동차 산업에 대한 리서치는 대다수 자동차 회사의 재고가 계속 쌓여왔음을 보여주었는데, 이는 수출 확대를 모색하고자 하는 개별 기업의 이익과 직접적으로 연관이 있었다. 달러화가 약세라는 것은 유럽산이나 아시아산 경쟁 제품에 비해 미국산 제품이 가격 면에서 훨씬 유리할 수 있다는 뜻이었다. 자동차 회사들은 단순히 박빙의 승부를 펼치는 것에 만족할 수 없었다. 그들은 쌓인 재고를 팔 수 있어야 했고, 이는 다시 말해 판매 인력이 필요하다는 뜻이었다.

로버트슨은 1988년의 미국 경제가 어느 정도는 **양쪽 세계 모두에 가장 좋은 방향**으로 움직이고 있다고 생각했다. 한쪽에서는 소비자들이 소비 수준을 낮추고 있었지만, 다른 쪽에서는 제조업 부문이 호황을 맞이하고 있었다. 그 결과 마이너스 요소(소비지출의 감소)가 플러스 요소(제조업 생산 수준의 증가)에 의해 상쇄되고 있었고, 이는 돈이 돌기 시작했다는 뜻이기도 했다. 로버트슨의 조사에 따르면 미국의 제조업은 더 이상 강할 수 없을 정도로 튼튼했다. 달러화의 영향으로 원자재 시장은 공급 부족 상태가 유지되고 있었기 때문에 로버트슨은 호전의 기미를 보이는 경제 상황에 걸맞은 수준으로 이익 예측치를 재빨리 상향 조정하기가 힘들었다.

로버트슨은 타이거의 시장 익스포저 수준을 늘리기 위해 자신이 감지

한 기회를 활용했다. 로버트슨 자신은 경제에 대해 **더 높은 기대감**을 가지고 있지만 월스트리트 전반에는 이런 낙관론이 없었기 때문에 이런 결정을 한 것이었다. 하지만 반짝인다고 해서 다 금은 아니듯 로버트슨도 막연한 경제 상태에 대해서 긴장의 고삐를 늦출 수가 없었다. 가장 중요한 이유 두 가지는 미국인들이 절제하는 생활 습관이 몸에 배지 않았다는 점과 일본 주식시장의 고공 행진이었다. 다른 사람들은 일본의 힘과 능력에 집중하고 있었다. 어쨌든 당시 일본은 세계에서 가장 부유한 국가였으며, 미국 최대의 채권국이었다. 많은 사람들은 일본의 국가경제가 노사정 간의 협력을 더욱 드높일 수 있는 더 훌륭하고 새로운 수단을 만들어낼 것이며, 이들 사이의 협력이 공고해질수록 일본 증시가 계속 상승세를 이어갈 것이라고 믿었다. 로버트슨은 대다수 사람들의 생각을 이해할 수가 없었다. 그가 볼 때에는 일본 시장에 대해 쇼트 포지션을 취하든가 아니면 아무 것도 하지 않든가 둘 중 하나를 결정해야 할 시기였다. 소위 일본 최고 기업이라는 곳들의 자기자본수익률returns on equity, ROE[*]이나 총자산수익률returns on assets, ROA[**] 모두 세계 평균을 밑돌고 있었고, 따라서 로버트슨은 이 점이 자신이 하려는 일에 대해 어느 정도는 **합당한 근거**가 될 수 있다고 보았다.

    로버트슨은 일본 증시의 현황을 파악하고 타이거 포트폴리오에 편입

---

[*] 우선주 배당을 공제한 후 보통주주에게 귀속되는 순이익을 보통주 자기자본으로 나눈 것으로 보통주주들의 관점에서 측정된 수익성 비율
[**] 세후순이익을 총자산으로 나눈 비율로 기업이 수익 창출과정에서 주어진 총자산을 얼마나 효율적으로 이용했는가를 측정하는 수익성 지표

할 만한 기업들이 있는지 알아보기 위해 애널리스트 팀을 도쿄로 보냈다. 그들의 보고서는 로버트슨이 옳다는 것을 입증해주었다. 과도한 낙관주의는 조만간 시장 붕괴가 일어날 것이 분명함을 알리는 확실한 징조였다. 지금 일본 증시의 상황은 네덜란드를 휩쓸었던 튤립 열풍이나 최근 중동에서 발생한 석유 시장 상황과 다르지 않았다. 그는 일본이 추락할 것임을 알았다. 다만 그 추락이 언제 일어날지, 그리고 얼마나 많이 추락할지는 알 수 없었다.

문제는 일본의 경제력이 워낙 강하고 미국 시장에도 활발히 참여하고 있다는 점이었다. 로버트슨은 일본 경제가 추락하면 미국 경제에 어떤 악영향을 미칠지가 걱정스러웠다. 일본이 미국 시장에서 발을 뺀다면 재무부는 막대한 부채를 상환하느라 애를 먹게 되고, 이는 금리 인상과 주가 하락을 이끌 수 있었다.

로버트슨은 미국 제조업이 호황을 맞고 있다고 판단하면서도 (1) 미국 소비자들의 지출이 대단히 크다는 점 (2) 일본에 대한 미국 경제의 의존도가 높다는 점 (3) 일본이 팔자라는 단어의 의미를 모르고 심지어는 주가가 내려갈 수도 있다는 것을 믿지 않는다는 점 때문에 일본 스스로가 추락을 향해 가고 있다고 결론 내렸다. 그리고 그 추락에는 미국도 같이 동참하게 될 소지가 컸다.

그렇다면 예견된 대추락으로부터 스스로를 방어하기 위해 타이거는 어떤 조치를 취했을까? 로버트슨은 기본으로 돌아가 미국 굴뚝산업에서 가치주들을 찾아다녔다. 그리고 일본 시장에 대해서는 쇼트 포지션을 취했다.[1]

로버트슨은 가치주들이야말로 투자를 매력적인 것으로 만드는 요소라고 보았다. 지금까지 그는 미국 제조업체들에 대한 투자를 애써 피하고 마케팅 및 서비스 기업들에 집중 투자해온 편이었다. 이 외에도 그는 일본 기업들에 대해 쇼트 포지션을 취하면서 통화시장과 다른 나라 채권에 대해서도 투자 기회를 탐색하고 있었다. 문제가 많기는 했지만 유망한 기회들이 많았기 때문에 그는 이런 문제들이 투자 기회로 바뀌게 될 것이라고 믿었다. 이 시기 동안 로버트슨에게 가장 중요한 것은 뒤에서 자신을 보좌해주는 팀이었다. 타이거의 장점은 유능한 애널리스트와 트레이더 들이었다. 그들은 로버트슨이 문제를 기회로 바꾸도록 도와주었다. 일본 시장이 고평가되어 있으며 달러화가 약세라는 판단을 내린 사람들은 분명 그들만이 아니었지만, 로버트슨은 다른 투자 회사들과 달리 타이거가 이와 같은 정보에 맞춰 움직이고 행동할 줄 아는 사람들이라고 믿었다.

1988년 봄에 로버트슨은 일본 시장에 대한 우려의 목소리를 더욱 높였다. 지난 한 해 동안 로버트슨은 투자자들에게 일본 시장이 고평가되어 있으며 추락을 향해 나아가고 있다고 말했지만, 투자자들은 이 소리에 귀 기울이지 않았다. 그가 하는 말이 아니라 다른 말에 귀 기울이고 있음이 분명했다.

로버트슨과 그의 팀은 일본 경제가 성장하고 있긴 하지만 중요한 도전에 직면해 있다고 생각했다. 순수한 가치 평가의 관점에서 볼 때 엔화가 지나치게 높았고, 기업들의 가치도 지나치게 높게 평가돼 있었으며, 경제 전체에 과도한 투기 열풍이 불고 있었다. 그는 일본 경제가, 그리고 그 안에 포함된 일본 기업들이 지나치게 빠른 성장을 거듭했지만 대부분의 경우 높은 순이익은 뒷받침되지 못하고 있다고 판단했다. 이는 투자수익률returns on investments, ROI의 심각한 악화와 더불어 크게 우려해야 할 중요한 문제점들이었다.[2]

이와 같은 문제에 대비해 로버트슨은 타이거의 일본 시장 노출에 있어서 롱 포지션과 쇼트 포지션을 병합하는 방법을 취했다. 그는 롱쇼트 전략을 이용할 경우 지난 몇 년 동안 일본 시장에서 만들어진 여러 개의 투자 기회를 충분히 활용할 수 있을 것이라고 믿었다. 타이거는 주가가 너무 올라서 지속되기 힘들다고 판단되는 대형주에 대해서는 쇼트 포지션을 취한 반면, 충분한 가치가 있어서 기본적인 성장 잠재력이 있다고 판단되는 중소형주에 대해서는 롱 포지션을 취했다.[3] 타이거는 변동성을 줄이기 위해 여러 개의 헤지 수단을 동시에 활용했다. 예를 들어 이 기간 동안 대형 백화점 체인인 미츠코시三越에 대해서는 쇼트를 취한 반면, 시마츠島忠에 대해서는 롱을 취했다.

미츠코시는 매출액이 50억 달러에 달하는 일본 내 2위 백화점이었다. 미츠코시는 새롭고 보다 혁신적인 경쟁 백화점은 물론 틈새시장을 마련해 일본 소비자층에게 파고들고 있는 할인점이나 전문점에 밀려 시장점유율을 점점 잃고 있는 상태였다. 1986년과 1987년 미츠코시의 순이익이 사실상 제로였음에도 불구하고 주가는 1985년의 580엔에서 1987년 여름 1,980엔 이상으로 치솟았다. 타이거의 조사에 따르면 미츠코시 백화점의 자기자본수익률은 4.8%였고 순이익률은 0.7%, 주당순이익은

9.7엔으로 예상되었다. 타이거가 조사했을 때의 주가는 대략 1490엔 선이었는데, 이는 예상 주당순이익의 154배에 달하는 수준이었다.

시마츠의 경우는 달랐다. 가구 및 주택 개축 전문센터를 운영하는 시마츠 사의 매출액은 3,600만 달러였고, 앞으로도 상당한 급성장을 이룰 가능성이 높았다. 시마츠의 자기자본수익률은 11%이고 순이익률은 8%이었으며, 복합성장률로 따졌을 때 이 회사의 순이익이 연간 15% 증가할 것으로 타이거는 내다보았다. 시마츠의 거래가는 3,440엔으로 주당순이익의 26배였다. 타이거의 애널리스트들은 이 가격이 일본 시장에서는 헐값이나 다름없다고 판단했다. 타이거의 투자 아이디어는 단순했다. 기본적인 가치를 중시하는 접근법을 따른다는 것이었다. 그와 같은 리서치를 하고 이런저런 투자 아이디어를 모색한 후 매매를 했다.[4]

1988년 전몰장병 추도기념일인 5월 첫 월요일이 다가오기 직전에 로버트슨은 투자자들에게 **주식시장의 공급과 수요**라는 제목의 서한을 보냈다. 이번 서한에서 그는 증시 현황이 어떤지, 그리고 자신과 팀이 투자자들에게 이익을 실현해주기 위해 어떤 식으로 행동할 것인지를 설명했다. 아직은 경제 상황을 예의 주시해야 할 시기였다. 시장 붕괴의 잔재가 여전히 남아 있었음에도 투자 세계는 다소 침착한 모습을 보이고 있었다. 이 서한은 로버트슨과 그의 팀을 신경 쓰이게 만드는 월스트리트의 다섯 가지 특징을 다음과 같이 설명했다.

1. 기업의 자사주 매입과 차입 매수는 매년 미국에서 발행되는 총 주식 수의 거의 10% 정도에 달하고 있었다. 이는 미국 전체에서 유통

되는 주식의 부동 공급량 floating supply의 16%에 해당하는 수준이었다. 다시 말해 이런 추세가 계속된다면 타이거의 펀드들은 다른 대규모 투자 상품과 연계해서 1993년까지 시장에서 구입이 가능한 주식을 모두 보유할 수 있게 된다는 뜻이었다.

2. 관망 중인 현금이 지나치게 많았다. 뮤추얼펀드는 현금을 쌓아놓은 채 가만히 있었다. 투자자들은 주식 관련 상품에서 120억 달러를 빼내 채권처럼 고정이자를 지급하는 상품으로 옮겨갔다. 연기금들도 현금 보유를 늘리는 쪽을 선택하고 있었다. 결국 이런 돈이 다시 시장에 유입되어야 할 것이다.

3. 독립적인 투자자들이 계속해서 시장을 빠져나가고만 있다. 증시 붕괴에 투자자들은 겁을 먹고 달아났다. 그들은 증시가 다시 안전권역에 접어들기를 기다리고 있었다. 언젠가는 그들이 돌아올 것이 분명하고, 그들이 돌아왔을 때 이는 또 하나의 호재로 작용할 것이다.

4. 월스트리트가 지쳤다. 1980년대의 전성기가 끝났고 비관론과 무기력증이 팽배했다. 전화벨이 더 이상 울리지 않았다. 중개인들이 만들어내는 아이디어의 수도 줄어들었다.

5. 시장 붕괴가 사람들의 뇌리에 여전히 깊이 각인돼 있다. 이로 인해 사람들은 투자에 대해 극도로 보수적인 태도를 취하게 되었다.

이런 상황에서 타이거는 무슨 일을 할 것이며 어떻게 해야 사태가 더 좋아질 것인가? 답은 미국 기업들이 초과현금을 더 현명하게 사용하느냐에 달려 있었다. 이 기간 동안 로버트슨은 전 세계 기업들이 일종의 경제 호황을 맞이해 현금을 무더기로 쌓아놓고 있다고 생각했다. 다만, 그들이 그 현금을 어디에 투자할 것인지가 문제였다. 로버트슨이 볼 때 가치 있는 투자처 중 하나가 바로 미국의 제조업이었다. 달러화 가치가 하락한 후 미국산 제품은 세계에서 가장 값이 싸졌으며 미국의 경쟁력도 대단히 높아졌다. 전 세계의 기업들이 그들의 돈을 미국에 투자하는 것은 지극히 당연한 일이었다. 또한 로버트슨은 기업들이 자사주 매입을 오랫동안 적극적으로 행할 필요가 있다고 보았다. 다우케미컬Dow Chemical이 보유한 초과현금은 20억 달러에 달했음으로 이 돈으로 자사주를 매입하는 것이 당연했다. 어쨌든, 다우케미컬에 대해 잘 알고 있고 이 회사 경영진을 신뢰하는 사람이라면, 여기 말고 다른 어디에서 15%의 수익률을 거둘 수 있겠는가? 또한 로버트슨은 일본 기업들이 최근 하와이에서 부동산을 매입했듯이 미국 본토에 대한 시각을 달리해서 부동산을 매입하기 시작할 것이라고 믿었다. 일본 기업들이 하와이에서 가치 있는 부동산을 발견했다면 알래스카를 제외한 나머지 주에서도 그런 부동산을 찾을 것이 분명했다. 로버트슨의 리서치 결과에 따르면, 미국의 제조업은 2차 대전 이래로 그 어느 때보다도 좋은 시기를 맞이하고 있었다. 미국 경제가 구멍에서 빠져나가지 못하게 막을 만한 유일한 요인이라면 세계적인 경기 침체와 달러화의 갑작스런 가치 상승이었다. 그는 둘 다 가능성이 없다고 생각했다. 따라서 그가 보기에 이번 포트폴리오는 가치 상승이 보장돼 있었다.[5]

1988년 초여름 무렵 타이거의 펀드들은 좋은 실적을 거두고 있었다.

로버트슨은 기쁨의 함성을 질렀는데, 1사분기의 수익률이 S&P 500의 수익률을 무려 12%나 앞질렀기 때문이었다. 그는 사람들이 미국 제조업에 대한 자신의 스토리를 믿기 시작했다고 생각했다. 타이거의 포트폴리오에 속한 종목들 중 여러 개가 상당히 커다란 반등의 조짐을 보이고 있었다. 로버트슨은 미국 경제가 일련의 급변동을 겪을 것이며, 자신이 목격하고 있는 상황은 대대적인 주가 반등의 시작에 불과하다고 믿었다. 리서치는 달러화 가치가 거의 바닥에 떨어졌거나 바닥에 매우 근접하고 있음을 보여주었기 때문에 그는 달러화에 대해 대규모 롱 포지션을 취했다. 일본에서 비롯될 시장 붕괴의 위협이 여전히 로버트슨의 어깨를(그리고 타이거의 포트폴리오를) 짓누르고 있었지만, 그는 경제에 더 큰 영향을 미칠 것으로 판단되는 미국의 두 가지 중요한 문제에 관심을 돌렸다. 그 문제란 바로 방위예산과 사회보장비였다.

소련과 미국의 사이가 호전되는 조짐을 보이고 냉전 시대가 막바지를 향하면서 로버트슨은 이러한 일들이 미국의 방위예산에 어떤 영향을 미칠 것인지 궁금했다. 미국의 예산에서 큰 비중을 차지하는 방위예산이 줄어든다면 경제와 주식 시장이 어떤 영향을 받을 것인가? 또한 사회보장기금의 잉여금이 큰 폭으로 쌓인다면 경제에 어떤 영향이 미칠 것인가? 당시 미국 정부는 2000년까지 사회보장기금의 잉여금이 1,850억 달러에 달할 것으로 전망했는데, 이 돈은 미 국채에 투자될 것으로 예상되었다. 이렇게 하면 앞으로 몇 년 간은 예산적자의 구멍을 메우는 데 어느 정도 도움이 될 수도 있었다.

7월이 되었을 때 로버트슨이 관심을 집중한 부분은 기업지배구조corporate governance와 주주가치shareholder value 실현이었다. 놀랍고 당혹스럽게도 이 문제에 있어서 자격 미달에 해당되는 기업에 포드자동차도 속해 있었다. 이 회사는 1987년 시장 붕괴 이후에도 상승 가능성이 높다고 판단되어서 타이거가 핵심 종목으로 보유한 기업이었다. 문제는 경영진이었다. 로버트슨이 판단하기에 포드의 경영진은 자사주 매입이 아니라 인수 합병으로 이익을 낭비하고 있었다. 리서치에 따르면 포드는 순이익의 약 4배 정도 되는 가격으로 자사주를 되사고 있기는 했다. 하지만 자사주를 일부 매입하고 있기는 해도, 포드 경영진은 자사주를 매입해 주가를 올리고 주주가치를 높이는 쪽에 집중하는 것보다는 다른 회사들을 인수 합병하는 데 더 열을 올리고 있었다. 로버트슨이 볼 때 이러한 일은 어리석은 짓이었다. 20~25%의 투자수익률을 낼 기회가 충분한 기업이 4% 정도의 수익률을 내는 투자에 그토록 열중하는 이유가 무엇일까? 로버트슨과 그의 애널리스트들은 이런 사태를 묵묵히 참을 뜻이 전혀 없었다. 자사주를 매입하고 방위 및 소매 사업 부문을 계속해서 정리하는 것이 당연히 포드가 할 일이었다. 굳이 포드가 인수 합병에 집중하고자 한다면, 인수를 위한 인수가 아니라 가치 증대의 가능성이 있는 인수에 중점을 두어야 했다.

1988년 7월 1일자로 투자자들에게 보낸 편지에 로버트슨은 이렇게 적었다. "틀림없습니다. 그들이 적극적인 자사주 매입이 아니라 대규모 인수 합병을 계속 진행한다면, 이는 언젠가 무너질 것이 분명한 제국을 건설하기 위해 장기적인 투자 기회를 포기하고 있다는 뜻입니다. 하지만 우리는 이 일에 대해 조치를 취할 수 있으며 또한 그래야 합니다. 그렇지 않으면 이 회사의 경영진은 스스로의 손으로 일생의 기회를 날리게 될 것이 분명합니다."

자신의 뜻을 관철하기 위해 로버트슨은 포드의 이사진들에게 편지를 보냈으며 투자자들에게는 자신을 대신해 포드의 이사 및 중역들에게 이 뜻을 전달해달라고 부탁했다. 아래는 1988년 7월 1일에 포드자동차 이사회의 부회장인 윌리엄 클레이 포드에게 보낸 편지 내용이다.

친애하는 포드 씨에게.

먼저 포드가 지난 4년 동안의 부진을 털고 극적인 흑자 전환을 거둔 것을 진심으로 축하드리는 바입니다. 포드의 성공은 미국 기업계의 역사에서 가장 위대한 성공 스토리 중 하나이며 경영진 모두가 자부심을 가지기에 충분한 일입니다. 하지만, 이번 흑자 전환은 포드 경영진에게 새로운 요구를 던졌습니다. 그것은, 포드의 성공으로 창출된 초과현금을 어떻게 투자할 것인가, 라는 질문입니다.

지금까지 포드의 투자 실적은 영업 실적에도 못 미치는 수준입니다. 경영진이 자사주를 매입했다면 (지난 12개월 동안의 순이익으로 판단컨대) 즉시 18%가 넘는 수익률을 거둘 수 있었을 것입니다. 하지만 그 대신에 포드는 핵심 사업과 동일한 수익률을 달성할 가능성이 극히 희박한 인수 합병을 해왔습니다. 퍼스트 네이션와이드, 스페리 뉴홀랜드, U.S. 리싱, 허츠에 대한 인수는 무척이나 이해할 수 없는 행동이었습니다. 하지만 이보다 더욱 놀라우며 제가 이 편지를 쓰도록 마음먹게 한 일은 포드가 4.6%의 수익률을 위해 BDM 인터내셔널을 (지난해 1,970만 달러를 번 회사를 4억 2,500만 달러를 주고) 인수한 행동이었습니다. 아마도 **인수합병이 방위 사업에 생긴 구멍을 메워준다**가 그 이유인 것으로 보입니다. 지난 10년 동안 포드 에어로스페이스가 계속 적자를 내왔다는 사실을 감안할 때 왜 포드 사는 방위 사업을 유지하려고 하는 것입니까?

경영진이 거둘 운영 성과에 성공적으로 투자하기란 쉽지 않은 일이지만 그 보상은 막대합니다. 한 예로 해럴드 게닌*이 경영을 맡고 있었을 때 ITT에 투자한 1만 달러는 현재 3만 달러 가치로 늘어났습니다. 반면에, 텔레딘의 헨리 싱글턴**에 투자한 1만 달러의 현재 가치는 100만 달러가 넘습니다. 엄밀히 말해 게닌은 인수 합병자이지만, 싱글턴은 텔레딘 주가가 높을 때는 그 주식으로 다른 회사들을 인수했고 주가가 쌀 때는 자사주를 매입했습니다.

포드의 현재 주가는 굉장히 낮습니다. 합리적으로 따졌을 때 지금 주가의 두 배에 거래되는 것이 타당합니다. 저는 포드의 경영진이 제국 건설을 잊고 대신에 1987년 연차보고서에서 밝혔던 "우리는 회사의 주인인 주주들을 위해 일하며, 주주 여러분의 가치를 극대화하기 위해 책임을 다할 것입니다"라는 맹세를 이행하기를 바랍니다. 포드가 자사주를 매입하는 것이야말로 이러한 맹세를 지키고 있음을 보여주는 좋은 본보기라고 생각합니다.

---

* 1959년부터 1972년까지 ITT의 사장으로 재임했으며, 이 기간 동안 전신 관련 회사는 물론이고 보험, 호텔 사업에 대해서도 대략 80개 나라에서 350건의 인수 합병을 단행했다.
** 디지털 장비 전문업체인 텔레딘의 공동 창업자. 1960년 창사 후 10년 동안 텔레딘은 약 125건의 인수 합병을 단행했지만 이들 대부분이 과학기술과 관련있는 사업체였으며 인수 후에도 본사의 간섭은 극히 미미했다. 또한 싱클턴은 1972~1984년까지 주주가치를 높이기 위해 여러 건의 자사주 매입을 행하기도 했다.

주주가치 극대화라는 목표를 달성하는 데 있어서 저는 경영진이 자사주 매입의 속도를 높이는 것보다 더 좋은 방법은 없다고 생각합니다.

타이거 매니지먼트가 보유한 포드 주식은 100만 주가 안 되기에 귀사의 경영에 영향을 미칠 가능성은 미비합니다. 하지만 당사는 귀사의 이익이 건전하게 재투자되도록 촉구하는 데 많은 시간과 노력을 아끼지 않을 생각입니다. 저는 포드에 대한 미래의 투자가 현재의 투자만큼 흡족한 수익률을 거두게 되기를 당부하는 제 요청이 많은 투자자들의 입장을 대변하고 있다고 믿습니다. 우리의 포드를 게닌이 아니라 싱글턴처럼 운영해주시기를 부탁드립니다.

존경하는 마음을 담아,
줄리언 H. 로버트슨 2세 배상[6]

그의 노력은 소귀에 경읽기가 아니었다. 포드의 경영진은 로버트슨 및 그의 팀과 함께 초과현금을 배분하는 방법과 회사가 주주가치를 높일 수 있는 방법에 대한 의견을 나누기 시작했다. 포드의 경영진과 이사들이 보여준 반응은 그들이 주주가치 증가에 대한 충고에 적극 귀 기울일 뜻이 있음을 보여주었기 때문에 이 회사에 대한 로버트슨의 신뢰도 한층 높아졌다.

로버트슨은 일본 경제에 대해 여전히 우려하고 있었다. 일본 증시의 붕괴가 미국 증시에 위협의 소지가 될 것이 분명했다. 5월 중순 동안 타이거는 일본 시장에 대해 어느 정도 헤지된 포지션을 취하고 있었다. 쇼트와 롱의 비율은 4대 1이었다. 하지만 여름으로 다가갈수록 타이거는 롱 포지션 비율을 줄이고 쇼트를 늘렸다. 타이거는 이제 일본 시장에 대해 순 쇼트 포지션을 취하게 되었는데, 이는 회사 전체 자산 중 13%가 넘는 비중이었다. 로버트슨은 시장 전체의 리스크가 증가했다고 보았다. 추가적인 통화 긴축과 엔화에 대한 달러화 가치 하락이 일본 시장의 유동성과 증거금이 계속 하락할 것임을 가리키고 있었음에도 PER가 **말도 안 될** 정도로 높은 수준이기 때문이었다.[7)]

여름이 무르익을수록 로버트슨은 경제와 정치 모두에서 드러나는 여러 현상들에 대해 더욱 걱정하게 되었다. 경기 후퇴에 대한 두려움이 증시를 뒤흔들고 경기순환주에 타격을 입히고 있음에도 일부 펀드매니저들은 꽤 좋은 수익률을 거두고 있는 듯 보였다. 하지만 로버트슨이 경기 후퇴보다 더 걱정하는 것은 무역수지 적자였다. 그는 미국인들이 수입품에 열광하는 것이 탐탁지 않았다. 그의 생각에는 수입품에 대한 열광이야말로 미국 경제의 중대한 장기적 문제였다. 로버트슨의 두 번째 걱정거리는 조지 부시 대통령이었다. 오랫동안 부시 대통령을 지지해온 로버트슨에게도 그가 재무부 장관에 니콜라스 브래디 Nicholas Brady를 임명한 것은 **충격**이었다. 로버트슨은 브래디 장관과 개인적인 친분은 없었지만 업무상으로는 아는 사이였는데, 그가 투자은행인 딜론 리드 Dillon Read에서 보인 업무 실적이 별로 마음에 들지 않았다. 로버트슨의 말에 따르면, 브래디가 딜론 리드를 경영하는 동안 회사는 리그의 선두권에서 밀려난 것은 물론이고 리그 자체에도 끼지 못하는 처지가 되었다. 브래디는 윤리적이고 정직하며 지적으로도 나무랄 데 없는 좋은 사람이라는 평판을 듣고 있었지만, 로버트슨은 부시 대통령이 기업 대표로서의 성적이 엉망인 사람을 재무부 장관으로 임명한 것은 분명 잘못이라고 보았다. 로버트슨은 부시 대통령이 순전히 잘 아는 사람이라서 브래디를 장관에 임명했다는 인상을 받았다. 로버트슨은 부시 대통령이 최고의 인재들을 임명하기를, 그의 생각이 틀렸을 때 서슴없이 이견을 말할 수 있는 사람을 임명하기를 내심 바라고 있었다.[8]

초가을이 되어 선거에 대한 불만도 시들해졌다. 월스트리트는 잠정적인 활동 중단 상태나 다름없었다. 거의 자동 조종 비행 상태나 마찬가지였다. 로버트슨이 볼 때 모든 사람이 모든 것에 무덤덤하게 반응했다! 아무것도 하지 않는 것을 모두가 당연히 여기는 듯 보였고 로버트슨은 그런 분위기를 반겼다. 리서치에 따르면, 투자 대중이 주식과 채권을 내다 팔고 있었고 월스트리트 역사상 최대의 비관적인 분위기가 나라 전체에 만연해 있었다. 이는 로버트슨에게 무궁무진한 기회를 제공해주었고 그는 그 기회를 적극 이용하고 나섰다. 그는 일본 시장의 대폭락에 대비해서 다시 한 번 풋옵션을 이용했다. 하지만 자신의 낙관주의에도 불구하고 그는 여전히 신중하게 행동하면서 자본의 시장 익스포저를 85% 정도로 제한했는데, 이는 연말로 다가갈수록 기회가 나타날 것이 분명하다는 판단 하에 상당량의 준비금을 따로 마련해두기 위해서였다.[9]

늦가을에 타이거는 다소 곤경에 처했다. 타이거가 하락에 돈을 건 것이 무색하게 시장이 반등했기 때문이었다. 달러화 가치가 상승하고 일본 시장도 상승세를 이어갔는데, 타이거는 차입 매수 거래에 대해서는 거의 돈을 걸지 않았기 때문에 타격을 입었다. 로버트슨은 일본 주식에 대한 쇼트를 줄이고, 일본 주식을 제외하고 타이거의 통화 노출을 펀드 자본의 1% 이하로 줄였으며, 일본 시장에 대한 풋옵션 권리를 계속 유지했다. 이때 로버트슨은 투자 세계에 입문한 이후 처음으로 월마트, 머크Merck, 존슨 앤드 존슨 등의 회사에 열렬한 관심을 보였는데, 이 회사들은 경제 상황과 상관없이 성장 가능성이 높기 때문이었다. 포드, 클리블랜드 클리프스Cleveland Cliffs, 유나이티드 에어라인스United Airlines, UAL도 예상보다 높은 성장률을 거두고 있는 매력적인 종목이었다. 힘든 시기였다. 그러나 시장에서 기회를 찾기가 대단히 어렵고 진 빠지는 일이었지만 한 해 전체로 본다면 흡족한 편이었다.[10] 1988년이 저물어가고 있었지만 로버트슨과 그의 팀은 계속 싸우고 있었다. 그들은 26.3%의 수익률로 그 해를 마감했다.

로버트슨이 투자자들에게 보내는 편지의 어조는 1980년대 후반과 1990년대 초에 크게 바뀌었다. 자신과 애널리스트들이 어떤 식으로 종목을 발굴해서 롱 포지션과 쇼트 포지션을 병행하고 있는지 그리고 증시 전반에 대한 자신의 생각을 피력하는 것에는 변함이 없었지만, 그는 지정학적 상황 및 이 상황이 금융시장에 미치는 영향에 대해서도 개괄적인 언급을 하기 시작했다. 1989년 1월 6일자로 투자자들에게 보낸 편지에서 로버트슨은 1988년 첫 9개월 동안 미국 시민들의 개인 저축이 지난 20년 이래 가장 빠른 폭으로 증가했다고 적었다. 미하일 고르바초프 서기장과 러시아의 태도는 동서 간에 군축 협상이 있을지도 모른다는 큰 희망을 안겨주었다. 이와 더불어, 개인 저축의 증가와 방위비의 감소는 채권 및 주식시장에 대단히 커다란 호재로 작용할 수 있었다.[11] 또한 로버트슨은 자신이 시장에 존재하는 모든 기회를 다 발견할 수 있는 것은 아니라고 밝히면서 정부지출을 줄일 의지가 없는 미 정부에 대해서도 우려를 표했다. 그가 보기에 미 정부는 재정적자를 줄일 기회를 적극 이용할 생각이 없었다.

1988년에 타이거 매니지먼트는 글로벌 마켓에 대한 전문성을 보강하기 위해 과거 재팬펀드Japan Fund를 운용하고 모건 스탠리의 일본 리서치팀을 이끌었던 팀 실트Tim Schilt를 고용했다. 키더 피보디에서 제약업 전문 애널리스트로 일한 아놀드 스나이더Arnold Snider를 비롯해 피터 벨튼Peter Belton, 패트릭 더프Patrick Duff도 합류함으로써 타이거의 투자분석팀의 전문 인력이 한 차원 높아졌다. 투자자들이 맡기는 자산도 계속해서 기록을 경신했기 때문에 타이거는 뉴욕 본사의 전문 팀을 증강했을 뿐 아니라 전 세계 곳곳에 사무소를 열었다.

이 기간 동안 타이거가 보유한 종목에는 로버트슨이 독과점 회사라고 생각하는 기업들이 여럿 포함돼 있었다. 그중 하나가 세계 다이아몬드 시장의 80% 이상을 지배하는 드비어스DeBeers였다. 런던으로 출장을 갔을 때 드비어스 본사를 방문했던 로버트슨은 이 회사가 투자 대중에게 근시일 내에 재무 정보와 사업 내용을 공개하려면 몇 가지 결정적인 조치가 필요하긴 하지만, 시장을 독점하고 매출액이 꾸준히 증가하고 있기에 **이익률을 걱정할 필요가 거의 없는 회사**라는 사실을 알 수 있었다.

포트폴리오에는 UAL, 아메리칸 에어라인스, 델타도 포함돼 있었는데, 이 세 항공사 모두 항공업의 불황을 이겨냈으며 로버트슨이 보기에는 사실상 시장 과점의 지위를 누리고 있었다. 그는 비상장 정유회사인 토스코Tosco도 마음에 들었는데, 해당 시장 분야에서 활동하는 유일한 정유

회사이기 때문이었다. 또한 경쟁사들보다 상당한 비용 우위를 누리면서 거의 **난공불락**의 위치를 점하고 있다는 점에서 월마트 역시 매력적인 종목이었다.

수요와 공급의 법칙을 절대적으로 확신하기에 로버트슨은 시장보다 앞서 호재를 간파할 수 있었다. 쌓여 있는 현금은 엄청난 수준인데 매수 열풍으로 인해 주식 공급량은 줄고 있었다. 이는 로버트슨으로 하여금 자신감을 가지고 몇 주, 심지어 몇 달 앞서 상황을 주시할 수 있게 해주었다. 하지만 예산 적자와 리더십 부재에 대한 정치가들의 관심 부족은 로버트슨에게 여전히 실망을 안겨주고 있었다.

부시 대통령에게 경제를 호전시킬 능력이 없는 것이 드러나면서 일본의 문제도 여전히 고민거리였다. 그는 미국이 처한 경제 문제에 대해 무언가 조치가 취해지길 원했고, 혹여 경제가 다시금 호전될 조짐이 보인다 해도 현재의 행정부는 이를 제대로 다룰 능력이 거의 없다는 것을 알고 있었다. 그가 이해한 답은 간단했다. 다른 나라가 문제를 해결한 방식을 보고 그대로 따라하자는 것이었다. 이 기간 동안 로버트슨은 영국이 경제적 난국을 성공적으로 타파한 것을 보면서 많은 투자 아이디어를 얻을 수 있었다. 그는 투자자들에게 보내는 편지에 이 주제에 대해서 상당히 많은 지면을 할애했다.

1980년대 초에 미국의 가장 가까운 우방에서는 사회주의가 고조되었습니다. 이로 인해 높은 세금에 시달린 최고의 기업가들이 해외로 빠져나가는 인재 유출 현상이 발생했고, 경제 전반에 권태감이 감돌았습니다. 통화 가치는 날이 갈수록 약해졌으며 예산적자는 점점 더 심해졌습니다. 하지만 이 우방은 끝을 모르는 웅덩이로 떨어지는 것을 막기 위해 특단의 조치를 취했습니다. 그리고 그 나라에는 이를 실현시킬 리더십도 존재했습니다.

지금 그 우방국의 예산은 흑자로 돌아섰습니다. 실제로 현재의 추이가 계속된다면 1995년이면 부채를 완전히 털어낼 수 있을 것입니다. 통화와 시장이 튼튼해졌고, 국민들은 새로운 기업가 정신을 갖추게 되었습니다. 초고금리마저도 강력한 경제 성장을 막지 못하고 있습니다. 그 우방이란 물론 영국을 말하며, 그곳의 지도자는 철의 여인이라 불리는 마거릿 대처 수상입니다. 우리의 지도자들이 그들과 같은 능력을 보인다면 이곳 미국에서 어떤 일이 일어날지 한 번 상상해 보시기 바랍니다.[12]

몇 년 후 로버트슨은 마거릿 대처를 타이거의 고문으로 영입했다. 그는 그녀에게 세계 경제 및 정치 상황에 대한 조언을 구했으며 그녀를 통해 회사의 지식 기반을 한층 강화해나갔다. 또한 그는 지정학적 상황에 대한 이해 수준을 높이기 위해 로버트 돌 Robert Dole 상원의원도 고문으로 영입했다.

로버트슨이 투자자들에게 보내는 편지는 타이거 포트폴리오의 포지션과 투자 전략에 대한 정보 제공 및 설명이 주를 이루고 있었지만, 재정적자를 줄이기 위한 몇 가지 아이디어도 함께 담겨 있었다. 그 내용은, 우선 휘발유에 25센트의 세금을 부과하고, 알코올 및 담배에 악행세 sin tax *

---

* 술·담배·도박·경마 등에 부과되는 세금을 부르는 명칭

를 물리고, 심지어는 아이스크림과 사탕에 대해서도 건강세를 부과해야 한다는 것이었다.[13]

재정적자는 로버트슨의 편지에 끊임없이 등장하는 주제였다. 그는 재정적자가 워싱턴의 행동 부족에서 비롯되었다고 정면으로 비난했다. 그가 생각할 때 마음만 먹으면 예산적자를 줄일 방안은 한두 가지가 아니었다. 정부 관료들이 이 힘든 결정을 내릴 의지가 있느냐가 최대의 관건이었다. 그가 본 대로, 미국은 들어오는 돈보다 쓰는 돈이 더 많은 적자재정이 계속 늘어나는 시대를 보내고 있었다. 그렇게 하면서도 아무 재앙도 겪지 않았기 때문에 치료책 마련을 뒤로 미루는 것이 정치가들 입장에서는 손쉬운 방편이었다.

워싱턴 정가와 세금에 대한 문제는 투자자들에게 보내는 편지나 타이거의 포트폴리오를 구성할 때 로버트슨이 다룬 여러 주제의 일부에 불과했다. 그가 중점적으로 다룬 주제 중 하나는 탐욕이었다. 그는 이 기간 동안 차입 매수 유행이 시장을 휩쓸고 있다는 점에 크게 주목했는데, 가장 두드러진 예가 투자 회사인 콜버그 크래비스 로버츠Kohlberg Kravis Roberts, KKR의 R. J. 레이놀즈R. J. Reynolds 인수였다. 로버트슨은 KKR의 인수 가격이 시장이 생각한 가격보다 100% 더 많다고 지적하면서, RJR 전체를 인수하면서 이 회사가 유동성을 포기했다고 비난했다. 언제라도 빠져나갈 수 있는 타이거와 달리, 그들은 회사 전체를 소유하고 있고 그 자체가 시장이기에 원할 때 포지션을 철회할 수가 없었다.[14]

의회, 언론, 심지어는 대중도 차입 매수 열풍에 대해 걱정하고 있습니다. 차입 매수 열풍이 아니라면 이들이 걱정하는 것은 외국인들의 미국 기업 매수이겠지요. 바로 지척에 일본인들이 버티고 있으니까요. 차입 매수 열기를 중단시키고 더 나아가 외국인들의 미국 기업 매수를 중단시키는 방법은 물론 주가가 지금보다 오르는 것입니다. 그리고 다소 의아하긴 하지만, 차입 매수가 불러일으킬 결과가 바로 주가 상승입니다. KKR이 RJR을 200억 달러에 매입하고 필립 모리스가 크라프트를 60억 달러에 매입했지만, 이 수십억 달러의 금액이 역으로 월마트와 UAL에 대한 해외의 인수 시도를 막아줄 것입니다.[15]

당시 타이거는 월마트와 UAL 주식을 상당수 보유하고 있었고 로버트슨은 현재의 경영자인 샘 월튼Sam Walton과 스티브 울프Steve Wolf보다 더 훌륭하게 이 회사를 경영할 수 있는 사람은 없다고 믿었다. 그는 이 두 회사 주식을 보유하고 있는 것의 장점은 PER 4.5로 타이거가 최고의 경영진을 갖추고 있는 점이라고 보았다. 그는 이러한 낮은 주가수익비율이 야말로 칼 아이칸Carl Icahn과 헨리 크래비스Henry Kravis를 군침 흘리게 만들 것이라고 생각했다.[16]

1989년 여름 새로운 아이디어가 궁해진 로버트슨은 투자자들에게 조언을 구하기로 했다. 로버트슨은 타이거의 가장 귀중한 자원 가운데 하나가 유한책임 파트너들의 지식과 경험이라고 항상 믿고 있었고, 타이거 매니지먼트로서는 이 자원을 적극 활용할 필요가 있었다. 로버트슨은 1989년 8월 31일에 투자자들에게 보낸 편지의 첫 머리를 "도와주십시오!"라는 말로 시작했다.

회사가 그 어느 때보다 열심히 일하고는 있지만 회사 전체가, 특히 퓨마펀드는 **새로운 아이디어가 창사 이래 가장 절실히 필요하게** 되었다고 설명했다.

로버트슨은 타이거를 최대한 효율적으로 운영하기 위해서는 기존의 좋은 투자 아이디어를 대신할 수 있는 새롭고 더 좋은 아이디어가 계속해서 유입되어야 한다고 생각했다. 새로운 아이디어를 찾지 못한다면 긍정적인 모멘텀의 속도가 늦어지는 것은 물론이고 기존 투자가 포트폴리오에 지나치게 오래 머무를 가능성도 높아지기 마련이었다. 그는 회사가 새로운 아이디어가 궁해지게 된 이유는 최근의 연이은 성공과 몇 건의 실수 때문이라고 밝혔다. 스킵, UAL, 아메리칸 에어라인 등의 종목에서는 성공적인 투자 성과를 거두었지만, 가치가 크게 하락한 정유 종목처럼 몇몇 투자에서는 실적이 좋지 않았다고 언급했다.

로버트슨은 투자 아이디어를 얻을 수 있는 가장 훌륭한 원천은 투자자들이 잘 알고 있는 산업 분야라고 믿었다. 예를 들어 신약이나 새로운 치료법 연구를 가까이에서 관찰한 의사는 특정 제약회사나 의료회사를 투자 기회로 추천해줄 수 있었다. 아이디어를 얻을 수 있는 두 번째 원천은 회사가 변환기를 맞고 있음을 투자자들에게 알려줄 수 있는 친구나 지인일 것이다. 하지만 그러한 친구와 지인의 범위를 정하기가 쉽지 않았다. 그 친구가 회사와 지나치게 연관이 있다면 정보가 왜곡될 소지가 높았는데, 로버트슨이 원한 것은 가공되지 않은 정보였다. 그는 1989년 8월에 보낸 편지에 이렇게 적었다. "이러한 관점에서 볼 때 우리 모두는 이른바 '내부 정보'와 관련된 것을 접하게 됩니다. 이 범위 안에 속하는 것으로 보이는 정보를 그대로 전달하거나 받아들이는 우를 범하지 않도록 주의해주시기 바랍니다. 유감스러운 상황에 처하는 것보다는 안전한 것이 낫습니다."

1989년 가을로 접어들면서 로버트슨과 그의 팀은 투자 결정을 내릴 때 보다 보수적인 접근법을 취하기로 마음먹었다. 여러 사건이 계기가 되어 이러한 태도를 취하게 되었는데, 경제가 취약해지고 있다는 판단도 그 이유 중 하나였다. 그들은 지금의 경제 상태가 어떻게 진행되고 있으며 문제가 얼마나 오래 지속될 것인지 확신할 수는 없었지만, 경기 하강이 진행될 것이라는 예상이 들었다. 타이거는 1989년 가을에 경기방어주 여러 개를 보유했다. 월마트, 토이저러스 Toys R Us, 존슨 앤드 존슨에는 롱을 하고 경기순환주에 쇼트를 했다.

로버트슨은 타이거가 가까운 미래에 대비해 어느 정도의 헤지 수단을 마련했다고 생각했다. 그는 이번 문제들이 쉽게 극복하기가 힘들며 별 탈 없이 지나갈 리도 없다고 판단했다. 금리가 내려가고 있었는데, 이는 수익률곡선 yield curve*의 단기 영역이 같은 기간의 주식 투자에 비해 매력도가 떨어진다는 뜻이었다. 게다가 이 시점에서 증권 시장의 최대 매수자인 퇴직연기금들의 주식 보유 비중은 채권에 비해 상당히 낮은 수준인 것으로 보였다. 리서치에 의하면 지난 30년 동안 퇴직연기금의 투자 포트폴리오에서 주식이 차지하는 비중은 최저 42%에서 최고 67%였고, 1989년 가을 시점에서 주식 비중은 대략 45% 수준이었다. 이러한 수치

---

* 신용도가 같은 발행 주체가 발행한 만기 대비 수익률을 만기 순서에 따라 순서대로 연결하여 나타낸 곡선. 다른 말로 이자율 기간 구조(term structure of interest)라고도 한다

와 더불어 일본인들도 미국 주식에 대한 매수세를 이어가고 있는 것으로 파악되었다. 일본 투자자들의 매수 속도로 보건대, 로버트슨은 그들이 자국 증시의 경쟁력을 미국 증시보다 훨씬 높게 끌어올리기 위해 미국 증시에 대한 투자를 두 배로 늘이거나 일본 시장에 대한 규모를 절반으로 줄일 것이라고 파악했다. 로버트슨은 유럽인들 역시 매수세를 취하고 있음을 알아냈고, 결국 세 개의 집단이 미국 증시에서 강력한 매수 행동을 취하고 있다는 결론이 나왔다.

지난 여러 해 동안 로버트슨은 이른바 **일본 증시에 대한 보험**을 마련하는 데 많은 자금을 지출했다. 이러한 보험의 형태는 니케이평균지수에 대한 2년 내지 3년짜리 풋옵션이었다. 보험의 효력이 지속되는 기간 동안 이 보험은 완전히 무용지물이었다. 니케이지수는 폭락하지 않았다. 로버트슨에게 이 보험은 일종의 생명보험이나 마찬가지였다. 생명보험이 필요하고 그 보험으로 자녀들이 덕을 보기 원하지만, 어느 정도의 기간 동안에는 계속해서 보험료를 납입해야 하기 때문이었다.

하지만 로버트슨은 일본 시장이 추락해서 그 보험이 진가를 발하는 시기가 올 것이라고 믿었다. 일본의 여러 상황들을 보면서 그는 그 보험료가 돈 낭비가 아니라고 자신할 수 있었다. 일본 일반 가정의 생활수준이나 생활비 조사에서 드러난 여러 수치는(심지어는 골프클럽의 회원권에 관한 수치도 포함돼 있었다) 일본 경제가 붕괴 직전임을 암시하고 있었다. 또한 일본 경제가 타격을 입을 것이라는 여러 조짐을 목격하긴 했지만, 로버트슨은 이 나라의 문화와 그간의 성취에 놀람을 금치 못했다. 일본의 구호 능력은 놀라운 수준이었으며 일본이 발전시킨 훌륭한 교육시스템은 미국의 교육시스템을 무색하게 만들고 있었다.

1989년 11월 로버트슨은 투자자들에게 팀 실트가 작성한 도표 하나를 보냈다. 이 도표는 일본 기업과 미국 기업의 수익률을 비교한 결과를 보여주었다(표 7.1 참조). 비교 결과는 일본 기업들이 미국 기업들보다 더 훌륭하다는 세간의 믿음이 허상임을 드러냈다.[17]

로버트슨은 유한책임 파트너들에게 1989년 12월에 보낸 편지를 배우자가 모르도록 숨기라고 당부했다. 타이거펀드의 수익률은 수수료와 보수를 제외하고 49.9%였는데, 같은 기간 S&P 500의 수익률은 31.7%이고 MSCI의 수익률은 16.6%였다.[18] 이렇게 훌륭한 수익률을 거둔 데에는 종전과는 달리 다양한 투자 전략을 운용한 것이 크게 작용했다. 타이거는 정크본드 산업이 완전히 붕괴할 것이라는 인식을 이용해 이 상품에 대한 포지션을 취했다. 심지어는 어느 정도 괜찮은 정크본드들도 대량으로 묶여 헐값에 판매되고 있었고 그 덕분에 훌륭한 매수 기회가 더러 등장했다. 그는 RJR 나비스코와 미국 최대의 영리 목적 병원 기업인 호스피털코퍼레이션오브아메리카Hospital Corporation of America, HCA의 채권을 보유하게 된 것에 만족했는데, 이 채권들은 수익률이 30% 안팎인데다가 기업 청산만이 유일한 리스크이기 때문이었다. 또한 로버트슨은 오랫동안 행해왔던 일본 시장 개입에 주목하는 대신에 이번에는 독일 시장에 관심을 쏟기 시작했다. 그는 편지에 이렇게 적었다. "독일이 세계에서 재정이 가장 튼튼한 나라인 것은 맞지만, 그 나라의 증시가 세계에서 가장 값싼 축에 속하는 괴리 현상도 있습니다."

표 7.1 일본 기업과 미국 기업의 수익률 비교

기업 통계 수치	일본	미국
영업이익률	3.20%	10.40%
세전이익률	3.20%	8.80%
순이익률	1.60%	5.40%
자기자본수익률	7.30%	15.40%
자본수익률	4.90%	11.80%
현금흐름/자기자본	19.00%	28.90%
자기자본비율	56.30%	64.20%
3개월 만기 CD 금리	6.50%	8.00%
10년 만기 국채 이자율	5.40%	7.90%
주식시장 비율 – 1989년(추정)		
주가수익비율	55.4	13.4
주가순자산비율	4.2	2.4
이익수익률*	1.80%	7.50%

출처 : 줄리언 H. 로버트슨이 1989년 11월 3일에 투자자들에게 보낸 편지

    소련이 붕괴하고 베를린 장벽이 무너지는 상황 속에서도 타이거는 독일에 대한 투자를 꾸준히 늘려나갔다. 월스트리트가 자체적인 **침체**를 겪고 있고 시장 전체에 비관주의가 팽배해 있었지만 타이거는 낙관론을 유지했다. 그러나 타이거가 독일과 정크본드 같은 **시장 외 환경**에서 투자 기회를 찾고 있다는 점을 감안할 때, 시장이 앞으로 몇 달 동안 상승세를 보인다면 타이거가 시장 전체보다 낮은 실적을 거둘 가능성도 배제할 수 없었다.

* 이익수익률(earnings yield)은 주당순이익을 주가로 나눈 비율로서 주가수익비율의 역수이다. 금리와의 차이를 통해 주식의 상대적인 매력도를 측정할 때 사용된다.

1990년대로 향해가면서 타이거는 그 어느 때보다도 강해졌다. 밀림의 왕은 사자일지 몰라도 월스트리트의 왕은 타이거였다. 로버트슨의 맹수는 월스트리트라는 밀림을 맹렬히 헤쳐 나가면서 모든 중요 시장지수를 연달아 무찔렀다. 당시 그는 그 누구보다도 훌륭한 실적을 거두고 있었으며 동료는 물론이고 월스트리트 사람 모두의 부러움을 한 몸에 받았다. 몇 년 동안 타이거는 월스트리트 안에서는 상당한 인지도를 쌓아올릴 수 있었지만, 이 전문 투자가들의 세계를 벗어난 곳에서는 큰 주목을 받지 못하는 편이었다. 로버트슨은 그런 상황을 바꾸고 싶었다. 세상에 자신의 이름과 경력을 보다 널리 알리기 위해 로버트슨은 언론을 적극적으로 활용하기 시작했다.

JULIAN ROBERTSON

8

타이거, 언론과의 싸움을 시작하다

단순히 시장이나 회사를 언급하는 수준을 넘어 타이거를 처음으로 크게 다른 보도물은, 「비즈니스위크 애셋BusinessWeek Assets」이라는, 창간하고 얼마 있다 폐간된 간행물에 실린 기사였다. 1990년 11/12월호 커버스토리로 게리 와이스Gary Weiss가 쓴 기사는 **세계 최고의 머니매니저 : 줄리언 로버트슨에게서 무엇을 배울 수 있는가**라는 제목으로 다음과 같이 시작되었다.

> 타이거...47 파크 애비뉴 101번지 건물의 로비 안내판에는 그렇게 적혀 있다. 맨해튼 전화번호부의 타이거 매니지먼트 난에는 이 회사의 전화번호는 물론이고 주소도 적혀 있다. 줄리언 로버트슨에 대한 대중적 인지도를 한마디로 표현하자면, **빈약하다**이다. SEC 등재는 물론 되

어 있다. 금융지 보도에서 한 문단을 차지하기도 한다. 줄리언 로버트슨에게 명성은 아직 찾아오지 않았다. 부는 일궜다. 하지만 명성은…….

S&P 500 주가지수는 지난 한 해 2.6%의 초라한 수익률을 달성했다. 같은 기간 로버트슨의 주력 펀드인 타이거 파트너십이 거둔 수익률도 숫자로는 S&P와 비슷하게 생겼다. 소수점이 오른쪽으로 한 칸 옮겨갔다는 점을 빼면. 소수의 운 좋은 사람들을 제외하고는 알려지지 않은 사실이지만 타이거의 자산은 2.6%가 아니라 26.7%로 늘어났다. 대다수 머니매니저들은 실적이 그 반만 되어도 크나큰 기쁨에 심장이 터질지 모른다.

물론 로버트슨도 자신의 실적을 자랑스러워하지만, 보다 중요한 무언가가 그의 신경을 거슬리게 하고 있는 것 같다. "올해 우리는 주식에서 아주 훌륭한 성적을 거두었지." 로버트슨은 남부 특유의 느릿한 억양으로 그렇게 말한다. 그는 두세 개 종목을 지명하고는 생각에 잠긴 듯 말을 멈춘다. "이보게, 에드." 그가 멀지 않은 곳에 앉아 있는 한 부하 직원을 부른다. "오늘 만난 사람이 체이스 은행이야말로 쇼트를 취해야 할 종목이라고 충고하더군. …… 체이스를 지켜볼 필요가 있을 것 같아." 에드는 정확한 답을 피한다. 사실 그는 체이스 은행을 잘 알고 있기 때문에 이 은행에 대해 자세한 설명을 시작한다. 로버트슨이 부드러운 어조로 에드의 말을 자른다. "내가 말하고 싶은 건 말일세, 이런 은행들 몇몇에 대해 쇼트를 취하지 않는다면……." 로버트슨이 장난스럽게 씩 웃는다.

나머지는 (더 좋은 말이 생각나지 않는 것이 아쉽다) 역사가 말해준다. 8월 9일에 체이스 주식은 19달러에 거래되고 있었다. 월스트리트는 신중한 자세를 취했지만 비관적 분위기는 거의 없었다. 이틀 전 한 저명한 애널리스트가 또 다른 유명 지주은행인 케미컬뱅크의 등급이 **매력적임**을 재확인시킨 바 있기 때문이었다. 그러나 몇 주 만에 불길한 소식에 대한 보도가 금융계 전체를 강타했고 그중에서도 체이스의 주가 하락은 금융 종목 중에서 가장 컸다. 대규모 지주은행들의 주식 대부분이 급전직하했지만 체이스보다 하락 속도가 더 빠른 것은 없었다. 9월 말에 체이스 은행의 주식은 주당 11달러로 떨어져서 시장가치의 42%를 잃었다.

금융 위기가 진행될수록 투자의 관점에서 다음과 같은 사실이 명백히 드러났다. 금융계의 모든 분야가 대참패를 겪고 있음이 분명해질 즈음 주가는 이미 천장에 올랐다는 사실이었다. 때는 늦었다. 대다수 투자자들에게 은행 종목들의 폭락은 수정구슬이라도 있지 않는 한, 아니면 줄리언 로버트슨이라도 되지 않는 한 쇼트셀링의 기회는 물 건너가 버렸다.

통찰력, 유연성, 그리고 세계 어느 곳에서든 롱만이 아니라 쇼트 기회도 찾아낼 수 있는 글로벌적 시각, 이것이 로버트슨이다…….[1)]

「비즈니스위크 애셋」 1990년 11/12월 호 기사

대중에게 로버트슨의 힘과 영향력을 상기시키고 시장을 항해하는 그의 능력을 설명한 것으로는 충분치 않았던 듯 와이스는 타이거를 치켜세우는 기사를 계속 써내려갔다.

> 파크애비뉴 101번지가 한눈에 내려다보이는 사무실에 입주해 있는 이 남자보다 글로벌 투자를 더 성공적이고 능숙하게 실행한 사람은 없다. 로버트슨이 최근 거둔 투자 실적에 견줄 수 있는 사람은 아무도 없다. 더욱이 로버트슨의 투자 수단은 확률에 정면으로 반박했다. 또한 운용 자산 규모를 10억 달러로 불리는 동안에도 괄목할 만한 수익을 거뒀다는 점에서 **작은 것이 아름답다**는 월스트리트의 전통적인 시각에도 도전장을 내밀었다.[2]

다시 수천 단어 정도를 써내려간 후 와이스는 다음과 같은 맺음글로 기사를 끝냈다.

> 비록 대중이 타이거 투자조합을 계속 외면할지라도 적어도 한 가지 위안은 있다. 로버트슨의 회사는 앞서 나아가면서 양의 무리와 같은 머니매니저 집단에 귀감이 될 것이라는 사실이다.[3]

이 기사를 읽고 검토하고 기자와 얘기를 나누어보면, 그가 월스트리트의 시각에서 볼 때 1980년대 후반과 1990년대 초 자산운용 분야에 있어서만큼은 로버트슨을 비롯한 타이거 매니지먼트의 팀보다 더 유능한 곳은 없다고 말하고 있음을 분명히 알 수 있다. 헤지펀드만 놓고 보면 로버트슨은 소로스보다 유능했고 스타인하트보다 뛰어났다. 뮤추얼펀드 분야에 있어서도 그에게 필적하는 사람은 없었는데, 전설적인 투자자 피터 린치도 예외가 아니었다. 심지어는 워런 버핏보다도 훨씬 뛰어났다.

그러나 로버트슨의 자존심을 충족시키고 그의 부모에게 대단한 자부심을 불러일으켰다는 사실 외에도, 와이스의 기사는 아직까지 타이거의 뛰어난 실적에 대해 잘 모르고 있던 사람들과 조직들로부터 이 투자 회사에 대한 흥미를 촉발시키는 계기가 되었다. 헤지펀드 산업이나 월스트리트에 종사하는 사람들 대부분이 로버트슨과 타이거에 대해 잘 알고 있기는 했지만, 이 기사는 많은 자산을 보유한 투자자들과 기관들로 구성된 보다 넓은 세계에 그를 본격적으로 데뷔시켜주었다.

아마도 「비즈니스위크 애셋」의 편집자나 기자는 기사를 쓸 때 타이거의 이름을 알리려는 뜻이 없었을지 모른다. 이 간행물의 판매 부수는 별로 높지 않았고, 와이스 본인의 말마따나 로버트슨에 대한 커버스토리를 실은 얼마 후 이 간행물은 폐간을 해야 했다. 그럼에도 이 기사는 타이거에게 그 후 수년 동안 훌륭한 마케팅 수단이 되어주었다. 회사는 1990년대 꽤 오랫동안 마케팅 자료로 이 기사를 두고두고 활용했다.

「비즈니스위크 애셋」의 기사를 시작으로 로버트슨과 타이거에 대한 보도가 쏟아지기 시작했다. 이후 몇 년 동안 「인스티튜셔널 인베스터」, 「배런스」 등을 포함한 여러 주요 금융전문지에 기사가 계속해서 실렸다. 기사 대부분이 타이거의 이력을 소개하는 것이었는데, 주식시장의 동향이나 특정 종목에 대한 로버트슨의 생각을 묻는 단순한 인터뷰성 기사들이 많았다. 대부분의 경우 로버트슨은 지정학적 상황, 세계적인 사건들이 여러 국가와 지역의 경제에 어떠한 영향을 미치고 있는지, 그리고 투자자들이 다양한 사건들을 접하면서 투자를 어떤 식으로 바라봐야 하는지에 대한 자신의 생각을 자세히 설명해주었다. 이러한 기사들은 타이거에 대한 관심을 높여주었고 그러면서 자산과 함께 운용보수를 벌게 해주었으며 운용 실적에 대한 훨씬 높은 인센티브를 벌 수 있는 가능성도 제공해주었다. 더불어 모든 자산운용사가 사업을 키우고 운용하는 자산 규모의 중요 분기점을 넘으면서 한번쯤은 겪기 마련인 일련의 성장통도 함께 왔다.

1991년 1월 로버트슨은 올 한 해도 탄탄한 실적을 거두게 될 것이라고 자축했다. 지난해 4사분기 실적은 그가 원하던 만큼은 아니었지만(타이거는 상대실적에 있어서 S&P 500보다 낮았다) 시장 평균은 넘어섰다. 타이거의 자산은 20.5%의 수익률을 세웠지만 벤치마크인 S&P 500은 3.1%가 하락했으며 MSCI는 17%나 하락했던 것이다.[4]

로버트슨은 지난 4사분기의 실적이 만족스럽지 못했으며, 이는 회사가 그 기간에 45%만 투자를 행했기 때문이라고 설명했다. 전체 시장 실적을 따라잡기를 원했지만 사실은 지수보다 월등히 높은 실적을 거뒀어야 마땅했다.

1991년 초엽에 자산 운용 분야에 종사하는 동료들 몇몇과는 달리 로버트슨은 심각한 침체가 다가오고 있다는 생각에 동의하지 않았다. 자료에 따르면 경제가 위기 상황을 벗어난 것은 아니었지만 상황이 다소 호전되고 있었다. 연방준비위원회는 계속해서 통화 공급을 완화하고 금리를 낮추고 있었고, 로버트슨은 이것이 경제에 자극제가 되고 주식 시장에 영향을 미칠 것이라고 판단했다. 한편으론 2사분기와 3사분기의 실적이 좋을 것이라고 전망하면서도 그는 여전히 보수적인 투자 태도를 취하고 있었다. 타이거가 보유한 종목은 스미스 푸드 Smith Foods, 푸드 라이언 Food Lion, 데어리 팜 Dairy Farm, 테스코 Tesco, 월마트 등이었는데, 이들 종목 모두 로버트슨이 경기 침체에 대한 면역력이 있다고 생각하는 회사들이었다. 하지만 로버트슨은 타이거의 금융 종목 포지션에 대해서는 걱정했다. 로버트슨은 은행들이 어려움을 겪을 것이라고 판단하면서 국내 및 해외 금융사들 여러 곳에 대해서 쇼트 포지션을 취했다. 또한 일본 시장이 하락할 것이라는 기대도 져버리지 않았다. 그는 경기 침체가 미국과 유럽을 강타한다면 그 다음 차례는 일본이 될 것이라고 생각했다. 통화 시장에서는 독일 마르크화에 롱 포지션을 취했다. 로버트슨에게 독일 마르크화는 최상의 통화였다. 러시아와 재통일의 압력이 가시지 않고 있었지만 로버트슨은 중앙은행인 분데스방크 Bundesbank가 인플레이션을 통제하고 통화 가치를 안정적으로 유지시킬 능력이 있음을 굳게 믿었다. 타이거는 45.6%의 높은 수익률로 1991년을 마감했다. 반면에 S&P 500과 MSCI는 각기 30.5%와 18.3% 증가하는 데 그쳤다.[5]

로버트슨은 1991년 말 내내 그리고 1992년까지도 이어진 증시에 대한 대중의 관심 증가에 편승했다. 그는 미국인들이 양도성예금증서에 붙는 3.5%의 이자에 만족하지 못하며 그 이상을 원하고 있다고 믿었다. 지난날 투자자들은 투자 수익을 얻기 위해 다른 영역을 살펴보았다. 과거에 그들은 상업용 부동산이나 제2주택에 돈을 투자했지만 이 무렵으로 접어들면서 그들은 투자 수익의 원천으로서 증시를 살피기 시작했다. 그들의 궁금증은 이것이였다. 증시의 상승세가 지속될 수 있는가, 그렇다면 그 상승세가 얼마나 오래 갈 것인가?

로버트슨의 판단으로는 시장은 적어도 3월 어쩌면 4월까지는 상승장이 계속되겠지만 결국에는 금리 인상이 주가 상승의 발목을 잡을 수 있었다. S&P 500의 평균 PER는 18.6으로 이는 예년 평균보다 높았으며 사상 최고치를 경신하기 일보 직전이었다. 주식 공개의 속도가 과거보다 빨리 진행된다는 것은 신주가 시장에 범람하고 있다는 뜻이었고 이는 호재라고 볼 수 없는 일이었다. 시장이 다시 반등할 수 있으려면 자체적인 조정 작용이 필요했다. 로버트슨은 기꺼이 추이를 지켜보면서 이런 일이 일어나기를 기다릴 생각이었다.

로버트슨은 채권에 대한 대중의 관심 부족 및 예산적자를 통제하지 못하는 정부의 무능력에도 우려를 표했다. 그로서는 채권에 대한 대중의 관심을 끌어올릴 만한 해법을 알지 못했지만, 예산적자에 대해서는 한 가지 해결책을 제시했다. 바로 휘발유세의 인상이었다.

그는 휘발유세 인상의 근거로, 미국의 휘발유 가격이 세계 어느 나라보다 싸다는 사실과, 미국보다 휘발유 가격이 두 배는 높으면서도 연료를 자급자족하는 영국과 노르웨이 같은 나라에서 배울 점이 많다고 말했다. 로버트슨은 정부에 인맥이 많은 자신의 투자자들이 연방정부로 하여금 휘발유 1갤런당 0.35달러의 세금을 부과하도록 촉구해야 한다고 제안했다. 그는 휘발유세 인상에서 두 가지 효과를 볼 수 있다고 믿었다. 첫째는 매년 예산을 거의 350억 달러 절감할 수 있으며 둘째는 미국이 이를 통해 연료를 보존할 수 있게 된다는 것이었다. 그는 편지에 이렇게 적었다. "환경을 보존하고 동시에 예산적자도 줄일 수 있다면 이는 노력할 만한 가치가 대단히 충분한 일입니다."[6]

타이거에 다행스럽게도 로버트슨의 재무적 선택은 그의 정치적 제안보다는 높은 성공을 거두었다. 휘발유세에 대한 제안은 아무 보람도 없었지만 타이거는 27%를 약간 밑도는 수익률로 1992년 한 해를 마감할 수 있었다. 같은 해 S&P 500과 MSCI의 수익률은 각기 7.6%와 -5.2%에 그쳤다.[7]

이번 장 앞부분에서도 언급했듯이 타이거의 거듭된 성공은 성장통을 앓고 있었다. 자산 규모가 몇 배로 늘어나고 투자자들도 많아짐에 따라, 합의하여 운영되고 친밀한 분위기였던 조직이 주문 행사 및 손익 기장을 위해 후선 지원 업무 back office의 역량에 의존하는 정교한 자산운용 조직으로 변해갔다. 처음에 로버트슨은 후선 지원 업무를 원활히 처리하기 위해 프라임 브로커인 모건 스탠리의 직원들로부터 도움을 얻었다. 하지만 업무가 복잡해지자 로버트슨은 회사 직원들을 적절히 관리해주고 더불어 회사가 전진할 수 있도록 다른 엔진도 조종할 수 있는 사람이 필요하다고 느꼈다. 1993년 초에 로버트슨은 타이거 펀드들의 실적 수치가 6월 30일부터 11월 말까지 **심각하게** 과대 계상되었다고 보고했다. 월간 보고서가 매크로 거래 실행에 따른 여러 금융비용을 산입하지 못한 탓에 이 기간 동안 타이거의 실적이 4% 남짓 과대 계상되었던 것이다.[8] 타이거가 성과 계산의 오류를 솔직히 인정하고 수정한 것은 이번이 처음이 아니었으며, 이는 투자 산업에서도 드문 일이 아니었다. 월스트리트의 가장 작은 조직에서 가장 큰 조직에 이르기까지 빈번한 계산 착오는 많은 사람들을 당혹케 하는 원인이 되고 있었다. 하지만 로버트슨은 그러한 실수를 용납할 수 없었다.

타이거는 로버트슨의 기대보다 더 크게 성장했고, 그는 계속해서 투자자들의 기대를 충족시키고 이를 뛰어넘기 위해서라도 투자를 전담하는 제일선 업무와 후선 지원 업무 모두에서 적절한 인프라를 구축할 필요가 있었다. 회사의 후선 지원 업무 및 트레이딩 부서에 적절한 인프라를 구축하기 위해 로버트슨은 루 리키아델리 Lou Ricciadelli를 영입했다. 월스트리트의 프라임 브로커리지 prime brokerage* 분야에서 전설적인 존재였으며 1991년에 로버트슨에 의해 '올해의 타이거'로 지정된 바 있었던 리키아델리는 1992년 중반부터 타이거에 합류했다.('올해의 타이거'는 로버트슨이 타이거의 성공에 기여한 공로가 크다고 생각하는 사람들에게 주는 공로상이다. 상의 포상금으로서 로버트슨은 수상자가 선택한 자선기관에 그 수상자의 이름으로 거액의 기부금을 전달했다.) 처음 타이거에 들어왔을 때 리키아델리는 타이거에 파견 나온 모건 스탠리의 직원들과 함께 일했다. 그들이 하는 일은 점점 늘어나는 타이거의 주식 거래량을 원활히 처리하고 더불어 주문 흐름을 비롯해 타이거의 행정 업무에서 발생하고 있는 몇 가지 문제를 해결하기 위한 시스템과 프로세스를 개발하는 것이었다. 후선 지원 업무의 인프라가 점점 제 모습을 갖춰가자 리키아델리는 모건 스탠리 직원들을 타이거 직원들로 대체한 후 자산 운용을 제외한 회사의 모든 업무를 전적으로 책임지게 되었다. 로버트슨은 타이거 조직 전

* 투자은행이나 증권회사가 헤지펀드나 전문 투자자들을 대상으로 유가증권 대차 거래, 금융 포지션 거래, 매매 및 정산 업무 등 증권투자 업무 전반에 대해 제공하는 종합 서비스

체에 대한 통제권을 지니고서 자산 운용 업무에 일일이 개입하기는 했지만, 리키아델리에게 일반 관리 및 후선 지원 업무를 일임한 것에 대해서는 그도 만족했다. 타이거는 글로벌 시장에 대한 갈증을 해소하기 위해서라도 리키아델리와 그의 시스템이 필요했다. 여러 트레이더와 애널리스트들의 말에 따르면 타이거는 창사 이후로 첫 10년 동안 다섯 내지 여섯 나라에 투자를 해왔다. 1990년대 초에 이르렀을 때 타이거는 22개 국 이상의 주식시장에서 거래를 하고 있었기에 일주일에 5.5일, 심지어는 6일 내내 일해도 모자랄 지경이었다.

리키아델리가 개발한 프로젝트에는 그림자 포트폴리오 회계시스템 shadow portfolio accounting system이라는 것도 있었다. 리키아델리가 로버트슨에게 이 시스템을 도입하기를 요청한 이유는, 한 종목에 대해 애널리스트는 5만 주의 포지션을 취해야 한다고 생각하고 로버트슨은 15만 주의 포지션을 취해야 한다고 생각하는 식의 의견 차이가 발생했을 때에 대비하기 위해서였다. 이럴 경우 트레이딩에 대한 결정을 다른 적절한 제삼자에게 일임한다는 것이었다.

리키아델리는 이렇게 말했다. "결론적으로 말해서, 애널리스트는 자신이 어떤 아이디어를 생각해내든 거기에 대해 책임과 권한을 가지게 되는 셈이다. 그가 어떤 투자 아이디어를 생각해냈고 (포지션 규모에) 아무 변화가 생기지 않으면 그 투자의 공은 100% 그에게 돌아간다. 하지만 로버트슨이 베팅을 두 배로 늘리기를 원한다면 그 애널리스트는 해당 투자에 대해 50%의 성과를 인정받으며 나머지는 회사에게 돌아가게 된다."

그림자 포트폴리오 시스템을 도입하면서 로버트슨은 애널리스트들이 포트폴리오의 이익에 직접 혹은 간접적으로 얼마나 기여하고 있는지를 파악할 수 있게 되었다. 이는 애널리스트의 가치를 판단할 때, 더 중요하게는 그 애널리스트의 보상액을 결정하는 데 큰 도움이 되었다.

타이거의 보상 구조는 능력이 되는 한 많이 받을 수 있는 구조였다. 물론 모든 직원은 생계를 유지하고 어느 정도 품위 유지를 할 수 있을 만큼의 연봉을 받기는 했지만, 보너스나 혹은 회사 실적에 비례해서 받게 되는 성과보수야말로 직원들의 수입에서 가장 큰 축을 차지했다. 대부분의 경우 타이거는 투자자들에게서 1%의 운용보수와 20%의 성과보수를 받았다(성과보수의 구조는 타이거의 펀드들마다 차이가 난다. 자세한 내용은 부록을 참조하기 바란다). 다시 말해 타이거는 투자 수익에 대해 20%의 성과보수를 받았고, 이는 몇 년 동안 타이거의 총 보너스 금액이 수억 달러에 달한다는 뜻이었다.

대다수 경우 회사의 이익 일부를 성과 시스템을 기준으로 모든 직원들에게 배분한다. 이때 펀드의 실적에 기여한 바가 있으면 보너스를 받게 된다. 타이거의 보상 프로그램도 이러한 논리에 따라 행해졌지만 완벽히 이행되는 것은 아니었다. 전직 타이거 애널리스트 한 명이 말했다. "모든 투자 아이디어는 로버트슨의 승인을 받아야 하는데 어떤 경우에는 보상 금액이 대단히 높아지기도 했다. 로버트슨은 당사자의 업무 성과가 훌륭했는지 여부를 결코 말해주지 않지만, 그 대신 포트폴리오 구성에서 발언권을 부여한다. 다시 말해 로버트슨이 당신을 마음에 들어 하고 업무 실적을 높이 살지라도, 반드시 그 업무 실적에 따르는 보상을 받게 될 것이라고는 장담할 수 없다. 보상 구조는 그렇게 단순하지 않았다."

타이거의 직원들은 두 가지 목표를 달성하기 위해 노력하고 있다고 말할 수 있었는데, 하나는 로버트슨이 자신들의 업무 실적을 인정해주는 것이고 다른 하나는 로버트슨에게서 개인적인 존중을 얻는 것이었다. 다음은 전직 타이거 애널리스트의 설명이다. "로버트슨이 당신을 마음에 들어 하면 포트폴리오 수익에 얼마나 기여했는지와 상관없이 대단히 흡족한 보상을 받을 수도 있다. 정해진 보상 규모나 계획은 없었지만 그는 어떤 식으로든 보상을 했다. 누구에게 얼마의 보상을 제공할지 어떻게 제공하는지는 내가 관여할 수 있는 사안이 아니었지만, 로버트슨이 흡족하게 여기는 사람은 고과 점수도 높게 받을 가능성이 크다는 것은 분명했다."

애널리스트나 매니저들이 타이거에서 계속 일하는 이유는 최적의 업무 환경과는 거리가 멀지라도 월스트리트의 어떤 다른 조직보다도 타이거에서 받는 보수가 높기 때문이었다. 게다가 최상의 근무 환경은 아닐 수도 있었지만 타이거에는 장기 근무를 가능하게 하고 직원들로 하여금 결속력을 발휘할 수 있게 하는 무언가가 있었다. 근무 기간과 상관없이 타이거에서 일했던 사람들 거의 대부분은 어떤형태로든 다른 직원들과 관계를 유지하고 있다. 그들이 반드시 개인적으로 친밀한 관계를 유지하고 있다고는 말할 수 없지만 어쨌든 그들 모두 전문가들이다. 전직 타이거 직원 한 명과 대화를 나누면, 특히 1990년대 초반과 중반에 일했던 사람과 대화를 나누면 다른 모두와 대화를 나누는 것과 같다. 그들 사이에 존재하는 끈끈한 동지애는 10년이 지난 후에도 그대로 유지되고 있다.

1990년대 초중반에 운용 자산 규모가 계속해서 늘어나자, 로버트슨은 자산 투자를 적절하고 효율적으로 행할 수 있는 더 강력하고 튼튼한 투자 팀을 만들기 위해 여러 사람들을 영입했다. 그가 제일 먼저 관심을 돌린 부서는 트레이딩 부서였다. 처음에는 그때그때 필요에 따라 트레이딩 업무를 행하고 있었지만, 1990년대로 넘어오면서 로버트슨은 트레이딩 부서의 전문성을 한 차원 끌어올릴 필요가 있음을 깨달았다. 몇 개 시장에서 수억 달러의 자산을 움직이는 것은 비교적 쉬운 일이었지만, 자산 규모가 수십억 달러로 늘어나자 얘기가 달라졌다. 타이거는 가장 훌륭하고 참신한 투자 아이디어를 생각해내야 했으며, 시장에서 발견한 기회를 최대한 활용하기 위해서라도 자산을 적절히 배치할 필요가 있었다. 타이거의 원활한 트레이딩 업무를 책임지게 된 사람은 팀 헤니Tim Henney였다.

로버트슨이 F1 경주용 자동차의 운전자라면 헤니는 정비공이었다. 매일 그가 출근해서 하는 일은 유동성이 거의 없는 주식에서 유동성을 만들어낼 방법을 찾는 것이었다. 헤니는 타이거로 유입되는 거대한 자산을 적절히 배분하기 위해 트레이딩 시스템과 절차를 개발하기 위해 애썼다. 타이거는 자산을 적재적소에 배치해줄 시스템이 필요했다. 시장의 동요나 변동을 야기하지 않으면서 거액의 현금으로 새로운 포지션을 취하거나 기존 포지션에서 빠져나올 수 있어야 했다. 타이거가 경쟁사들에 대한 우위를 잃지 않고, 더 중요하게는 투자 기회를 잃는 일 없이 자산을 배치하게끔 하는 것이 그의 일이었다. 타이거가 포지션을 취하거나 철회한다는 소식이 월스트리트에 퍼진 순간 주가가 급격히 움직일 것이기 때문이었다.

또한 헤니는 타이거에서 심리적으로도 중요한 역할을 맡고 있었다. 로버트슨은 항상 두려움의 대상이었기에 트레이더와 브로커 들은 걸핏하면 그와 논쟁을 벌이거나 무조건 뜻을 굽히는 일이 많았다. 헤니는 자신은 물론이고 같이 일하는 다른 사람들이 업무를 훌륭히 수행할 것임을 믿어도 좋으며 그 신뢰를 깨뜨리는 사람은 아무도 없을 것임을 로버트슨에게 거듭해서 입증해야 했다.

헤니는 로버트슨에게서 트레이딩 업무를 일임 받았는데 이는 로버트슨이 투자 결정에 전적으로 집중할 수 있도록 하기 위함이었다. 이 기간 동안 계속해서 자산이 유입되고 있었기 때문에 로버트슨으로서도 주문을 하는 담당자에게 신뢰를 보일 필요가 있었다. 그는 헤니를 비롯해 그와 함께 일하는 트레이더들을 신뢰했고, 그 덕에 타이거가 계속해서 높은 타율을 유지할 수 있도록 신규 자산을 투자할 마땅한 투자처를 찾는 일에 매진할 수 있었다.

회사가 성장하고 트레이딩을 비롯한 제반 업무 시스템이 발전하면서 로버트슨은 사업 개발 및 경영 업무를 도와줄 사람이 필요하다는 것을 깨달았다. 로버트슨의 물망에 오른 사람은 모건 스탠리의 젊은 애널리스트인 존 그리핀John Griffin이었다. 그리핀은 투자은행인 모건 스탠리에서 여러 프로젝트를 진행한 경력이 있으며 그 중에는 타이거와 관련된 프로젝트도 있었다. 그것은 위대한 관계의 시작이었지만, 자칫하면 둘 사이에는 아무 관계도 생기지 않을 뻔했던 것도 사실이었다.

그리핀은 1985년 재무학 학위를 수료하고 버지니아 대학을 졸업했다. 그는 모건 스탠리의 종합금융 부문에서 애널리스트로 채용되었다.

모건 스탠리에서 일할 때 그리핀은 리스크 아랍 파트너스Risk Arab

Partners라는 헤지펀드를 대신해 후순위채subordinated debt*를 조달하는 업무를 맡은 적이 있었다. 당시로선 상당히 특이한 채권이었기에 이 후순위채 판매는 로버트슨의 관심을 끌었고, 그 역시 같은 방식으로 타이거에 자금을 조달하기를 원했다.

그리핀은 이렇게 설명했다. "로버트슨은 모건 스탠리의 담당 영업 직원에게 전화를 걸어 이번 채권 판매에 대해 잘 알고 있는 사람과 같이 타이거로 와서 자세히 설명해달라고 부탁했다. 우리가 타이거로 가기로 예정된 날 내 상사가 몸이 안 좋았다. 내가 타이거와의 회의 약속을 취소하려 했지만 담당 영업 직원이 그러질 못했고, 결국 우리 둘이 타이거로 갔다."

회의를 하는 동안 로버트슨은 후순위채의 판매 방식과, 모을 수 있는 자금의 규모, 성공 가능성 등에 대해 여러 질문을 던졌고, 이런 질문에 대해 그리핀은 "해볼만 하겠습니다"고 답했다. 다음날 로버트슨은 그리핀에게 전화를 걸어 타이거의 퓨마펀드를 위한 자금 모집을 모건 스탠리에 맡겼다. 1986년 봄부터 1986년 10월까지 그리핀을 비롯한 모건 스탠리의 직원들은 이번 채권 판매에서 3,000만 달러의 자금을 모집해주었다.

그리핀은 1987년 초여름에 모건 스탠리를 떠나 7월에 타이거에 합류했다. 그리핀은 자신이 타이거에서 맡은 업무가 원래는 존재하지 않았던 일이라고 말했는데, 그 일이란 로버트슨의 오른팔 역할이었다. 로버트슨의 말을 빌면 그리핀은 **내 모든 친구도** 함께 타이거에 합류하게 했다. 그

---

* 파산 시 예금자, 채권자 등 선순위채권자(unsubordinated creditors)에 대한 원리금을 전액 지급한 후에야 원리금의 지급이 가능한 채권

리핀이 들어오기 전에 타이거는 로버트슨과 다른 모두로 구분되었다. 이제 타이거는 로버트슨, 그리핀과 다른 모두로 구분되었다. 둘 사이의 관계에 한 가지 문제가 있다면 그리핀이 스탠퍼드 비즈니스 스쿨에 입학하기를 원했다는 것이다. 로버트슨은 그가 스탠퍼드로 떠나는 것은 원치 않았지만, 결국 두 사람은 그리핀이 공부하는 동안에도 타이거를 위해 일하고 학위를 수료한 후에는 다시 회사로 돌아오기로 합의를 보았다. 이 계획에 대해 로버트슨의 동의를 얻기 위해 그리핀은 언제라도 뉴욕과 서류를 주고받을 수 있도록 자신의 방에 팩스를 설치했다. 지금이야 가정이나 기숙사 방에 팩스를 설치하는 것이 흔한 일이지만 1980년대 중반에 팩스는 값도 무척 비싸고 속도도 대단히 느렸다. 1시간에 몇 페이지라도 무사히 전송할 수 있으면 다행이었으며 얇고 잘 찢어지는 팩스 용지가 떨어지는 일이 없도록 항상 조심해야 했다.

그리핀은 1년여 동안 경영 역량을 쌓은 셈이었다. 그는 1988년 가을에 스탠퍼드 비즈니스 스쿨에 입학했고 1990년 봄에 타이거로 돌아왔다. 시간이 흐를수록 그리핀과 로버트슨의 관계도 공고해졌다. 누가 보더라도 그리핀이 로버트슨의 후계자로서 타이거의 차기 사장에 임명될 것이 분명했다. 이 모든 관계의 시작은 그리핀이 별로 참석할 필요가 없었던 회의에 참석하면서였다. 그리핀은 1996년 1월 자신의 회사를 차리기 위해 퇴사할 때까지 타이거에서 일했다. 이때의 그는 11년 전 타이거에 입사했을 때보다 훨씬 부유하고 똑똑한 사람이 되어 있었다.

정보를 입수하는 것도 중요하지만 그 정보를 가지고 훌륭한 결정을 내리는 능력이야말로 로버트슨이 성공을 거둔 비결이었다. 쇼트를 전문으로 하는 펀드매니저이자 로버트슨의 오랜 지기이며 동료이기도 한 길크리스트 버그는 한 종목에 대한 찬반양론 모두를 주의 깊게 들은 후 재빠른 투자 결정을 내리는 로버트슨의 능력이 그와 다른 머니매니저들을 구분 짓는 여러 특징 중 하나라고 말했다.

1991년 9월 「포브스」에 실린 기사에서 버그는 이러한 로버트슨의 능력을 설명하면서 목재회사인 WTD 인더스트리 WTD Industries를 예로 들었다. 1990년에 타이거는 WTD 주식을 대량으로 보유했는데, 증권거래위원회에 13D 양식 Form 13D*에 따른 별도의 보고서를 제출해야 할 정도로 많은 양이었다.9) 로버트슨은 비관적인 견해의 보고서에 귀를 기울이고 이 회사를 추천한 애널리스트의 말을 검토한 후 비교적 빠른 시일 내에 주식 전체를 매도했다. 그는 언론에 자신의 심경 변화를 "내 생각이 틀렸었다"라고 간단히 표명했다. WTD는 1991년 파산신청을 냈다.10)

같은 기사에서 버그는 다른 머니매니저와 로버트슨의 차이를 구분하는 또 다른 특징은 여러 투자 기회를 동시에 처리하면서 자신의 직관을 믿을 줄 아는 능력이라고 말했다. 버그는 "로버트슨은 정글에서 가장 훌륭한 동물적 본능을 지니고 있다"고 적었다.

1990년 1월 「포브스」의 기사에서 리처드 팰런 Richard Phalon은 로버트슨의 투자 스타일이 **통제된 공격형**이라고 설명했다. 팰런은 로버트슨이 **퍼스트 다운****에서 맹공격을 퍼부을 수 있지만 결코 네 번째 공격과 단거리 공

---

* 한 회사의 주식 5% 이상을 취득할 때 제출해야 하는 보고서로, 보고서를 제출하고 10일 이내에 그 정보가 공개된다
** 미식축구에서 공격 측에 부여된 네 번의 공격권 중 첫 번째 공격

격은 하지 않는 사람이라고 적었다. 헤지펀드를 통해 로버트슨은 증권시장과 선물시장을 자유롭게 누빌 수 있었으며 쇼팅과 레버리지를 공격적으로 이용할 수 있게 되었다. 단, 통제된 방식이였다.

많은 사람들이 로버트슨의 투자 회사를 모방하고 비슷한 투자 전략을 사용하고자 시도했지만 쉽지 않은 일이었다. 로버트슨은 자신의 접근법을 하나의 원칙이나 수단으로 제한하지 않기 때문에 투자 세계의 모든 분야에서 활동할 수 있었다. 그의 성공 비결은 아이디어를 열린 마음으로 받아들이고 그 아이디어를 **정신적인 컴퓨터**를 통해 가동시킬 줄 아는 능력에 있었다.

1990년대 초중반의 미국에서 타이거는 의심의 여지없이 **가장 잘 나가는 자산운용회사**였다. 창립한 지 11년이 지난 시점에서 타이거의 운용 자산은 20억 달러 남짓이나 되었으며 제반 보수와 수수료를 제외한 연간 수익률은 45.6%였다. 벤치마크인 S&P 500의 수익률은 30.5%, MSCI의 수익률은 18.3%였다.

1993년에는 타이거 매니지먼트의 인적 자원 관리를 돕기 위해 심리치료 전문가인 에런 스턴 Aaron Stern 박사가 회사에 합류했다. 로버트슨은 사원 채용 과정에서 스턴 박사의 조언을 청했다. 스턴은 미래의 타이거 직원들과 면접을 가진 다음, 테스트 절차를 개발해서 최종 합격 발표를 내기 전에 모든 응시자들로 하여금 그 시험을 치르게 했다. 이 테스트는 스턴과 로버트슨이 누가 타이거맨의 자격에 어울리고 누가 그렇지 않은지를 판단하는 데 도움이 되었다.

회사가 존속하는 동안 타이거맨은 여러 의미를 지니게 되었지만 과거에나 지금에나 다음과 같은 특징을 지녀야 한다는 점에는 변함이 없다.

1. 직무에 필요한 지식을 갖춘 똑똑하고 현명하며 민첩한 사람
2. 윤리의식이 강한 사람
3. 운동 경력이 있어야 하며 신체적 건강 관리에 열의를 보이는 사람
4. 자선 활동 및 공공복지에 관심이 있는 사람
5. 유머 감각이 있으며 사교성이 좋은 사람
6. 훌륭한 이력을 가지고 있는 사람

스턴은 당시의 타이거가 수직적 위계 구조와는 거리가 먼 친밀한 분위기에서 운영되었으며 "사람들은 서로 허심탄회하게 대화를 나누었다. 직원들 사이에 벽이 없었다"고 말한다.

로버트슨이 업무를 보는 사무실 역시 처음 설계할 때부터 문이 없었다. 이는 아이디어의 흐름이 존재하는 장소를 만들어야겠다는 생각에서 비롯되었다. 스턴의 설명을 빌면 "로버트슨은 자신과 팀 사이에 벽을 만들지 않고자 노력했다고 말했다."

로버트슨은 1994년을 향해 순조롭게 나아갔고 타이거는 거의 80%에 육박하는 수익률로 1993년을 마감했다. 같은 기간 S&P 500의 수익률은 10%를 조금 넘겼고 MSCI는 21%를 밑돌았다. 뛰어난 실적이었고 로버트슨은 자신의 자산운용사가 거둔 성과에 크게 만족했다. 그러면서도 그는 1993년 실적의 몇 가지 미흡한 점으로 외환 포지션의 잘못된 배치와

쇼팅에서의 잘못된 결정을 꼽았다. 각각의 쇼트 포지션이 그가 생각했던 방식으로 흘러가지 않았던 것이다. 로버트슨은 쇼팅에서의 실적 개선 및 외환시장에서의 역량 증진을 1994년 타이거의 목표로 삼았다. 이를 달성하기 위해 타이거 운용 팀에 경험 많은 트레이더와 애널리스트를 추가로 영입했다.

불행히도 1994년은 타이거에게 별로 좋은 해가 아니었다. 이 한 해 동안 일이 뜻대로 진행되지 않았다. 타이거는 1994년에 9%가 넘는 손해를 본 반면 S&P 500과 MSCI는 각기 1.3%와 3.3% 증가했다. 처음 네 달 동안 손실이 발생했는데 로버트슨은 과다계상된 1993년도 이익이 **정상치로 조정**된 것이 손실의 원인이라고 설명했다. 1994년에 발생한 손실의 직접적인 결과로서 헤지펀드에 투자한 개인 투자자의 세금과 관련한 흥미로운 사실 한 가지가 드러났다. 1994년 타이거의 실적이 마이너스였음에도 불구하고 몇몇 투자자들에게 과세소득이 발생했던 것이다. 로버트슨은 지난 여러 해에 걸쳐 펀드의 과세소득이 경제소득보다 현저히 낮았기 때문에 이런 일이 발생하게 되었다고 설명했다. 다시 말해 일정 기간 동안 타이거에 투자했던 유한책임 파트너들이 전년도인 1993년의 미실현이득에 대해 일부 세금을 납부하게 되었다는 의미였다. 로버트슨은 이를 설명하기 위해 다음의 예를 사용했다.

타이거의 일반 투자자는 1993년의 경제소득이 약 65%였고 과세소득은 약 30% 정도였습니다. 1994년에 투자자는 약 9%의 경제적 손실을 입었고 과세소득은 대략 10% 선이었습니다.[11]

1995년과 1996년에는 실적이 개선되면서 타이거 매니지먼트의 펀드들은 전부 합쳐 투자자에게 50%의 수익률을 올려주었다. 더불어 운용자산 규모도 80억 달러에 거의 근접하게 되었다.

이 기간 동안 글로벌 매크로 매니저들의 투자 스타일이 견고해졌고, 거대한 자산을 갖춘 타이거는 수익을 올릴 수 있는 다른 분야를 물색하고 있었다. 포트폴리오는 여러 자산군으로 구성되었다. 주식시장에서의 전통적인 롱쇼트 포지션은 물론이고, 이탈리아와 캐나다의 단기 증권, 뉴질랜드 국채, 러시아 채무 및 주식, 그리고 일본과 멕시코 기업들에 대한 여러 개의 쇼트 포지션 등이 그것이었다.[12]

이와 동시에 로버트슨은 팔라듐을 계속해서 매입하고 있었다. 휴대전화와 자동차 촉매변환장치의 원료인 팔라듐 수요가 폭주하고 있었고, 로버트슨은 언젠가는 러시아와 남아프리카공화국의 채굴량이 수요를 충족시키지 못하게 될 것이라고 내다보았다. 팔라듐은 로버트슨이 대단히 흡족하게 생각하는 거래 중 하나였다.[13]

타이거는 팔라듐 투자에 상당히 오랜 기간 동안 공을 들여온 참이었다. 여러 소식통에 따르면 로버트슨은 동업자였던 소프 매킨지의 제안으로 팔라듐 시장에 개입하기 시작했으며, 소프가 회사를 떠나고 몇 년이 흐른 뒤에도 로버트슨은 팔라듐 포지션을 처분하지 않았다. 로버트슨은 여러 해 동안 애널리스트들로 하여금 팔라듐 시장에 대한 분석을 계속하게 했다. 그리고 1990년대 중반에 이르러 그는 자신의 성공을 세상에 공개했다. 팔라듐 시장을 이해하기 위해 로버트슨과 팀은 많은 시간을 기울여서 팔라듐의 현재 사용량 및 예상 사용량, 팔라듐의 채굴 및 생성 방법, 매매 방식을 분석했다. 타이거는 팔라듐 시장을 이해하기 위해 미국의 치과의사에서 일본의 보험회사에 이르기까지 모든 사람과 대화를 나누었다. 심지어는 무엇이 채굴되고 어떻게 채굴되는지를 이해하기 위해 세계 주요 광산이 표시된 지질도를 살펴보기까지 했다.

로버트슨과 애널리스트들은 타이거의 팔라듐 포지션이 얼마나 되는지 정확히 언급하지는 않았지만 과거 타이거의 투자자들이나 관찰자들이 추측하건대, 로버트슨이 거의 1년 치 생산량에 해당하는 팔라듐을 장악한 것으로 보였다.

로버트슨이 팔라듐 시장을 매력적으로 생각한 한 가지 이유는, 이 원자재의 가격이 싸든 비싸든 몇몇 회사들의 경우는 울며 겨자 먹기로 대량의 팔라듐을 정기적으로 매입할 수밖에 없다는 것이 리서치 결과 드러났기 때문이었다. 자동차 회사를 예로 들어보자. 자동차 회사들은 자동차 부품들을 만들기 위해 대규모 조립라인을 구축해놓고 있으며, 이런 부품 중 하나인 촉매변환장치의 원재료가 바로 팔라듐이다. 자동차 회사들의 촉매변환장치는 환경보호국 Environmental Protection Agency 의 세부 규정을 준수하거나 심지어는 초과 이행하는 편인데, 생산라인을 바꾸는 것은 많은 비용과 고도의 노동력을 요하기에 자칫 생산에 차질이 빚어질 수도 있기 때문이다. 다시 말해 팔라듐 가격에 상관없이 자동차 회사들은 생산을 계속하기 위해서라도 팔라듐을 매입할 수밖에 없다. 팔라듐의 가격 등락을 좌우하는 요인은 2년을 주기로 바뀌는 편이었다. 로버트슨과 애널리스트들은 팔라듐 시장의 두 측면인 생산량과 사용량을 이해하고 있었기에, 이 원자재 거래에서 상당한 차익을 거둘 수 있었다.

결국 이 기간 동안의 팔라듐 거래는 로버트슨을 훌륭한 투자 성과 리스트에 오르게 했다. 하지만 그는 일본 시장에 대해서는 대단히 비관적인 전망을 버리지 않았다. 특히 일본 은행 종목들에 대한 쇼트 포지션을 계속해서 유지하고 있었다. 그가 보기에 일본의 은행들은 세계 최고의 고비용 생산자 가운데 하나이며 거래당 비용은 **무시무시한** 수준이었다. 또한 일본 은행들은 너나 할 것 없이 세계 최악의 여신 관리자이기도 했다. 월스트리트는 일본 은행들이 과거 미국의 은행들처럼 정상 상태로 돌아올 것이라고 믿고 있었으며 전반적으로는 보다 낙관적인 편이었다. 1995년에 일본 금융기관들이 호전되기 시작하면서 타이거가 제반 보수를 제외하고 투자자들에게 거둬 준 수익률은 16.0%였지만, S&P 500과 MSCI는 같은 해 각기 37.6%와 20.75%씩 가치가 증가했다. 1990년대 중반 타이거와 투자자들에게 있어서는 반짝인다고 다 금은 아니었던 것이다. 로버트슨의 별이 빛을 잃기 시작했다.

1996년 봄 타이거는 대단히 힘든 사건을 겪게 되었는데, "마법사의 몰락: 월스트리트에서 최고의 종목 발굴자였던 줄리언 로버트슨이 마법을 잃기 시작한 것일까?"라는 머리기사를 실은 「비즈니스위크」가 신문 가판대에 쫙 깔렸기 때문이었다. 이 기사에서 게리 와이스는 로버트슨이 더이상은 기업들을 방문하지 않으며, 툭하면 이성을 잃기 일쑤이고, 펀드 규모가 너무 거대해진 탓에 자산 배치에 애를 먹고 있으며, 직원들이 그와 함께 일하는 것을 힘겨워하고 있다고 적었다. 6년 전의 기사와는 크게 달랐다. 과거의 기사가 타이거를 비롯해 회사의 투자상품들에 대한 세간의 관심을 불러일으키는 데 크게 기여했다면, 로버트슨이 보기에 이번 기사는 찬물을 끼얹는 것이나 다름없었다. 아래는 기사의 일부 내용이다.

……대량의 정보를 융합하고 걸러내는 것은 로버트슨의 특기다. 로버트슨의 애널리스트들이 그에게 아이디어와 데이터를 제공한다. 그러면 로버트슨은 그들이 하는 말을 재차 삼차 확인한 후에 매수나 매도 결정을 내린다. 반면에 다른 헤지펀드 운영자들은 자산 규모가 수십억 달러로 늘어나면 펀드의 매매 결정을 혼자서 내리는 것이 불가능함을 일찌감치 이해했다. 그러기엔 규모가 너무 거대하고 복잡하다. 가장 큰 규모의 뮤추얼 펀드보다도 훨씬 크다. 소로스의 헤지펀드를 비롯해 레온 레비Leon Levy와 잭 내시Jack Nash가 이끄는 자산운용사인 오디세이 파트너스Odyssey Partners와 같은 몇몇 헤지펀드들은 투자 결정권을 이양한다. 심지어 소로스는 자신의 수석 애널리스트 중 한 명에게(런던에 거점을 두고 있는 매크로 투자의 대가 니콜라스 로디티Nicholas Roditi) 펀드 하나의 운용권을 완전히 일임하고 있다. 로디티가 이끈 쿼터펀드Quota Fund는 1995년에 두 배 이상 가치가 증가했는데, 이는 소로스가 이끄는 모함인 퀀텀펀드Quantum Fund의 실적을 능가하는 것이었다. 이러한 독립적 권한을 타이거에서는 찾을 수 없다.

규모와 중앙집권제가 타이거에 상처를 입히고 있음이 분명하다. 또 다른 부정적 요소는 로버트슨이 통화 및 채권 시장에 대한 매크로 투자를 타이거의 중점적인 투자로 삼으면서 종목 발굴을 뒷전으로 미루고 있다는 것이다. 그는 더 이상 기업을 탐방하지 않으며, 출장을 많이 다니긴 하지만 출장을 가서도 통화와 금리 추이를 살펴보는 데 대부분의 시간을 보낸다.[14]

「비즈니스위크」 1990년 11/12월 호에서 발췌. 맥그로힐 사의 허락 하에 게재.

기사는 타이거의 운영 방식과 이곳 머니매니저의 잘못된 점을 조목조목 탐구한다. 로버트슨이 주식에 대한 흥미가 부족하며, 애널리스트들의 조언을 새겨듣지 못하며, 직원들을 오래 거느리지도 못한다고 적었다. 또한 기사는 로버트슨의 자산 운용 능력에 지금까지 많은 영향을 미쳐온 것으로 보이는 여러 개인적 문제점도 파고들었다.

노스캐롤라이나 주에서 보낸 어린 시절, 부모와의 관계, 펀드 업계에서 일하려는 자녀들을 막은 일 등에 대해 두세 문단 가량을 적은 후 와이스는 다음과 같이 글을 끝맺었다.

아마도 그들은 좋은 가족이었을 것이다. 하지만 로버트슨에게는 또 하나의 가족이 있다. 한때 영광을 누렸던 그의 헤지펀드 제국이다. 그것은 가부장적인 종목 발굴가가 똑똑한 애널리스트들을 이끌고 있는, 문제가 많은 가족이다. 이 가족이 제대로 된 능력을 발휘하기만 한다면 위대한 금자탑이 탄생할지도 모르며 월스트리트의 마법사가 추락하는 일도 없을 것이다.[15]

이 기사는 처음부터 끝까지 로버트슨의 단점과 타이거의 문제점, 그리고 헤지펀드 산업의 결함을 토로하고 있었다. 와이스가 로버트슨을 비롯해 수석 매니저들 몇 명을 만나보았을 뿐 아니라 타이거 내의 깊숙한 성소에도 들어가 본 적이 있었음은 분명했다. 와이스는 타이거가 어떻게 운영되는지에 대한 내부 정보를 바탕으로 타이거의 표면 아래로 파고들어 운영 방식을 파악하고 있었다. 어쩌면 로버트슨과 투자자들이 볼 때 지나칠 정도로 깊숙이 파고든 셈이었다. 로버트슨은 보도 내용이 마음에 들지 않았고 기사가 철회되기를 바랐다!

로버트슨은 기사 내용이 부정확하고 반쪽짜리 진실에 불과하다며 「비즈니스위크」에 강력히 이의를 제기했다. 자신의 항의가 아무 소용도 없자 그는 「비즈니스위크」의 간행사인 맥그로힐McGraw-Hill과 게리 와이스, 편집장인 스티븐 B. 셰퍼드Stephen B. Shephard에 대해 10억 달러 규모의 소송을 제기했다.

로버트슨의 변호사들은 1997년 뉴욕 주 지방법원에 소장을 제출했다. 소장에는 「비즈니스위크」가 로버트슨과 타이거 매니지먼트에 대한 "잘못된 설명 및 오도의 소지가 다분한 반쪽 사실"을 적은 기사를 보도해서 "한 개인으로서 그리고 사업가로서의 로버트슨을 폄하하고 명예를 실추시켰다"고 소송 근거를 밝혔다.[16)] 로버트슨은 보도문이 본인과 회사에 미친 고통과 피해에 대해 징벌적 손해 배상 및 보상적 손해 배상으로 각기 5억 달러씩을 요구했다.

소장에는 와이스가 로버트슨에게 보낸 인터뷰 요청서에 어떤 내용이 적혀 있었는지를 자세히 기술되어 있다. 여기에는 인터뷰를 요청하는 서한의 일부도 포함돼 있다. 다음은 그 편지의 내용이다.

오늘 이렇게 서한을 보내는 이유는 로버트슨 대표님의 도움이 필요해서입니다. 대표님과 귀사의 직원들을 다시 만날 기회를 주시면 감사하겠습니다. 타이거가 지난 몇 주 동안 놀라운 반등을 거두는 과정을 대단히 관심 있게 지켜보았습니다. 귀하께서도 알다시피 오늘자 「월스트리트저널」에는 귀사의 반응을 겉핥기로만 다룬 보도문이 실렸습니다. 저희는 귀사의 사업 기밀을 유지하는 한도 내에서 이번 반등에 대한 보다 완전한 기사를 게재하고 싶습니다. 이러한 종류의 기사에 대해 귀하께서 예민하게 반응할 수도 있음을 잘 알기에, 저는 제가 얻은 정보를 최대한 신중하게 다룰 것을 약속드리는 바입니다. 귀하를 만나 자세한 얘기를 들을 기회를 주시면 대단히 감사하겠습니다.[17]

소장은 이 경제 금융 전문지가 구독자를 늘리려는 욕심에 **발행부수를 지금보다 훨씬 높이기 위해 타블로이드 식의 자극적인 인신공격성 기사를 보도했다**는 원고 측의 생각을 기술했다. 소장의 내용에 따르면 **자극적인 문제로 이러한 보도를 내보낸 목적은 첫째, 내부 스토리에 대한 적극적인 보도**라는 이 간행물의 평판을 **증대시키고 유지하기** 위함이며, 둘째는 편집자와 기자 들이 **전문가로서의 인지도**를 높여서 연봉을 올리고 **장차 저서 출간 계약의 가능성을 높이기** 위함이라고 적혀 있었다. 더불어 **이러한 목표를 달성하기 위해 피고들은 정보 전달보다는 흥미 위주의 기사를 계속해서 내보내고 있다**라고 밝혔다.

치열한 공방전이 펼쳐졌다. 로버트슨과 변호사들은 「비즈니스위크」의 기사가 음해성 언사로 가득 차 있으며 **사실관계의 정확성에는 전혀 주의를 기울이지 않은 탓에 거짓되고 중상모독적인 기사 내용에서 진실된 문장은 단**

한 곳도 찾을 수 없다고 주장했다. 피고들이 확인되지 않은 '정보 제공자'의 말을 인용하여 중상모독적인 설명과 추측성이 다분한 기사를 내보냈으며, 그 제공자들이 혹여 실재하는 사람들일지라도 익명으로 인신 공격적인 말을 전달하고 있을 뿐이다는 것이었다.[18]

소장에는 기사의 어느 부분이 잘못되었는지를 자세히 적고 있고 징벌적 손해배상과 보상적 손해배상과 함께 정정보도를 요구했다.

「비즈니스위크」는 소장의 내용에 대해 조목조목 반박했다. 가장 크게 반박한 대목은 수정 소장의 일곱 번째 문단에 나온, 와이스가 익명의 제공자에게서 들은 정보를 악용한 것으로 의심된다고 설명하는 로버트슨의 진술 부분이었다. 이 진술에 대한 피고들의 반박은 다음과 같았다. "기사의 일부 내용이 익명의 제보자와의 인터뷰를 바탕으로 삼고 있다는 점은 인정하지만 소장의 일곱 번째 문단에 대해서는 사실과 관련이 없다. 기사 전체의 내용은 원고를 포함해 신원이 확실한 사람들의 설명 및 여러 가지 공식적인 기록들을 근거로 했음을 밝힌다."[19]

이러한 반박과 함께 피고 측은 이번 소송이 기각되어야 하는 이유로 아홉 가지를 열거했는데, 헌법 및 법적 근거, 공정한 논평의 권리, 고의성과 허위, 침해 행위에 대한 증거 부족 등이었다.

거친 공방전이 오갔지만 로버트슨은 두 달도 지나지 않아 소송을 철회하고 「비즈니스위크」와 조정 작업을 진행했다. 그는 타이거의 재무적 부분에 대한 언급은 전혀 인정할 수가 없었다. 조정은 「비즈니스위크」의 편집자가 해당 기사에 대한 정정 기사를 게재하는 것으로 결론이 났다.

「비즈니스위크」는 타이거의 실적을 예상하는 부분에서 잘못된 점이 있었음을 인정했다. 조정을 하는 과정에서 양 당사자들은 기사에 실린 여러 내용에 대해 의견 차이가 있었음을 인정했다. 양쪽 모두 승소했다고 주장할 만한 결과였다. 아래는 이번 조정 결과에 대한 공동 발표문의 내용이다.

「비즈니스위크」는 1996년 4월 1일자 커버스토리로 실은 기사에서 타이거의 투자 성과를 예측한 것이 이후에 나타난 타이거의 실제 실적과 차이가 난다는 것을 인정했다. 타이거의 1996년 보수 차감 전 수익률은 48.5%이며, 1997년 12월 11일까지 보수 차감 전 수익률은 67.1%였다. 이 성과는 시장 평균을 훨씬 상회하며 다른 유수 헤지펀드들의 실적을 앞서는 것이다.

해당 기사에서 「비즈니스위크」는 로버트슨이 대표로 있는 타이거 매니지먼트가 1993년에 보수 차감 전 수익률 80%를 거둔 것을 포함해 몇 년 동안 뛰어난 수익률을 거두었지만 1994년과 1995년에는 시장 평균보다 낮은 수익률을 거두었다고 설명했다. 또한 「비즈니스위크」의 기사는 타이거가 1996년 초반에 좋은 출발을 보였음에도 불구하고 "그의 부활은 내리막길에 있는 돌부리에 걸려 잠시 지체된 것에 불과했다"고 적었다. 「비즈니스위크」는 타이거가 로버트슨의 지휘 아래 1996년, 그리고 1997년 현 시점까지 어느 모로 보아도 우수한 성과를 거두었음을 인정한다. 로버트슨은 자신이 "더 이상 기업을 탐방하지 않으며, 출장을 많이 다니긴 하지만 출장을 가서도 통화와 금리 추이를 살펴보는 데 대부분의 시간을 보낸다"는 보도 내용에 대해서도 문제를 제기했다. 이에 대한 반론으로 미스터 로버트슨은 「비즈니스위크」의 보도가 나가기 바로 전 해에만 3개 대륙에서 55개 이상 기업체의 경영진과 회의를 가졌음을 입증하는 목록을 제시했다. 로버트슨이 제출한 목록에는 해외 출장을 다니면서 가졌던 기업체 경영진과의 면담 및 본인의 뉴욕 사무실에서 가졌던 면담 모두가 포함돼 있다. 이 목록에 따라 「비즈니스위크」는 미스터 로버트슨이 기업체 경영진과의 면담을 계속 행하고 있음을 인정한다.[20]

공동 발표문의 앞부분을 보면 10억 달러의 배상금을 받아내지 못한 것만 제외하고는 로버트슨이 승소했다는 인상이 풍기지만 후반부로 가면 누가 승소했는지가 애매모호해진다. 1987년의 시장 붕괴에 로버트슨이 대노하면서 직원들을 무작위로 지명해 그들을 해고시켰다는 「비즈니스위크」의 보도 내용에 대해 양쪽에서 의견 차이가 있었음을 공동 발표문은 인정했다. 특히 이 공동 발표문은 전직 타이거 직원의 말을 인용하고 있었는데, 그의 말에 따르면 로버트슨에게 해고된 사람들은 타이거의 직원이 아니라 모건 스탠리에서 파견된 컨설턴트들이었다.

로버트슨은 그런 불상사는 결코 일어나지 않았다고 거듭 주장했다. 더욱이 그는 당시 타이거에서 일한 직원 모두가 그런 일이 절대로 일어나지 않았다는 것을 자신의 변호사에게 자세히 진술해주었다고 설명했다. 원고와 피고 측 모두 소송을 철회하는 데 동의했다.[21]

화해를 할 당시 로버트슨은 다음과 같이 말했다고 한다.

"「비즈니스위크」가 보도 내용이 잘못되었음을 인정한 것은 해당 기사가 쓰레기통으로 던져져야 함을 보여준다. 그들은 자신들의 기사가 전혀 사실 무근임이 분명히 드러났음에도 기사를 내보냈다."[22]

2003년 초에 게리 와이스는 그때의 경험에 아직도 입맛이 씁쓸하다고 토로했다. "나는 내가 써야 할 방식대로 기사를 작성했을 따름이었다. 나는 내 일에 최선을 다하고자 노력했을 뿐이다. 나는 배반이나 복수 같은 것에는 관심도 없었다. 솔직히 몇 년 전만 해도 나는 로버트슨을 일컬어 세계 최고의 투자자라고 칭하지 않았던가."

와이스는 계속 말을 이었다. "부정적인 기사 내용 때문에 그가 많이 화가 났을 수도 있다는 점은 이해한다. 하지만 로버트슨이 기사가 나가고 난 후 몇 년 동안은 좋은 실적을 거두었을지라도 결국 투자 회사를 닫아야 했다는 점에서 내 기사도 틀린 소리는 아니었다."

「비즈니스위크」의 편집장 스티븐 셰퍼드는 이번 화해로 인해 로버트슨이나 타이거에 대해 툭 까놓고 말하기가 불편해졌다고 말한다. 그렇기는 해도 셰퍼드는 보도 내용에는 문제가 없었으며 진실을 담고 있음을 믿는다고 말했다.

셰퍼드가 말했다. "우리는 서로의 생각이 다르다는 것에는 동의했다. 내가 이번 기사나 화해에 대한 경위에 관해 할 수 있는 말은 별로 없다. 그것이 협의 조건의 일부였기 때문이다. 하지만 지금 생각해도 기사는 괜찮은 편이었다."[23]

타이거에게 있어 1997년은 대단히 성공적인 해였다. 연말에 타이거펀드의 가치는 56% 남짓 상승했는데, 이에 비해 S&P 500과 MSCI의 상승률은 33.4%와 15.8%였다. 4사분기에만 30% 이상의 가치 상승을 이루었다. 미국, 일본, 홍콩의 주식시장이 차익에 큰 기여를 했으며, 로버트슨의 말을 빌면 매크로 거래에서 거둔 실적도 수익률의 거의 3분의 1을 차지했다.[24]

로버트슨은 1998년 1월에 투자자들에게 보내는 편지를 작성했다. "타이거의 직원 모두가 이번 실적에 만족했습니다. 하지만 종래보다 변동성과 리스크가 훨씬 높을지도 모르는 시장 상황에 계속 노출될 수도 있음을 투자자 여러분께서는 잊지 마셔야 합니다. 우리는 이러한 투자의 잠재 가치가 리스크를 상회한다고 믿고 있습니다. 그렇기에 타이거의 포트폴리오는 중요한 기회를 놓치지 않고 1998년에 부딪치게 될 어려움을 뚫고 나갈 준비가 되어 있습니다."

걱정되는 지역 가운데 하나가 한국이었다. 타이거의 조사에 따르면 한국 경제는 혼란스런 상태였으며, 계속되는 금리 인상과 주가 하락도 적신호였다. 로버트슨은 "원화 약세가 가뜩이나 약한 인도네시아 루피아화를 위태롭게 만들고 있었으며 중국의 위안화도 위협했다"고 설명했다. 그는 "위안화가 큰 폭으로 하락할 경우 세계 경제 전체가 디플레이션에 빠지고 더불어 1930년대식의 대공황도 병행해서 발생할 수 있다"고도 적었다.[25]

아시아 시장에 대한 우려를 표하긴 했지만 로버트슨은 편지 말미에서 긍정적인 언급을 내비쳤다. "우리 모두는 환상적인 한 해를 보냈습니다. 이 승리를 즐깁시다. 제 충고를 받아들이신다면 여러분 몫의 이익을 나눠드리겠습니다. 이 이익이야말로 여러분이 일 년 내내 한 일 중에서도 가장 이기적인 일이 될 수도 있습니다. 여러분에게 가장 큰 기쁨을 드릴 만 한 금액일 것이기 때문입니다." 26)

1998년 말이 되었을 때 로버트슨과 그의 가족, 그리고 타이거 직원들을 전부 합치자 그들은 타이거펀드에서 단일로는 가장 큰 투자자 집단을 형성하게 되었다. 그들이 이익에서 가장 큰 몫을 차지하는 것은 분명했지만, 반대로 손해도 가장 크게 볼 수 있는 투자자 집단이라고는 딱 잘라 말할 수 없었다.

1998년에 로버트슨은 「비즈니스위크」보다 규모가 약간 작은 언론사와 또 한 번의 일전을 치렀다. 이번 보도는 다른 각도에서, 그러니까 로버트슨과 아내인 조시의 지역사회 활동에 대해 더 많은 비중을 두고 있었다. 1998년 9월 28일자 「뉴욕 타임스」에 실린 기사의 제목은 "기부금은 수백만 달러, 손실은 수십억 달러"였다. 엘리자베스 버밀러 Elisabeth Bumiller 기자는 이 기사에서 로버트슨이 아내 이름으로 링컨센터에 2,500만 달러를 기부했다고 밝혔다. 기사 내용은 타이거가 아시아 금융 위기로 막대한 손실을 입었는데도 그가 거액의 기부를 했다며 꼬집고 있었다.

당시 로버트슨의 아내 조시는 암으로 투병 중이었고, 로버트슨은 부인 명의로 링컨센터에 거액을 기부한 바 있었다. 조시 로버트슨 플라자 개관일에 열린 화려한 행사에는 전국에서 온 친구와 친인척들이 참석했다. 「뉴욕 타임스」의 기사 논조를 딱 잘라 말하면 '수십억 달러의 손해를 본 사람이 무슨 염치로 플라자 건립에 기부금을 낸 것일까?'였다. 로버트슨은 기사 내용이 **겉으로는 점잖았지만** 실제로는 자신과 가족, 그리고 그들의 선행을 비꼬고 왜곡 보도했다고 말했다. 그는 한동안은 화를 겉으로 드러내지 않고 참았지만 일 년 후 쯤 기자에게 사과를 요구하는 편지를 보냈다. 엘리자베스 버밀러는 기사 내용이나 편지에 대해 답변을 요하는 여러 통의 전언에도 아무 반응도 보이지 않았다.

같은 시기에 로버트슨의 신경을 자극한 언론 보도가 또 한 건 있었는데, 포트폴리오에 포함된 회사 가운데 하나와 관련된 기사였다. 타이거가 비중 있게 투자한 이 회사의 이사진이 알고 보니 **대단히 형편없는** 집단임이 밝혀졌던 것이다. 타이거는 사태를 바로 잡기 위해 직원 네 명을 이사회에 새로 투입시켰고 이후 회사 운영에 대해서도 더 많이 관여하기 시작했다.

로버트슨은 이러한 대응이 미국 전역에서 기업 지배구조의 좋은 선례가 되어줄 것이라고 믿었다. 하지만 결국 드러났듯이 이는 심각한 실수였다. 수많은 언론 매체들은 이 상황을 긍정적으로 보도하기는커녕 타이거가 파견한 풋내기들이 돈벌이를 위해 최고경영진과 그들의 충성스런 임원진을 어떻게 몰아내고 있는지를 조목조목 보도하고 나섰다. 「비즈니스위크」와 「뉴욕 타임스」 사건, 그리고 이 사건을 겪으면서 로버트슨은 미디어를 다룰 때에는 도움이 필요하다는 교훈을 절감할 수 있었다. 그에게는 언론을 다루는 능력이 없었다.

1990년대 초 타이거의 운용 자산은 10억 달러 규모였지만, 1998년 말과 1999년 초에는 거의 220억 달러에 달했다. 당시 타이거는 세계에서 가장 강력하고 거대한 헤지펀드 회사였다. 타이거는 그 이름에 걸맞은 위용을 발휘했으며, 로버트슨이 구축하고 운영하는 조직도 말 그대로 한

마리의 호랑이였다. 그의 맹수는 월스트리트라는 정글을 활보하면서 모든 중요 지수를 연거푸 이기며 경쟁에서 앞서나갔다. 불행히도 이 모든 것에 변화가 다가오기 시작했다. 시장이 다시 한 번 어리석은 시기로 도입하고 있었고 이번에는 타이거도 정글을 자유롭게 어슬렁거리기가 힘들 터였다.

JULIAN ROBERTSON

9

정상과 추락

월스트리트의 투자 용어에서 글로벌 매크로 투자라는 말은 실제보다 훨씬 복잡하게 들리는 단어이다. 이 용어의 개념 자체는 별로 어렵지 않다. 다만 그 개념을 성공적으로 이행하기가 힘들 따름이다. 글로벌 매크로 투자는 주식, 채권, 통화, 선물시장 등 다양한 분야에서 롱 포지션과 쇼트 포지션을 두루 보유하는 헤지펀드 전략을 일컫는다. 포지션 보유는 여러 국가의 경제적, 정치적 전망을 종합적으로 분석해서(즉 거시경제학적 원칙에 따라) 이루어진다. 펀드매니저가 판단하기에 미국 경제가 침체기로 나아가고 있는 듯 보이면 주식에 대해서는 쇼트 포지션을 취하고 미국의 주요 지수 및 달러화에 대해서는 선물계약을 맺을 것이다. 반면 매니저가 일본에서 높은 성장 가능성을 발견한다면 일본의 주식, 채권을 비롯해 기타 여러 금융 수단에 대해 롱 포지션을 보유할 것이다.

글로벌 매크로 투자는 이익 잠재력이 높은데, 아주 적은 자본으로도 거대한 포지션을 통제해서 큰 거래를 행할 수가 있기 때문이다. 적절한 포지션을 취한다면 상당히 높은 차익을 거둘 수 있다. 하지만 손실의 위험도 그만큼 높다. 그만큼 높은 리스크를 감수하는 사람이 있다는 생각은 개인 투자자는 물론이고 대다수 기관 투자자들로서도 상당히 이해하기 힘든 일이다. 헤지펀드 세계가 롱쇼트 전략을 그토록 매력적으로 보는 이유는 이해하기가 비교적 쉽고, 시장에 개입하고 전략을 수행하기가 용이하며, 실적 기록도 뚜렷이 남기 때문이다. 앨프리드 존스가 헤지펀드를 위한 투자 아이디어를 생각해낼 때 이용한 것도 롱쇼트 모델이었으며 오늘날 헤지펀드 산업에 종사하는 대다수 **구세대 매니저들** 역시도 롱쇼트가 가장 확실하고 단순한 자산 운용 방법이라고 믿는다. 현재 새로 출시되는 헤지펀드들 역시 다른 전략보다는 롱쇼트를 훨씬 많이 이용한다. 롱쇼트를 통한 헤지펀드 전략을 일례로 들면 200개의 종목을 발굴하고 그중 절반에 대해 쇼트 포지션을 취하는 것이다. 매니저는 롱 포지션 종목의 가격은 오르고 쇼트 포지션 종목의 가격을 내릴 것이라고 믿는다. 어느 쪽이든 리스크에 대해 보호를 받게 되는 것이다.

1990년대에는 타이거 매니지먼트에 운용 자산이 쏟아져 들어왔다. 이 많은 돈을 투자할 적절한 장소를 찾아다니면서 로버트슨의 투자 스타일은 가치 중심에서 옮겨가 여러 다양한 전략을 혼합하는 글로벌 매크로 스타일 위주로 점차 바뀌기 시작했다. 로버트슨은 앞으로 나아가려면 변해야 한다고 판단했다. 애널리스트의 수가 늘어나면서 분석의 초점은 가치주에서 성장주로 바뀌었다. 로버트슨에게는 어디의 거래나 투자가 전체 전략에 들어맞는지는 별로 큰 문제가 아니었다. 중요한 것은 투자가 합당한지 그리고 포트폴리오의 이익을 크게 불려줄 수 있는지의 여부였다.

회사의 운용 자산이 수십억 달러 규모로 늘어나면서 로버트슨은 포지션의 유동성이 중요한 문제가 될 것임을 깨달았다. 자산이 계속해서 불어나고 있기 때문에 자본 운용에 맞는 아이디어가 더 많이 필요했다. 로버트슨과 애널리스트 팀은 저평가된 주식과 채권, 통화, 원자재를 찾아서 전 세계를 뒤지기 시작했다. 대규모 투자 회사들이 으레 그러하듯 타이거 역시 유동성이 높은 포지션을 건지기 위해서는 더 넓은 그물을 던질 필요가 있었다. 돈을 투자할 적절한 장소를 물색하기는 힘들었다. 가령 아시아를 예로 들면 일본 기업들 중에서 타이거의 투자 요건에 들어맞는 회사는 단 10곳 뿐이었다.

가장 훌륭하고 참신한 투자를 물색하기 위해 타이거가 보유한 포트폴리오에 대해서는 처음 구성할 때부터 계속 재평가를 행했다. 타이거의 마지막 날까지 투자 팀은 이 방식을 고수했다. 타이거의 장기근속 직원 한 명은 이렇게 말했다. "매일 사무실에 출근할 때마다 항상 새로운 포트폴리오가 기다리고 있었다. 로버트슨은 무언가에 대한 확신이 들면 그것을 밀어붙여야 한다고 가르쳤다. 한 번 믿음이 생기면 무슨 일이 있든 그것을 추진해야 한다는 것이었다."

매일 매일이 새롭게 시작하는 날이었고 로버트슨은 대단히 공격적인 투자자였다. 어떤 포지션에 대해 마음을 굳히면 로버트슨은 **마치 커다란 입을 가진 농어가 미끼를 박살내듯이 그 포지션을 물고 늘어졌다.**[1] 「포브스」에 따르면 로버트슨은 "잘못 이해하지도 않았으며 어떤 식으로든 포지션을 (억지로) 합리화하려 하지도 않았다." 그는 자신이 한 종목을 보유해야 하는 이유가 무엇인지를 이해했으며, 포지션과 관련한 스토리가 변할 경우 빠져나갈 타이밍이라는 것도 이해하고 있었다. 같은 「포브스」 기사는 저명한 경제학자에서 헤지펀드 매니저로 변신한 바튼 빅스Barton Biggs의 말을 인용해서 로버트슨은 대량의 정보를 걸러내서 투자 결정을 내려야 할 때면 **탁월한 감각**을 발휘한다고 표현했다.

포트폴리오와 세계 전역에 퍼진 포지션을 제대로 관리하기 위해 로버트슨은 24시간 내내 돌아가는 회사를 구축했다. 그는 월스트리트에서는 비밀을 유지하기가 대단히 힘들다는 것을 잘 알았기 때문에 하나의 투자 아이디어를 발굴하면 이를 확실한 성공으로 이끌 수 있을 만한 능력을 기를 필요가 있었다. 팀 헤니와 데이비드 선더스David Saunders와 같은 훌륭한 트레이더들이 최선의 노력을 다하고 있었기 때문에 타이거의 트레이딩 팀은 전 세계 모든 주요 시장에서 효율적이면서도 신중하게 투자 결정을 실행에 옮길 수 있었다. 이들 트레이더들은 브로커들을 입단속시키는 방법이나 시장 여건에 상관없이 주문을 실행하는 방법을 잘 알고 있는 사람들이기 때문이었다.

리스크 관리 역시 타이거의 성공에서 중요한 역할을 했다. 리스크 관리는 투자 선택을 하는 과정에서 빼놓을 수 없는 중요한 일부분이었다. 로버트슨은 포지션을 타이거의 펀드에 편입시키기 전에 그 포지션이 포트폴리오에 미칠 리스크는 물론이고 거래 자체가 가진 리스크를 이해하는 데에도 많은 시간을 보냈다.

타이거 애널리스트들이 리스크를 철저히 검토하고 이를 감수할 만한 가치가 있다고 완전히 결론내린 뒤에야 포지션이 타이거 포트폴리오에 편입되었다. 인터뷰에서 로버트슨은 내게 그렇게 말했다. 그가 생각할 때, 잘못될 확률 및 비용(즉, 리스크)이 이득에 비해 적다고 여겨지는 개개의 투자 상황을 식별하는 것이야말로 과거에나 지금이나 투자 선별 과정의 목표였다.

로버트슨은 펀드가 한 번에 하나씩 포지션을 추가하며 포트폴리오를 구축할지라도 보유 종목 각각이 투자 전체에 영향을 미칠 수 있다고 믿었다. 리스크를 더 잘 이해하기 위해 타이거는 실시간 손익 보고서, 유동성 스트레스 테스트, 일별 익스포저 및 성과보고 시스템 등 여러 수단을 동원했다. 이러한 분석의 목표는 로버트슨과 상위 운용팀이 포트폴리오의 행태 및 리스크와 관련한 모든 중요한 측면을 이해하고 논할 수 있게 해주는 것이었다.

위와 같은 분석 도구 외에도 타이거는 손실을 최소화하기 위해 보다 전통적인 안전장치도 이용했다. 회사의 모든 업무 분야를 엄격히 통제했는데, 프론트오피스와 백오피스를 보다 명확히 정의하고 구분했으며 **운영상의 위험**을 막기 위해 사내감사와 사외감사 모두를 실시했다.

투자자들에게 투자수익을 내주는 것이야말로 타이거의 문화를 이끄는 추진력이라고 로버트슨은 말했다. 로버트슨 본인과 동료와 가족들이 타이거펀드에 투자한 자본의 성장, 그들이 받게 되는 보상, 직업적 자부심, 평판, 이 모든 것이 투자자들에게 얼마나 훌륭한 수익을 내주느냐에 따라 달라졌다. 그렇기에 리스크 감시 및 통제는 타이거 전체에서 최우선시 되는 사항이었다. 한 번의 거래 실패로 타이거가 추락하지는 않을 것이다. 하지만 이는 역으로 말해 한 번의 거래로 타이거를 **만들지** 못한다는 의미이기도 했다.

많은 사람들은 조지 소로스가 어떤 방식으로 최고의 투자자로 우뚝 서게 되었는지를 잘 알고 있다. 그것은 영란은행을 파산으로 몰고 갔던 거래였다. 소로스의 거래는 세계를 충격에 빠뜨렸으며 그 이후 헤지펀드는 어떤 식으로든 금융시장을 병들게 하는 주범이라는 오명을 영원히 달고 살게 되었다.

그 거래가 시작된 것은 1990년 영국이 새로운 서유럽 통화제도에 동참하기로 결정을 내리면서였다. 로버트 슬레이터 Robert Slater의 책 『소로스: 세계 최대 투자자의 인생, 시간, 투자의 비밀 Soros: the Life, Times and Trading Secrets of the World's Greatest Investor』의 내용에 의하면 소로스는 영국의 결정이 합리적이지 않다고 생각했다. 소로스가 보기에 경제적 상황이 나아지고 있는 새로운 통일 독일에 비해 영국의 경제는 별로 튼튼하지 못한 편이었다.

유럽통화협정에 따라 영국은 독일 1마르크당 2.95파운드의 환율을 유지해야 했다. 영국의 경제가 악화되면서 파운드화가 받는 압력이 계속 늘어났지만 통화협정으로 인해 영국이 취할 수 있는 수단은 별로 없었다. 1992년 여름 내내 존 메이저 John Major 총리가 이끄는 보수당 정부는 파운드화 가치가 회복될 것이며 평가절하는 협정 위반이므로 대안이 되지 못한다고 공언했다.

슬레이터의 책에 따르면, 소로스는 영국의 경제 상황이 정부가 감당할 수 있는 수준보다 훨씬 악화되었다고 판단했다. 9월 중순에 이르자 심각한 경제적 압박에 직면한 이탈리아가 리라화의 가치를 절하했다. 통화협정이 정한 제한선 내에서 이뤄진 절하였지만 이는 시스템의 골격을 무너뜨리는 행동이었고, 결국 조지 소로스가 자신을 역사상 가장 유명한 헤지펀드 매니저로 올리는 거래를 행하게 만드는 계기가 되었다.[2]

1992년 9월 15일에 메이저 내각은 영국이 유럽통화협정이 정한 환율에서 빠져나와 파운드화의 평가절하를 단행할 것이라고 발표했다. 이 소식에 전 세계 통화시장이 들끓었다. 대다수 트레이더들이 손실을 조금이라도 막기 위해 고군분투했지만 한 명의 헤지펀드 매니저만은 은행으로 가는 내내 웃고 있었다. 소로스와 그의 팀은 100억 달러어치의 파운드화를 매도했고, 이 소식이 퍼져나가면서 그의 헤지펀드는 거의 10억 달러에 육박하는 차익을 보았다. 이번 거래는 막대한 규모와 차익만이 아니라 한 명의 매니저가 그토록 엄청난 거래를 실행했다는 점에서도 온통 세상의 이목을 끌었다.

거래에 대한 보도가 발표된 이후, 금융계는 물론이고 정치권에서도 소로스와 그의 펀드(그리고 헤지펀드)를 바라보는 시각이 전과는 완전히 달라졌다. 헤지펀드는 돈을 맡기기 가장 좋은 곳이 되었으며, 모든 사람이 마이더스의 손을 가진 매니저들을 확보하기 위해 혈안이 되었다.[3]

많은 사람이 헤지펀드에 대해 들어봤고 헤지펀드가 무슨 일을 하는지 잘 알고 있는 사람도 있지만, 한 명의 매니저가 단 한 차례의 거래로 천문학적인 돈을 벌 것이라고는 아무도 짐작하지 못했다. 누군가 위험을 감수하면서 그토록 높은 돈을 걸고 그러면서도 결과를 자신할 수 있다는 생각 자체가 낯선 일이었다. 이는 일반적인 사람들이 이해하기 힘든 것이었다.

레버리지와 포지션 규모가 타이거의 일일 투자 전략에서 중요한 역할을 하기는 했지만 분산투자 역시 전체 투자 방식에서 **빠져서는 안 될 요소**였다. 회사가 글로벌 매크로 전략 이행을 더욱 강화해 나가면서 분산투자는 상당한 인사 문제를 유발시켰다.

타이거의 펀드들은 영업을 종료할 때까지 대략 25개국 시장 및 같은 수의 산업에 투자했으며, 대부분에 대해 롱 포지션과 쇼트 포지션을 동시에 취했다. 이익을 볼 가능성이 있다고 판단되기만 한다면, 아무리 먼 거리라도 자산을 투자하는 데에는 문제가 되지 않는 듯 보였다. 오랜 기간 동안 타이거의 주식 투자 중 절반 정도는 미국 밖의 시장에서 행해지고 있었다. 월스트리트의 말을 빌면 투자자들은 절호의 기회가 눈앞에 다가와도 이를 알아채지 못하지만, 타이거의 팀은 주가의 비효율성을 유리하게 이용할 능력이 있었다.

통화 및 채권시장을 판단할 때에도 타이거는 주식시장에서와 똑같은 펀더멘털 접근법을 이용했다. 다만 통화에 투자할 때에는 개별 기업을 조사하는 것이 아니라 국가 전체의 경제 상황에 초점을 맞추었다.

타이거의 매크로 담당 애널리스트와 주식 담당 애널리스트 사이에는 상호 긴밀한 협력관계가 존재했다. 매크로 팀의 분석은 주식 담당 부서가 특정 기업을 조사하는 데 많은 도움이 되어주곤 했다. 또한 주식 애널리스트가 알아낸 정보가 매크로 투자 결정시 도움이 되는 경우도 많았다. 하지만 이런 상황은 심각한 문제를 이끌었는데, 매크로 거래는 회사 자본에서 차지하는 비중이 훨씬 적음에도 불구하고 대부분은 주식에 대한 롱쇼트 포지션보다 훨씬 높은 수익을 내고 있기 때문이었다.

타이거에서 일했던 애널리스트의 말을 빌면 가장 훌륭하고 현명한 투자 아이디어를 발굴하기 위한 노력이 도를 넘으면서 문제가 불거졌다. 주식이 벌어들일 수 있는 수익률은 연간 20~30%, 최대한 많아봤자 50~100% 사이이다. 그런데 옆 자리의 동료가 통화 및 채권에서는 훨씬 적은 자본으로 하루 혹은 1주일에 20~30%의 수익률을 거둘 수 있다는 말을 꺼낸다. 이와 같은 거래와 차익은 불행한 사람들을 많이 만들어냈다. 특히 성과급을 지불해야 할 시기에는 그 수가 더욱 늘어났는데, 로버트슨은 애널리스트가 전체 포트폴리오 수익에 공헌한 정도에 따라 성과급을 배분해야 한다고 믿으면서 이에 따라 이익을 배분했기 때문이었다.

로버트슨은 자신이 글로벌 매크로 트레이더 겸 매니저로 여겨지는 것을 반겼다. 그 이유는 두 가지로, 첫째는 더 적은 자본으로 높은 수익률을 거둘 수 있기 때문이고, 둘째는 소로스와 같은 시장에서 거래를 행함으로써 동종업계 종사자들로부터 더 많은 존경을 받을 수 있기 때문이었다. 전직 동료 한 명은 이렇게 말했다. "사람들은 글로벌 매크로 트레이더를 경외하며, 1980년대와 1990년대에 사람들은 소로스를 경외했다. 로버트슨도 그들과 같았고, 또한 자신 역시 경외의 대상이 되기를 원했다. 글로벌 매크로는 로버트슨이 건설하고 있는 제국의 자연스런 연장선이었다. 그것은 성과를 높인다는 실질적 측면에서 그리고 월스트리트를 눈여겨보는 사람들의 뇌리에 깊은 인상을 새긴다는 측면 모두에 도움이 될 수 있는 당연한 수순이었다."

1990년부터 1998년까지 매크로 투자는 타이거의 평균 수익에서 거의 4분의 1을 차지했다. 로버트슨은 글로벌 매크로 전략이 주식 위주의 포트폴리오를 행할 때보다 유의미한 차원으로 분산투자를 행하게 해주었고, 더 나아가 별다른 트레이딩 없이도 거대한 자본을 배치하게 해줬다고 믿었다.[4]

하지만 로버트슨은 쉽게 버는 돈이나 눈앞의 이익에 연연하기보다는 미래의 수익을 위해 기꺼이 참고 기다릴 줄 아는 사람이었다. 그는 주식에 투자하든 매크로 거래에 투자하든, 최고의 투자가 합리적인 가치 평가를 받기까지는 당연히 상당한 시간이 걸리는 법이라고 생각했다. 그는 자신은 물론 타이거의 직원 그 누구도 시장 및 가격 변동의 타이밍이나 패턴을 예측할 능력이 없음을 언제나 잊지 않았다. 그렇기에 타이거의 직원들은 대개 몇 년 이상의 장기적 전망에서 거래 및 투자 결정을 내렸고, 로버트슨은 투자의 잠재 가치가 완전히 충족될 때까지 기다렸다.

조직이 성장하고 포트폴리오 자산 규모가 수십억 달러로 늘어나면서, 타이거가 지금까지의 성과를 유지하고 유동성을 갖춘 포지션을 계속 찾는 데에 글로벌 매크로 투자의 역할이 커질 것이라는 사실이 더욱 눈에 띄게 드러났다.

헤지펀드 업계의 전문가인 헌트 테일러 Hunt Taylor는 다음과 같이 말했다. "주식 투자에서는 규모가 중요한 순간이 분명 존재하며, 어느 시점에서는 악재가 크게 작용하기도 한다. 하지만 통화나 채권, 심지어 원자재 거래에서는 나름의 규모와 유동성 시장이 존재하기에 규모가 큰 문제가 되는 일이 별로 없다. 이러한 분야의 투자에서는 유동성이 항상 풍부하게 존재한다."[5]

글로벌 매크로 전략을 성공시키기 위해 로버트슨은 조직의 인재를 계속 늘려나갔는데, 그가 영입한 사람들 대부분이 월스트리트에서 **가장 똑똑하다고** 평가받는 사람들이었다. 그들은 로버트슨의 승부근성을 나눠가졌으며, 타이거의 혹독한 업무 방식 및 투자 결정을 내리고 자본을 배치할 때 에너지를 쏟아 붓는 것을 즐겼다. 타이거의 업무 방식은 결코 수월하게 진행되지 않았다. 일단 애널리스트가 투자 하나를 추천하면 로버트슨과 투자 팀의 나머지 일원은 말 그대로 수익 전망이 제로로 보일 정도까지 그 투자 대상을 면밀히 검토했다.

로버트슨은 더 이상 맹렬할 수 없을 정도의 분위기를 풍기면서 투자 아이디어에 대해 엄격하고 체계적인 질문을 던졌다. 타이거의 투자 선별 과정은 엄청난 리서치와 확신을 필요로 하는 잔인한 과정이었는데, 솔직히 말해 로버트슨을 비롯한 타이거의 전 직원은 아이디어 창출이야말로 회사의 진정한 역량임을 잘 알고 있기 때문이었다. 그렇기에 타이거의 포트폴리오에 편입될 최상의 투자 아이디어를 선택하는 데 있어서 경쟁의 부담감은 하나의 중요한 요소였다.

로버트슨의 성격에 대해서는 수년 동안 많은 소문이 돌았지만 부하직원의 공로를 치하한 것에 대해서는 들리는 말이 거의 없는 듯 보인다. 하지만 최종 결정은 항상 자신이 내렸을 지라도 그는 펀드의 실적 향상에 기여했다고 보이는 직원에게는 언제든 칭찬을 아끼지 않았다. 금요일 오찬 모임에서(또는 2주에 한 번 정도는 하루 온종일) 그가 크게 화를 냈다는 소식이 언론과 대중에 퍼져나가는 일도 있기는 했지만, 그는 타이거의 성공을 달성하고 유지하는 데 도움을 준 사람들에게는 언제나 곧바로 그 노고를 치하했다.

간단히 말해서 로버트슨은 배의 키를 잡은 사람이 그 자신임을 직원들이 항상 유념하기를 원했고, 또한 승무원이 적재적소로 기관실과 갑판에 배치돼 있어야 배가 앞으로 나아가고 어떤 폭풍우도 이겨낼 수 있다는 것도 분명히 밝혔다. 1990년대 후반에는 이 메시지를 분명하고 확실하게 회사 곳곳에 울려퍼지게 하는 것이 그 무엇보다도 중요한 일이었다.

1997년 6월 태국 정부가 통화 가치를 더 이상 지탱할 수 없으며 시장의 움직임에 완전히 맡기기로 결정을 내리면서 타이거는 큰 이익을 벌었다. 거의 하룻밤 사이에 바트화의 가치가 18%나 하락했고 이 통화에 대해 쇼트 포지션을 취하고 있던 타이거는 막대한 차익을 남겼다. 여름이 끝날 때까지 바트화는 추락을 거듭했고 8월 초가 되면서는 하락이 시작된 시점보다 통화가치가 거의 30%나 떨어졌다. 로버트슨과 타이거의 투자자들은 큰돈을 벌었다. 이번 거래로 타이거는 절대실적 기준으로 회사 역사상 가장 높은 실적을 거두었다.

1997년 중반까지 타이거는 70%가 넘는 수익을 거두었는데, 벤치마크인 S&P 500과 MSCI의 수익률은 각기 33.4%와 15.8%였다. 1997년 마지막 분기 동안 모든 투자 분야가 우수한 실적을 거두면서 타이거는 30.2%의 수익률을 달성했다. 미국, 일본, 홍콩 소재의 기업들에 취했던 포지션이 전체 수익에서 가장 큰 부분을 차지했다. 통화 거래를 위주로 한 매크로 거래에서 벌어들인 수익은 1997년 4사분기 동안 전체 포트폴리오 수익에서 거의 3분의 1을 차지했다.[6]

로버트슨과 타이거는 1998년을 순조롭게 시작했다. 하지만 봄이 끝나고 초여름이 시작되면서 타이거는 커다란 충격을 받게 되었다. 과거에도 타이거는 부침을 겪었지만 이번에는 달랐다. 이번에 달러/엔 거래에서 입은 충격은 머리와 몸통 모두에 강편치를 맞은 것이나 다름없었다. 잘못 선택한 거래로 타이거가 큰 손해를 본 것도 맞지만, 로버트슨의 말을 빌면 타이거가 훨씬 강한 타격을 받은 것은 다른 헤지펀드와 기관 투자자들이 상황을 알아차리고 압박을 가하기 시작하면서였다. 타이거가 엔화 거래에 발목이 잡히고 어쩌면 구제금융 사태가 발생할지도 모른다는 사실을 외부 사람들이 알게 되면서 다른 펀드들이 타이거를 **저격**하기 시작했다고 로버트슨은 생각한다. 로버트슨의 말을 빌면 타이거는 스스로의 규모에 희생된 셈이었다. 회사가 엔화 거래에서 큰 실수를 하자 다른 헤지펀드매니저들이 피 냄새를 맡기 시작했다. 타이거의 포지션 및 거래 의도에 대한 내용이 밖으로 퍼져나가면서 회사의 트레이더와 애널리스트들은 마음이 편치 않았다. 다른 회사가 자신들보다 재빠르게 포지션에 진입하고 빠져나가고 있음이 분명한 상황을 속수무책으로 보고 있어야 했기에 괴로웠다. 어떤 경우에는 말 그대로 거래가 손가락 사이로 새나가는 것을 봐야 했는데, 타이거라는 기계의 덩치가 너무 커서 충분히 민첩히 움직일 수가 없기 때문이었다.

많은 사람들은 로버트슨이 성공을 거둔 이유가 정해진 틀을 벗어나 폭넓게 사고하고 보이는 대로만 받아들이지 않는 의지력을 갖추었기 때문이라고 말했다. 투자를 할 때 대부분의 사람들이 따르는 한 가지 계율은, 여기 검은 상자가 있고 그 상자가 만들어낸 결과가 이미 존재하면 그 이상의 결과를 기대하지 않는다는 것이다. 그렇기에 그들은 전적으로 그 검은 상자의 틀에서만 움직이려 하는 편이다. 로버트슨의 능력은 주식 시장이 어떻게 움직이는지를 이해했다기보다는 다른 사람들의 착각을 자신에게 유리하게 사용할 줄 아는 것이었다.

1998년이 되었을 때 타이거의 직원 수는 뉴욕과 런던, 도쿄를 합쳐 210명이 넘었고 그 중 투자 전문가의 수는 50명이나 되었다. 뉴욕의 파크애비뉴 101번지의 사무실에 근무하는 트레이딩 스태프의 수는 15명이었다. 창사 18년이 지난 1998년 시점에서 회사 최초의 펀드인 타이거 펀드가 거둔 연평균 복합수익률은 모든 수수료와 보수를 제외하고 29%가 넘었다. 이와 비교해서 S&P 500 주가지수의 수익률은 17.9%, MSCI의 수익률은 14.7%였다. 기록에 따르면 타이거의 초창기에 투자된 1달러는 1998년 12월 31일 기준으로 117달러로 불어났으며, S&P 500과 MSCI에 투자된 1달러는 같은 기간 동안 각기 22달러와 13달러로 늘어났다.[7]

타이거를 운영하는 내내 로버트슨은 평범한 사람의 머리로는 따라잡을 수 없을 만큼 여러 회사에 대해 많은 정보를 알고 있었다. 그가 미국과 유럽, 아시아 등지의 회사들에 관한 정보를 확보하는 능력은 도저히 믿을 수 없을 정도이다. 그와 함께 일했던 동료들 대다수는 그러한 정보 수집 능력을 발전시키고자 많은 노력을 기울였지만 어설프게 흉내 내는 수준에서 그쳤을 뿐이었다.

시장에 대해 많은 것을 알고 있었기에 로버트슨은 다른 사람들이 바라보지 않는 색다른 장소에서 가치를 찾기를 원했다. 보통 사람이라면 「비즈니스위크」를 보고 월마트에 대해 롱 포지션을 취하고 경쟁사에 대해 쇼트 포지션을 취할 것이다. 이런 식의 투자는 타이거에게는 상당히 따분한 게임이었을 것이다. 로버트슨은 누구도 예상 못할 게임을, 다시 말해 가공되지 않은 다이아몬드를 찾고 있었다.

그러한 이유로 로버트슨은 정보를 발견할 수 있는 곳이라면 어디든 찾아 나섰다. 한 번은 투자자들에게 보내는 편지에서 "최근에 똑똑한 사람을 만나는 것이 유익한 일임을 새삼 상기하게 되었습니다"고 적었다. 당시 그의 브로커 하나가 한 대규모 금융기관의 최고경영자와 재무담당자를 만나보라고 권한 적이 있었다. 처음에 로버트슨은 그들을 만나는 것에 별로 흥미가 동하지 않았지만 결국 이는 대단히 유익하고 가치 있는 일이 되었다. 1989년 5월에 투자자들에게 보내는 편지는 그때의 상황을 이렇게 설명하고 있다.

여러 가지 선입견 때문에 우리는 그들을 만나는 것이 별로 내키지 않았지만, 그들이 해볼 만한 인수가 우리에게도 도움이 될 것 같다는 생각이 들었기에 어쨌든 그들을 만났습니다. 결국 우리는 그들에게 무언가를 팔기를 원하고 있었습니다.

방문객들은 우리의 매도 제안을 잠자코 들은 다음에 자신들의 생각을 말했습니다. 대단히 훌륭한 제안이었습니다! 우리는 즉시 그 회사에 대해 대량의 포지션을 취하고자 노력했고, 비록 포지션을 성공적으로 다 취하기도 전에 가격이 멀리 달아나버리고 말았지만 그래도 그것은 지금까지도 대단히 훌륭한 투자로 남아 있습니다. 여기서 우리는 귀중한 교훈을 배웠습니다. 똑똑한 사람을 만나면 결코 실수를 저지르지 않는다는 것입니다.[8]

존 그리핀은 로버트슨이 주주들에게 보내는 편지에 유익한 내용이 상당히 많으므로 투자자들이 통찰력과 조언을 얻기 위해 이를 틈틈이 읽어보아야 한다고 말한다. 로버트슨은 편지에 타이거 펀드들의 현재 실적에 대한 내용만이 아니라 정치적 견해도 적었다. 또한 그는 아이다호 주의 선밸리와 콜로라도 주의 애스펀과 같은 지역, 미국 주식을 사는 것의 중요성, 그리고 글로벌 경제에서 일본의 역할에 대한 자신의 생각을 설명할 때에도 나름의 통찰력을 제공해주었다. 그는 투자자들에게 보내는 편지에 남부의 매력과 월스트리트의 재치를 혼합해서 집어넣었다.

로버트슨이 타이거의 애널리스트 부서를 발전시키는 과정에서 성장주가 대단히 훌륭한 투자 대상으로 부상하게 되었다. 애널리스트가 성장주를 제대로 찾아내기만 한다면 그 성장주들은 막대한 실적을 내줄 것이 분명했다. 어쩌면 한두 해 정도는 어려움을 겪을 수도 있지만, 그 주식들이 정말로 성장주가 맞는다면 오랫동안 성장을 거듭할 것이다. 이러한 전략은 1990년대 후반까지 제법 잘 들어맞았지만 1998년과 1999년의 상황은 타이거에 별로 유리하게 돌아가지 않았다.

강세장이 맹위를 떨치고 기술주 거품이 계속 커지기만 할수록 훌륭한 가치를 지닌 **구경제** 종목들은 인기 기술주들만큼 좋은 성과를 내지 못한다는 것이 점점 더 분명해졌다. 실제로 핫머니는 질레트나 코카콜라, 제너럴모터스와 같은 전통적인 종목들을 내던지고 넷스케이프Netscape, 아메리카 온라인America Online, 시스코 시스템스Cisco Systems와 같은 종목들로 갈아탔다. 이 새로운 인기 종목들은 이익을 전혀 내지 못하고 있음에도 하룻밤 사이에 주가가 서너 배로 뛰어오른 반면에, 높고 지속적인 이익을 유지하는 탄탄한 우량 기업들의 주가는 심각할 정도로 하락하고 있었다.

1990년대 말에 투자자들은 회사가 무엇을 하는지, 앞으로의 전망이 어떤지, 혹은 누가 그 회사를 경영하는 지에는 거의 혹은 아무 관심도 없었다. 인터넷이라는 말만 언급되면 무조건 성공하는 주식이었다. 한 유명 경제 전문지는 성장주와 가치주 매니저들의 몰락을 설명하면서 이렇게 적었다. "그들은 인터넷이 주체할 수 없을 정도의 부를 벌어주지는 못할 것이라고 보았지만, 그들의 자존심이 무참히 깨지고 있다." 타이거 매니저들의 심리를 이보다 더 적절히 설명한 말은 없을 것이다.

1999년에 로버트슨의 자존심이 무참히 깨졌음은 의심의 여지가 없었다. 과거에 들어맞았던 모든 전략은 기술주가 주도하는 강세장에서는 더 이상 소용이 없는 듯 보였다. 타이거도 인텔, 루슨트, 모토롤라, 마이크로소프트 같은 기술주 몇 종목을 보유하고는 있었지만 투자자들에게 하늘 높은 줄 모르고 치솟는 수익률을 거둬주는 종목들은 거의 보유하지 못한 상태였다. 타이거의 끝이 다가오고 있었다. 하지만 1999년 연말에 그 끝이 얼마나 가까이 있는지를 짐작하는 사람은 로버트슨을 빼면 아무도 없는 것 같았다.

타이거와 애널리스트들은 수많은 안 좋은 투자에 꼼짝없이 빠져 허우적대고 있었다. 올라갈 줄 알았던 투자는 내려가기만 했고, 내려갈 줄 알았던 투자는 올라가기만 했다. 이 헤지펀드는 시장에서 아무런 성공을 거두지 못하고 있었다. 타이거를 믿고 있던 가장 충성스러운 투자자들의 인내심도 바닥을 보이고 있었다. 원숭이가 주식 목록에 다트를 던져 아무 종목을 골라 투자해도 올라갈 것 같은 상황인데도 타이거는 손해만 보고 있을 뿐이었다. 느리지만 꾸준한 수익을 기다려 달라는 말은 다른 곳에서 짧은 시간에 막대한 수익을 벌어들일 투자 대상을 발견할 수 있는 투자자들에게는 아무 호소력도 갖지 못했다.

1990년대 후반에는 전 세계의 주식시장이 미쳐 날뛰고 있었다. 사람들은 이토이스eToys Inc.나 프리마켓츠FreeMarkets Inc.와 같은 기업들의 주식을 샀다. 20달러로 공모를 행한 이토이스는 거래 첫날 76.56달러로 마감했고, 48달러에 공모를 행한 프리마켓츠 역시 첫 거래일의 종가가 280달러였다. 투자의 의미가 완전히 달라져버렸다. 사람들은 직장을 그만두고 데이트레이더가 되었다. 인터넷 기업이기만 하면 자산 한 푼 없고 고객이나 이익이 거의 없어도 공모가가 천장을 뚫었다. 닐 카부토Neil Cavuto와 짐 크레이머Jim Cramer 같은 사람들이 CNBC의 아침 프로그램 〈스쿼크 박스Squawk Box〉에 나와 자신들의 성공적인 종목 발굴에 대해 말하는 것을 듣기 위해 각계각층의 사람들이 아침 일찍부터 TV를 켜면서 이 프로그램의 초청자들은 나름 유명인사가 되었다. 인터넷 거품이 터질 일은 없어 보였고, 회사가 무슨 일을 하든 경영진이 누구든 그리고 수익 창출

능력이 있든 없든 모든 게 다 잘될 것이라고 여겨졌다. 주식 투자로 하룻밤 사이에 떼돈을 벌지 못하는 인간은 바보나 다름없었다! 택시 운전사도 핫도그 노점상도 주식 투자로 큰돈을 벌 수 있는 마당에 당대 최고의 투자자로 칭송받는 사람이라면 무슨 말이 필요하겠는가?

타이거 오셀로펀드의 투자자인 래미 트릿 박사Dr. Ramie Tritt는 이렇게 말했다. "여기 당대 최고의 투자자 중 하나로 칭송받는 사람이 있다. 그는 웬만한 투자자들보다 더 많은 투자 경험과 노하우를 갖추고 있다. 그런데도 그가 하는 투자 모두가 다 어그러지는 것만 같았다. 자산가치가 하나도 늘어나지를 않았다. 그가 어떤 노력을 기울이든 제대로 하는 것이 하나도 없는 듯 보였다."

모두가 기술주에 열광해 행복감에 취해 있었지만 타이거의 자산은 하나도 늘어나지 않았다. 그것은 로버트슨이 훌륭한 거래를 행하지 못했다거나 애널리스트들이 좋은 투자 기회를 발굴하지 못했다는 의미만이 아니었다. 올라갈 것이라고 예상했던 종목들은 내려갔고, 시장에서 퇴출되거나 심지어는 상장조차 하지 못하는 게 당연한 종목들은 올라갔다. 시장은 서부영화처럼 무법지대나 마찬가지였다. 좋은 사람이 있으면 나쁜 사람도 있기 마련이며 짜릿한 흥분도 얻을 수 있을 것이라는 사실은 모두가 알고 있었다. 다만 이 경우에는 누가 악당이 될 것이고 누가 정의의 편이 될 것인지 분명하지가 않았다.

재앙과도 같은 1999년이 지난 후 타이거펀드의 가치는 19% 이상 하락했다. 2000년 봄, 타이거의 종말이 임박했다는 소식에도 월스트리트에서 놀라는 사람은 아무도 없었다. 공식 발표가 나기 몇 주 전부터 많은 사람들은 타이거와 로버트슨의 시대가 끝났으며 이 병든 야수가 조만간 권좌에서 쫓겨날 것임을 예측하고 있었다. 기술주 시장에 도는 행복감은 가치투자 전략 위주의 투자자들에게 큰 타격을 입혔고, 형태와 규모를 불문하고 모든 가치투자자들의 피해가 눈덩이처럼 불어났다. 헤지펀드에 투자하는 이유는 호경기든 불경기든 이익을 낼 수 있다는 것이었다. 하지만 타이거는 이러한 능력을 입증하지 못하고 있었다.

1990년대가 막바지로 접어들기 전의 몇 개월 동안 로버트슨과 그가 가장 신뢰하는 투자 자문가들은 회사를 회생시키는 데 도움을 줄 전략적 파트너를 찾기 위해 많은 시간을 쏟았다. 그 회생 방안은 규모가 더 크고 오랜 전통을 가진 투자 회사에 경영권을 넘기는 것일 수도 있고, 아니면 다른 헤지펀드 회사와 합병을 하는 것일 수도 있었다. 로버트슨과 그의 팀은 회사가 문을 닫고 자신들의 야수가 잠에 빠지는 것을 막기 위해 할 수 있는 모든 노력을 다 기울였다. 그는 몇몇 전통적인 투자 회사 및 헤지펀드 회사들과 여러 차례 대화를 가졌지만 결국 최후의 날까지 어떤 인수 거래도 성사시키지 못했다. 과거 몇 년 동안 로버트슨은 타이거를 팔 생각을 하기는 했었지만 가격이 맞지 않은 탓에 대규모 투자운용사들의 제안을 여러 차례 거절한 바 있었다. 이제 인수 가격은 문제가 되지 않았다. 로버트슨은 투자자들의 권익을 챙겨주고 싶었다. 전통적인 자산운용사와 기타 자산운용 분야에서 가장 명망 높은 기업들 몇몇에서 인수 교섭이 많이 들어오기는 했지만, 그가 볼 때 이 회사들의 관심사는 오직

* 충성 고객층이 많고 시장 지배력이 높으며 기술력이 뛰어난 기업이 지니는 가치

타이거의 이름값이나 프랜차이즈 밸류franchise value* 밖에 없었다. 그들은 타이거 투자자들 입장에서 생각하는 것에는 아무 관심도 없었다.

여러 소식통에 따르면 1999년 여름과 가을, 그리고 2000년 초에 로버트슨은 인수 거래를 성사시키기 직전까지 갔었다. 문제는 로버트슨은 거래를 체결할 때 투자자들의 권익 보호에 대한 확약을 받기를 원했지만 상대방은 그런 약속을 할 의사가 전혀 없는 듯 보였다는 점이었다. 로버트슨에게 있어서 그런 모습은 협상 결렬을 의미했다. 어쨌든 수많은 투자자들은 타이거 초창기부터 자신과 함께 해온 사람들이었기에 로버트슨은 좋을 때나 나쁠 때나 자신의 곁에 있어준 그들에게 일종의 충성심을 느끼고 있었다. 그는 자신이 꿈꾸었던 것보다 투자 사업에서 훨씬 높은 수준의 성공을 이루었다. 그는 자신 있게 이렇게 말할 수 있었다. "내 나이도 이만큼이나 되었고 아이들도 이만큼이나 컸고 아내도 이만큼 나이를 먹었고 상상했던 것보다 돈도 많이 벌었으니 언제든 떠날 준비가 되어 있다. 하지만 투자자들이 없었다면 우리는 아무것도 얻지 못했을 것이다. 그들의 권익을 돌보는 것이 내 책임이다"라고 말이다.

2000년 3월에 나스닥지수가 5000에 이르렀을 때 로버트슨은 타이거를 팔기보다는 청산하는 편이 더 낫겠다는 결론을 내렸다. 타이거는 현재의 지수 상승을 더 이상 버틸 여력이 없었다. 헤지펀드 회사로서의 타이거는 끝났다. 고통이 감당할 수 없을 정도로 커졌고 로버트슨은 수익을 낼 방법을 찾지 못하는 시장에서는 더이상 항해하고픈 생각이 들지 않았다.

타이거의 트레이딩 부서에 근무하는 직원들 대다수에게는 제대로 되는 일이 하나도 없었다. 트레이딩 팀은 야근을 밥 먹듯 하면서 포트폴리오에 이익을 낼 방법을 찾고 손실을 만회할 방법을 찾기 위해 갖은 노력을 다했지만 어떤 이유에선지 아무런 결실도 볼 수가 없었다. 타이거의 이익 창출 기계는 가동을 멈추었다. 이제는 단념해야 할 시간이었다.

2000년 3월 30일 투자자들에게 보낸 편지에서 로버트슨은 1998년 8월 이후로 타이거의 펀드들이 **심하게 비틀거렸으며**, 투자자들이 **그들의 돈을 통해 부정적인 의견을 강력하게 보여준 것**이 본인으로 하여금 펀드를 청산할 결심을 하게 만들었다고 설명했다. 19개월이라는 기간 동안 투자자들이 타이거의 펀드에서 인출해 간 돈은 77억 달러가 넘었다. 이는 타이거의 운용 자산에서 3분의 1이 넘는 금액이었다. 그것은 투자자들이 로버트슨과 타이거에 대한 신뢰를 잃었다는 명백한 신호였다.[9]

주주들에게 보내는 편지에서 로버트슨은 타이거가 가치주 위주의 투자 전략을 이행할 적절한 장소를 찾지 못했다고 적었다. 그리고 여기에 투자자들이 상당액의 자본을 인출한 것까지 겹치면서 회사와 직원들이 큰 스트레스를 받게 되었다고 설명했다. 그 부담감이 너무나도 컸기에 그는 넌더리를 내며 두 손을 들고는 펀드를 청산하고 남은 자산을 투자자들에게 돌려주기로 결정했다.

과거에도 어려운 상황은 늘 있었고 회사는 폭풍우를 잘 견뎌왔지만 이번은 달랐다. 로버트슨은 시장을 지배하는 과열의 끝이 어디인지 짐작조차 할 수 없었다. 일찍이 앨런 그린스펀이 경고했던 **비이성적 과열** irrational exuberance이 시장을 너무 오랫동안 움켜쥐고 있었다. 로버트슨은 더이상 세계 시장을 항해하면서 이익을 낼 방법을 찾을 수 없었다. 그는 상황이 결국 변해 자신의 이익 추구 방법이 옳다는 결론이 날 것임은 알았지만 강세장이 언제쯤 끝날지는 알 수 없었다. 그는 자신이 주주들에게 더 이상은 어떤 종류의 가치도 제공할 수 없다고 판단했고, 이는 그가 게임에서 물러나야 한다는 것을 의미했다. 텐트를 접고 집으로 돌아가는 것 말고는 다른 방도가 전혀 없었다.

로버트슨은 편지에 이렇게 적었다. "단기적인 시장 성과에 상관없이 15~25%의 현금흐름투자수익률cash-on-cash returns*을 달성하는 주식이 위대한 투자라는 것은 인정합니다. '끝'이라는 것은 투자자 전체가 모멘텀에 휩쓸리지 않기 시작하는 것을 의미합니다. 그리고 대단히 투기적인 주식에서 이익을 더 많이 낼 수도 있겠지만, 그럼에도 여전히 역사적으로 볼 때는 높은 수익률은 유행을 타지 않는 주식에서 얻을 수 있습니다."

로버트슨이 투자 회사를 접기로 마음을 먹었을 무렵 타이거의 규모는 처음 시작했던 18년 전보다 2,500배 이상 늘어나 있었다. 자산은 880만 달러에서 250억 달러로 259,000% 증가했다. 타이거가 파트너들에게 거둬준 연간복합수익률은 수수료를 제외하고도 31.7%였다.[10]

로버트슨은 **최고의 주식을 매수하고 최악의 주식을 쇼팅하기 위해 꾸준히 노력한 것**이 타이거가 성공을 거둔 비결이었다고 여겼다. 하지만 시장이 **비이성적으로** 움직이는 지금의 상황에서 이러한 능력은 더는 소용이 없을 것만 같았다. 그는 "이성적인 환경에서라면 (우리의) 전략이 원활히 작용합니다. 하지만 기업의 순이익과 주가보다는 마우스 클릭과 모멘텀이 더

---

* 연간 세전 현금흐름 비율을 총 현금 투자액으로 나눈 비율

중요하게 여겨지는 비이성적인 시장에서는 우리가 익힌 논리는 별 가치를 지니지 못합니다."고 적었다.

로버트슨은 현재의 시장 상황이 파멸을 향해 나아가는 정교한 다단계 사기극과 비슷하다고 단정했다. 버핏과 마찬가지로 그 역시 기술주 투자자들이 얻는 행복감이야말로 모든 잘못된 투자의 근원이라고 판단했다. 그것은 튤립 투기 광풍의 복사판이었으며, 지금의 투기가 다른 점이 있다면 메가바이트와 마우스 클릭에 대한 광풍이라는 점이었다.

그는 편지에 이렇게도 적었다. "투자자들의 실적 욕구가 현재의 기술주, 인터넷주, 통신주 광풍에 기름을 부었으며, 머니매니저들과 심지어는 재무적 구매자들 financial buyers*마저도 자신도 모르는 사이 파멸을 향한 한 편의 폰지 사기극 Ponzi pyramid**을 만들고 있습니다. 그럼에도 지금의 상황에서 단기 성과를 낼 수 있는 유일한 투자 전략은 이러한 종목들을 사는 것밖에 없습니다. 그러한 과정이 계속 되풀이되다가 어느 순간 이 사기극은 스스로의 무게에 못 이겨 결국엔 완전히 무너지게 될 것입니다."

역사는 로버트슨의 편이었다. 얼마 안가 투자, 시장, 그리고 나스닥에 대한 그의 이론과 믿음이 옳은 것임이 입증되었다. 그가 펀드를 청산하기로 결심한 지 몇 주 혹은 몇 달 뒤부터 기술주들이 폭락을 거듭했고 투

---

* M&A를 통한 투자수익 창출을 목표로 하는 대규모 투자은행 및 투자 회사
** 신규 투자자의 돈으로 기존 투자자에게 이자나 배당금을 지급하는 방식의 다단계 금융사기를 일컫는 말로, 1920년대 미국에서 찰스 폰지(Charles Ponzi)가 벌인 사기 행각에서 유래된 말이다

자자들은 큰 손실을 입었다. 시장은 장기적인 침체장에 돌입했다. 기술주가 이끌었던 나스닥지수는 이후 몇 주, 몇 달, 심지어는 몇 년 동안 비참할 정도로 폭락했다. 기술주 대폭락은 결국 주식시장 모든 분야의 손실을 이끌었고 형태와 규모에 상관없이 모든 투자자가 비탄에 빠졌다. 혼란은 2000년 봄에 시작되었으며, 이라크전쟁 후의 낙관론이 시장을 지배하면서 2004년 2사분기에 상당한 반등을 보이기는 했지만 폭락이 완전히 끝난 것은 아니었다. 나스닥 시장은 3년도 안 되는 기간에 주가가 거의 80%나 하락했고, 2000년 1월에 11,722까지 오르며 사상 최고치를 기록했던 다우지수는 2003년 말 10,453포인트로 마감했고 2004년 6월 초에는 10,188포인트까지 떨어졌다.

로버트슨은 기술주 열풍이 끝날 것이라고 예견했다. 그는 가치투자가 다시 정상적인 투자 스타일로 자리 잡을 것임을 의심치 않았다. 로버트슨은 지금과 같은 광기를 과거에도 목격한 바 있었으며, 지금은 인기가 시들하지만 가치투자야말로 최고의 투자 방식이라는 믿음을 한 번도 버리지 않았다. 그가 아는 모든 지식에 비추어볼 때 재미없는 구경제에 속할지라도 절대 무시할 수 없는 높은 수익을 보장해주는 종목들이 분명히 있었다. 로버트슨 본인의 투자 경력 중에서도 가치주가 찬밥 신세를 당한 적은 이번이 처음은 아니었다. 그가 지금 가치투자를 고수하며 손실을 입고 있는 상황은 1970년대 초중반, 1980년 초, 1981년에 위대한 가치투자자들 대다수가 심각한 손실을 경험했을 때의 상황과 다르지 않았다. 과거에도 그랬듯이 로버트슨은 상황이 호전될 것이라고, 가치주의 시대가 다시 도래할 것이라고 믿었다.

문제는 로버트슨이 가치투자의 철학에 대한 믿음은 저버리지 않았지만 그의 투자자들은 희망을 포기했다는 것이었다. 로버트슨은 가치투자 전략이 결국에는 보상을 해줄 것이 분명하지만 그 시기가 언제인지는 알 수 없었고, 그가 행한 거래가 연달아 실패를 거듭하면서 투자자들의 인내심도 바닥을 드러내고 있었다. 그 결과 그는 포트폴리오를 청산하고 자본을 투자자들에게 돌려주기로 결심했다는 편지를 썼다. 로버트슨은 회사가 존속하는 내내 자신과 동료들을 버리지 않아준 것에 대해 투자자들에게 감사의 말을 전하며 편지를 끝맺었다.

타이거의 자산을 운용하고 회사를 경영하면서 그가 단연코 가장 소중히 생각한 부분은 특별한 동료 및 투자자들과 함께 일할 기회를 누릴 수 있었다는 점이었기에 그는 이렇게 적었다. "매 순간순간, 좋을 때도 나쁠 때도, 승리의 순간에도 패배의 순간에도 함께 해주신 것에 대해서 타이거의 모든 전현직 직원들을 대표해서 여러분에게 마음 깊숙이에서 우러나오는 감사의 인사를 올립니다."[11]

작별의 인사와 함께 세계 최대 헤지펀드 중 하나로 군림했던 타이거의 시대는 저물었다. 그리고 타이거의 머리와 심장과 영혼이었던 줄리언 로버트슨의 시대도 막을 내렸다.

JULIAN ROBERTSON

10

언론, 타이거를 해부하다

언론은 줄리언 로버트슨의 발표와 잇따른 타이거 매니지먼트의 청산을 앞다퉈 보도했다. 전 세계 간행물들이 관련 보도를 내보냈다. 그것은 분명 헤지펀드 시대의 끝이었다. 타이거의 청산이 미친 영향은 지구촌 곳곳에서 느껴졌다.

헤지펀드 산업의 추종자들은 줄리언 로버트슨처럼 혼자서 헤지펀드 업계에 막강한 영향력을 미치는 사람은 앞으로 다시는 없을 것이라는 데 이견을 달지 않는다. 물론 위대한 매니저야 언제든 존재하지만 거대한 조직을 구축하고 성공적인 매니저들을 그토록 많이 길러낼 사람은 아마도 다시는 나타나지 않을 것이다. 인재를 찾아내고 활용하는 그의 능력은 누구도 따를 수 없는 것이었다. 이 점은 타이거를 떠난 후 스스로의 힘으로 성공적인 헤지펀드를 일궈낸 사람들이 많다는 점에서도 분명히 드러난다.

타이거가 어디서부터 삐끗했는지를 이해하려면 밀레니엄 당시 세계 채권시장 및 주식시장의 판도를 살펴봐야 한다. 1999년에 나스닥지수가 80% 이상 오르는 동안 타이거의 가치는 거의 18% 하락했다. 2000년 1사분기에도 추가로 13%의 가치를 상실했다. 손실이 눈덩이처럼 불어나면서 투자자들은 인내심을 잃고 타이거의 펀드들에서 돈을 인출하기 시작했다. 1998년 거의 250억 달러에 달했던 운용 자산은 2000년 3월 말에는 채 80억 달러도 남지 않았다. 타이거가 몰락의 길을 걷게 된 가장 주된 이유는 가치 중심의 투자 전략이 실패했기 때문이었다.

서던 메소디스트 대학Southern Methodist University, SMU 경영대학원의 재무학과 학장인 마크 링개넘Marc Reinganum이 내셔널퍼블릭라디오에 출연해 타이거의 몰락에 대해 했던 논평에 따르면, 로버트슨이 최근까지 투자하고 있던 기업들은 가치주로 설명할 수 있는데 이런 기업들은 전통적인 가치 평가 기준에서는 좋은 점수를 받는 종목들이었다.[1] 문제는 지난 몇 년 간 이러한 가치주들의 실적이 성장주들에 비해 끔찍할 정도로 나쁘다는 데 있었다. 가치주의 인기가 시들한 상태였다.

이 특이한 기간 동안 월스트리트에서 고통 받는 사람들은 로버트슨과 타이거의 매니저들만이 아니었다. 그들이 투자한 회사는 모두 좋은 기업이었다. 워런 버핏을 포함해 많은 가치투자자들의 포트폴리오 실적이 곤두박질쳤다. 버핏은 인터넷주나 새로운 기술주들의 성공 전망을 밝게 보지 않고 실제 이익을 내는 기업들을 매입하는 데 계속 중점을 두었고, 그로 인해 1999년 한 해에만 버크셔 헤서웨이의 주가는 거의 32%나 떨어졌다.

로버트슨의 한탄을 불러일으킨 곳은 주식시장만이 아니었다. 글로벌 매크로 거래 중 몇 가지도 정반대로 진행되었다. 러시아 채무 위기 및 롱텀 캐피털 매니지먼트Long-Term Capital Management, LTCM가 파산 직전까지 이르면서 국제 시장이 폭발했고 타이거도 완전히 무릎을 꿇었다. 최악은 일본 엔화의 거래였는데, 1998년 10월에 18%나 떨어졌던 것이다. 이 거래 하나만으로 연말에 타이거 전체 자산의 가치는 4%나 떨어졌다.

물론 1999년은 더욱 안 좋았다. 타이거는 19%의 손실을 입었고 S&P 500의 수익률에는 50%나 뒤쳐졌다. 지난 18개월 동안 S&P 500이 35% 상승한 것에 비해 타이거는 총 43%의 하락을 겪었다. 한꺼번에 모든 기능이 작동을 멈춰버린 것만 같았다.

「뉴욕 데일리 뉴스New York Daily News」 2000년 4월호에 실린 기사에서 피터 시리스Peter Siris는 로버트슨을 실력이 줄거나 혹은 경기를 펼칠 열의를 잃은 운동선수에 비유했다.

시리스는 로버트슨이 갑자기 냉담해진 이유에는 두 가지 가능성이 있다고 적었다. 하나는 나이 든 운동선수들이 흔히 그러듯 그도 경기를 펼치기에는 나이가 너무 들었다는 것이었다. 다시 말해 **에이스급 투수가 직구의 위력을 잃었을 때나 위대한 피겨 스케이터가 트리플 러츠를 제대로 착지하지 못하게 되었을 때**와 다르지 않았다. 두 번째로는 로버트슨은 여전히 위대한 투자자이지만 그의 투자 스타일이 잠시 효력을 잃었다는 것이었다. 시리스는 "로버트슨이 힘든 시기를 겪긴 했지만 위대한 투자자들은 갑자기 감을 잃지는 않는 법이다"고 적었다. 시리스는 로버트슨을 헤지펀드 매니저 세계의 마이클 조던이라고 부르면서 그보다 더 체계적인 투자 방식이나 훌륭한 성과를 가진 사람은 거의 없었다고 설명했다. 시리스는 로버트슨의 추락을 프로풋볼 팀인 뉴욕 제츠 New York Jets가 1999년 가을에 연패의 수렁에서 헤어나지 못하던 것에 비유했다. 팬들은 빌 파슬스 Bill Parcells 코치가 물러나야 한다고 요구하지 않았다. 팬들은 그가 위대한 코치이고 잠시 연패의 늪에 빠졌을 뿐임을 잘 알고 있었다.[2]

그럴지라도 주식시장은 풋볼 경기처럼 원만히 헤쳐나가기가 쉽지 않았다. 월스트리트의 신진 투자자들이 기술주와 바이오주를 좇는 동안에도 로버트슨은 자신의 게임 원칙을 고수하면서 항상 그래왔듯이 저평가된 구경제 업종의 종목들에 몰두하였다. 불행히도 이러한 경기 운영 방식은 당시 시장 상황에는 적합하지 않았다.

타이거 청산을 로버트슨의 완전한 몰락으로 바라보는 다른 수많은 저널리스트들과 달리 시리스는 이것이 대단히 성공적인 경력에서 단 한 번의 흠집에 불과하며 투자자와 비평가 들도 그런 식으로 봐야 한다고 생각했다. 시리스가 보기에 대다수 투자자들은 로버트슨이 시장을 항해하는 모습을 관찰하면서 배울 점이 많았다. 위대한 투자자란 모름지기 성공적인 투자 스타일을 고수하는 사람이다. 비록 그 스타일이 자신에게 불리해 보일 수 있는 순간에도 말이다. 시리스의 말을 빌면 로버트슨은 자신의 투자 방식을 완강히 고수했고 이 사실이야말로 오래도록 그를 변호해줄 것이다.

많은 사람들은 로버트슨이 시장에 희생당했다고 믿지만 일부 기자와 투자자 들은 타이거 청산의 이면에는 완전히 다른 이야기가 존재했다고 믿는다. 「비즈니스위크」에서 게리 와이스는 타이거의 몰락을 상당히 다른 각도에서 조망했다. "무엇이 타이거를 진정 죽음으로 몰았나What Really Killed Tiger"라는 제목의 기사에서 와이스는 타이거가 문을 닫게 된 것은 환매 요구가 너무 많아져서 그 많은 현금을 투자자들에게 전부 돌려주려면 포트폴리오 청산 외에는 다른 수가 없기 때문이었다고 설명했다. 시장의 힘이 아니라 엄청나게 높아진 현금 인출로 인해 로버트슨은 타이거의 펀드들을 폐쇄하고서 남은 자본을 투자자들에게 돌려줄 수밖에 없었다는 것이었다.

와이스의 기사대로라면 로버트슨이 몇 개월 동안 연달아 손해를 본 뒤 타이거의 펀드들을 청산한 이유는 비이성적인 시장 흐름에 당황했기 때문이 아니었다. 그가 반강제로 펀드를 폐쇄해야 했던 이유는, 타이거에서 가장 큰 비중을 차지하는 재규어펀드의 투자자들이 투자를 철회한다는 **대단히 이성적인** 결정을 내렸고 이로 인해 재규어펀드가 말 그대로 파산 지경에 이르렀기 때문이었다. 재규어펀드는 미국 내의 적격 비과세 투자자 및 해외 투자자들이 가입할 수 있는 역외펀드였다.[3]

와이스는 몇 건의 서류를 근거로 이러한 내용을 보도했는데, 대부분은 타이거의 투자자들이나 그들의 대리인으로부터 얻은 자료였다. 투자자들 앞으로 발송된 서류는 재규어펀드에 대한 환매 요구가 대단히 많은 탓에 자칫하다가는 이미 발행된 주식의 가치가 20% 이하로 떨어질 수 있으며, 그럴 경우 재규어펀드의 투자제안서 내용에 따라 자동적인 청산이 불가피할 것이라고 적고 있었다. 타이거의 대변인은 서류에 적힌 대로 회사가 주식 대금을 지급할 수 있다고 말했지만, 와이스는 환매 요구를 충족시키기 위해서는 현금을 구걸해야 할 정도로 **곤궁한** 상태에 처해 있었다고 믿었다.

일부에서는 와이스의 기사에 의문을 제기했다. 재규어펀드에 대한 와이스의 기사 내용이 맞는다손 치더라도 로버트슨이 재규어펀드만 청산하고 나머지 펀드는 계속 운용하지 못한 이유는 무엇일까? 와이스와 여러 투자자들의 말에 따르면, 로버트슨이 타이거의 모든 펀드를 연결해서 운용했기 때문에 재규어를 청산하면 다른 펀드들의 청산도 불가피했다고 한다.[4] 와이스는 이렇게 적었다. "세계 시장을 움직이는 힘이었던 줄리언 로버트슨의 마지막 나날은 대단히 씁쓸한 현실에 처해 있었다. 그것은 1980년대 내내 그리고 1990년대 초까지 월스트리트에서 가장 훌륭한 투자 실적을 빛냈던 사람에게는 슬프고 심지어는 비참하기까지 한 결말이었다."[5]

2003년 초에도 와이스는 기사 내용이 틀린 점이 전혀 없으며 모든 내용이 사실에 위배되지 않는다고 믿고 있었다. 수많은 투자자들은 사적인 자리에서 와이스의 논평 내용을 그대로 인용해서 말하곤 했다. 로버트슨은 궁지에 몰려 있었으며, 투자자들의 환매 요구가 대단히 높았기 때문에 모든 펀드를 정리하는 것만이 유일한 해결책으로 보였다. 로버트슨과 타이거 대변인 모두 이 문제에 대해서는 언급을 하지 않았으며, 타이거 폐쇄에 대해서는 투자자들에게 보낸 편지와 보도문들을 인용하는 수준에만 그쳤다. 그들은 담담한 어조로 자신들의 입장을 전달했고 여기에 다른 설명을 추가하지는 않았다.

하지만 와이스는 타이거와 로버트슨의 몰락을 훨씬 심층적으로 조사한 분석 기사를 작성했다. 「비즈니스위크」 같은 호에서 와이스는 "줄리언 로버트슨을 멈춰 세운 것은 시장이 아니라 돈이다"라는 제목의 논평을 게재했다.

와이스는 로버트슨이 비이성적 시장에서 자산을 제대로 운용하지 못했기 때문이 아니라 투자자들의 상환 요구를 제대로 다루지 못한 것이 타이거가 문을 닫은 진짜 이유라고 적었다. 그가 볼 때 비이성적 시장은 순전히 변명이며 **자신의 평판을 구조하기 위한 일종의 인양 작업**일 뿐이었다. 와이스가 믿기에는, 로버트슨이 투자자들로부터 신뢰 위기에 처했다는 것이 진짜 이유였다.

와이스는 그런 논조를 계속 이어갔다. "로버트슨의 해결책은 천재적 발상이었고 언론 대부분이 그 변명을 통째로 삼켜주었다. 홍보 전략으로 따질 때 그것은 놀라운 성공이었다. 로버트슨이 설득력 있는 근거를 만들어내기는 했지만, 과연 그 근거가 위풍당당했던 투자 대가의 몰락에 대한 납득할 만한 해명이었을까?"[6]

와이스는 로버트슨이 실제로는 시장을 제대로 다루기 위해서가 아니라 투자금 상환 요구를 다루기 위해 고심하고 있었다는 주장을 대단히 자세히 피력했다. 물론 대다수 순수 저널리스트들은 같은 간행물에 같은 기자의 보도기사와 논평이 동시에 실린 것을 의아하게 생각할 수도 있지만 「비즈니스위크」에서는 드문 일이 아니다. 대다수 사람들은 와이스가 타이거의 추락에 대한 기사를 쓴 것을 일전에 로버트슨이 이 기자와 출판사를 상대로 10억 달러짜리 소송을 걸었던 것에 대한 일종의 앙갚음이라고 보았다. 와이스가 주장한 타이거 매니지먼트 청산의 이유가 타이거의 직원들과 로버트슨 본인들이 말하는 내용과는 크게 다르기 때문이었다.

어쨌든 헤지펀드에 대한 기사를 쓰는 기자들 대다수가 그러듯이 와이스도 사람들이 헤지펀드에 투자하는 첫 번째 이유가 무엇인지를 간과하고 있었다. 일반 언론이 헤지펀드에 대한 기사를 실을 때면 다음 둘 중 한 가지 주제는 꼭 등장하는데, 바로 성과보수와 비밀주의다. 어떤 기자가 기사를 쓰든 매니저들이 부과하는 **높은 성과보수**나 투자 매니저들의 **거의 비밀주의에 가까운** 운용 방식에 대한 얘기가 빠지지 않고 나온다. 와이스의 기사 역시 로버트슨이 투자자들에게 **엄청나게 높은 성과보수**를 청구했다고 설명하면서 독자의 기대를 저버리지 않는다.

내가 볼 때 **수년 동안 부유한 투자자들은 이익의 20%라는 어마어마한 금액을 로버트슨에게 지급했다**는 와이스의 설명은 오히려 설득력을 반감시킨다. 타이거나 로버트슨이 투자자들에게 얼마의 성과보수를 청구했는지가 왜 중요하며, 그것이 보도 내용과 무슨 상관이 있다는 것일까? 성과보수가 터무니없이 높다면 이를 기꺼이 지불하려 할 사람은 아무도 없을 것이다. 와이스는 헤지펀드 산업의 비밀주의 운용 방식에 대해서는 설명을 하지 않았지만 대신 다소 무뚝뚝한 어조로 이렇게 적었다. "착각하지 말기를. 줄리언 로버트슨이 실패한 이유는 비이성적 세계의 이성적 투자자였기 때문이 아니다. 그는 자신의 일을 제대로 하지 못했기 때문에 실패한 것이다."[7]

앞서도 말했듯이 월스트리트에서 일하는 사람들에게 가장 곤란한 점은 분기마다, 월마다, 심지어는 매일매일 실적이 평가된다는 것이다. 로버트슨 역시 성과를 평가 받았고, 그 결과 수백 명의 투자자들이 수십억 달러의 운용 자본을 그에게 맡겼다. 투자자들은 그의 자산 운용 능력을 의심하지 않았다. 하지만 현재 로버트슨 본인이 인정하듯이 타이거가 너무 빨리 급속도로 커져버렸고 그의 능력이 아무리 비범해도 그러한 성장을 제대로 다루기에는 역부족이었다. 그가 좋지 못한 성과를 보이자 투자자들은 대량의 돈을 인출했고 이로 인해 대규모 환매 사태가 빚어졌다. 그는 시장에서 완전히 발을 빼는 것 외에는 남은 대안이 없었다.

전직 타이거 직원들과 투자자들의 말을 종합하면 타이거의 추락을 부른 원인을 두 가지로 종합할 수 있는데, 바로 대규모 상환 요구 및 시장 항행 능력의 부재였다.

한 타이거 장기 투자자의 말은 이러했다. "언론은 로버트슨에게 꽤나 가혹하게 굴었다. 그들은 마치 로버트슨이 실패를 원했다는 듯이 말했다. 그가 실패한 것이 당연했으며 다른 사람들을 희생시키면서 시장을 파괴시킨 일종의 부랑아라는 듯한 논조였다."

「비즈니스위크」에 로버트슨과 타이거의 직원들이 보낸 편지는 와이스의 기사가 허구에 지나지 않다고 하면서 반강제적 청산이었다는 주장에 대해서 이의를 제기했다. 편지 내용에 의하면 와이스의 기사 내용과 달리 재규어 청산이 타이거의 모든 펀드를 폐쇄하게 된 이유는 결코 아니었다.

하지만 타이거와 로버트슨에 대해 부정적인 기사를 보도한 간행물은 「비즈니스위크」만이 아니었다. 「런던 타임스」는 "타이거 구조를 위한 어떤 움직임도 없었다No campaign to save the Tiger"라는 제목의 기사를 2000년 3월 31일호에 실었다. 이 기사는 타이거의 보수 체계와 로버트슨이 기술주 위주의 시장에 제대로 대응하지 못한 것을 비난했다. 또한 타이거가 1997년 태국 바트화에 대한 대규모 거래를 행하면서 아시아 경제를 파탄으로 몰고 간 것에 대해서도 자세히 설명했다. 다른 여타의 보도 기관들 역시 타이거가 몰락하게 된 경위에 대한 기사를 보도했으며, 「뉴욕 타임스」와 「배런」도 이와 관련한 오피니언 칼럼을 비중 있게 실었다.

프린스턴 대학의 저명한 경제학자이며 칼럼니스트인 폴 크루그먼Paul Krugman은 2000년 4월 2일자 「뉴욕 타임스」에 기고한 "결산: 가지치기 당하는 헤지펀드Reckonings: A Hedge Fund Pruned"라는 제목의 논평에서 패했을망정 여전히 열 자리 수의 재산을 보유한 투기꾼에게 대중이 안타까워할 이유가 전혀 없다고 적었다. 크루그먼은 오히려 로버트슨이 더 큰 고통을 당하기를 원했던 사람이 꽤나 많았다고 믿고 있었다. 크루그먼의 말을 빌면, 로버트슨이 불같은 성격을 가지고 있으며 의도적으로 거친 면모를 내보인 것으로도 유명했지만, 타이거의 가장 큰 성공은 경제 전반의 고통에서 이익을 챙기는 것이었으며 몇몇 아시아 정부들의 항의를 감안한다면 타이거가 고의적으로 그런 경제적 고통을 만들어낸 경우도 없지 않았다. 크루그먼은 로버트슨이 타이거 몰락의 원인을 비이성적 시장에 돌린 것이 **아이러니한** 일이라고 믿는데, 로버트슨이야말로 **그가 불평한 대로 시장이 이성적으로 움직였다면 결코 성공을 거두지 못했을 것이기 때문이었다**.[8]

다음은 크루그먼의 칼럼 전문이다.

헤지펀드가 존속할 수 있는 유일한 이유는 펀드매니저들이 시장의 착오를 간파해낼 능력이 있다는 믿음 때문이다. 다시 말해 주식이든 통화든 펀더멘털에 비해 가격이 지나치게 높거나 지나치게 낮은 종목을 찾아낼 능력이 있다는 믿음이다. 그러한 생각은 저평가된 자산을 매수하고 고평가된 자산을 매도하는 이른바 차익 거래를 행하게 만든다. 이러한 전략은 펀드 투자자들에게는 거대한 수익을 낳아줄 수 있지만, 시장이 재빨리 올바른 가격대를 형성할 경우에는 아무 효과도 발휘하지 못한다.

나는 미스터 로버트슨이 자신이 하는 일을 정확히 파악하지 못하고 있었다고 말할 생각이 전혀 없다. 자본의 규모가 작았으며 소형주들에 대한 분석과 투기가 충분히 가능했던 타이거 초창기 시절이라면 지금과는 스토리가 달랐을지도 모른다. 하지만 1990년대로 접어들어 과거의 성공이 미래의 이익을 보장해준다고 믿는 열렬한 투자자들이 계속 돈을 맡기기 시작하면서 타이거는 그런 게임을 펼치기에는 너무 비대해져버렸다. 로버트슨은 투자의 초점을 **매크로** 거래로 바꿨는데, 이는 주식시장 전체를, 심지어는 경제 전체의 미래를 예측하려는 시도나 다름없었다. 거시경제에 대한 예측을 꾸준히, 훌륭하게 행할 수 있는 사람은 단 한 명도 없다. 단지 예측 능력은 떨어지지만 어쩌다 운이 좋은 사람들만 존재할 뿐이다. (여기에는 나도 포함된다.) 15년 전이라면 로버트슨은 우리 대부분이 잘 알지 못하는 아무개 회사에 대해 잘 알고 있었을지도 모른다. 하지만 현재 로버트슨이 일본 시장이나 기술주의 미래에 대해 파악하는 능력은 다른 수천 명과 엇비슷한 정도에 불과하다.

그리고 모든 현실적인 이유로 따져 봐도 임의로 진행되는 동전 던지기 게임에 반복적으로 돈을 거는 사람은 필히 실망을 맛보게 되어 있다. 그 사람이 연달아 동전 던지기 게임에서 이길 수 있기는 하다. 예를 들어 아시아 증시의 급락이 목전에 다가왔다는 것을 추측으로 알아맞힐 수 있기는 하다. 하지만 자신의 예측 능력을 맹신하면서 동전 던지기를 할 때마다 매번 밑천을 모두 거는 사람은 조만간 고통을 맛보게 된다. 그리고 로버트슨 역시 그러했다.[9]

2004년 뉴욕 타임스

「배런」의 저명한 편집자인 앨런 아벨슨Alan Abelson 역시 타이거의 청산에 대해 동정적이지 않았다. 2000년 4월 3일자 "거시적 문제Macro Trouble"라는 제목의 논설에서 아벨슨은 타이거의 몰락을 이끈 것은 "로버트슨이 투자에 대해 끝까지 너무 엄격한 태도를 고집했기 때문이 아니라 그 엄격함을 유지하지 못했기 때문이었다"고 평했다. 아벨슨은 로버트슨이 추락한 이유는 **매크로**와 **오만함**이었다고 적고는 **찬사와 유명세에 대한 갈망** 역시 패배를 이끄는 데 큰 몫을 했다고 말했다. 그 뒤의 내용은 다음과 같다.

한편으로는 오만한 매크로 전략은 그의 마이크로 전략에, 즉 종목 발굴 전술에도 영향을 미쳤는데 결코 좋은 방향으로는 아니었다. 종목 선정이 타격을 입었음에는 의심의 여지가 없었다. 하지만 정말로 큰 피해를 준 것은 그의 거대한 보유 규모였다. 그간 쌓인 수십억 달러의 자본을 배치하는 과정에서 타이거는 개별 기업들 각각에 대해 거대한 포지션을 보유하게 되었다. 주가가 정반대로 움직인다면 개인 투자자는 커다란 불안감에 휩싸일 수 있다. 하지만 타이거와 같은 헤지펀드에게 있어서 이는 진정한 고통을 불러일으킬 수 있는 일이다.

특별한 명성을 쌓은 대형 투자자가 한 종목을 지나치게 많이 보유하고 있다고 치자. 그가 이 종목을 단 한 주라도 팔려고 하면 소문이 금세 퍼져 나가서 주가가 반대로 움직일 위험이 커지게 된다. 하지만 대규모 헤지펀드 매니저가 똑같은 상황에 처해 있으며 그가 레버리지를 통해 한 종목을 지나치게 많이 보유하고 있다면 부정적인 영향은 기하급수적으로 불어나게 된다. 규모는 레버리지의 적이다. 또한 추측컨대 타이거의 레버리지 비율은 4대 1 정도의 수준이었을 것으로 짐작된다.

다시 한 번 강조하지만 타이거의 몰락을 재촉한 원인은 로버트슨이 가치투자를 고집했기 때문이 아니었다. 오히려 그 정반대였다. 단언컨대 그가 일관성 있는 투자 전략을 실행하지 못했다는 점이, 그리고 돈이 아닌 명성을 더 위대한 강령으로 삼아 편협하게 움직였다는 점이 그의 패배를 부추긴 요인이었다.[10]

아벨슨이 타이거 청산의 경위와 이유에 대해 냉혹한 논평을 행하기는 했지만 그는 많은 사람이 보기에 칭찬이라고 여길 만한 문장으로 글을 마무리 지었다. 아벨슨은 이렇게 적었다. "로버트슨이 타이거를 접고 자신의 개인 자산만을 관리하기로 결정을 내리기는 했지만, 우리가 부유한 투자자이고 로버트슨이 투자 관련 일을 계속하기로 결심했다면, 우리로서는 그에게 자산 관리를 맡기는 편이 더 행복할 것이다."[11]

로버트슨은 「뉴욕 타임스」나 「배런」 기사에 대해 어떤 언급도 하지 않았으며 자신이 아벨슨의 돈을 관리하고 있는지에 대해서도 아무 말도 하지 않았다. 하지만 그가 했던 말은 지난 수년 간 내가 마이클 스타인하트를 비롯해 다른 몇몇 헤지펀드 매니저들을 인터뷰하면서 들었던 말과 상당히 비슷했다. 다름 아니라, 미디어는 언제나 최종 결론을 내리는 성향이 짙다는 것이었다. 언론 보도가 틀릴 수도 있기는 하지만 그래도 결론을 내리려 한다는 점에는 변함이 없다.

타이거의 청산을 이끈 원인을 논한다면 아마도 두 가지 가능한 원인이 제기될 수도 있겠지만, 가장 큰 문제는 로버트슨에 대한 투자자들의 신뢰도가 위기에 처했다는 점이었다. 투자자들이 그의 능력을 믿지 못하게 되었다는 것은 누가 봐도 분명했다. 어쩌면 로버트슨이 시장이라는 야수를 제대로 길들이지 못해서 신뢰도가 떨어진 것일 수도 있는데, 어쨌든 그 결과로 투자자들은 자신들의 자산을 보호하는 데 더욱 관심을 쏟을 필요가 있다고 결심하게 되었다.

타이거를 청산하고 3년이 흐른 뒤에도 로버트슨은 여전히 자산운용 산업에 종사하고 있다. 현재 그는 자신의 개인 자산을 관리하는 한편 새롭게 부상하는 매니저들이 성공적인 펀드를 구축할 수 있도록 도움을 주고 있다.

2002년 여름 우리는 파크애비뉴 101번지에 있는 로버트슨의 사무실에 앉아 타이거 청산에 대한 이야기를 나누었다. 그는 시장 상황이 타이거를 폐쇄하게 된 주된 이유였다는 주장을 변함없이 펼쳤지만 무언가 다른 이유가 눈에 띄었다. 바로 운용 자산의 규모였다.

무엇이 잘못되었는지를 반추해보는 과정에서 로버트슨은 회사가 지나치게 커진 것이 문제였다고 말했다. "헤지펀드는 성공이 성공을 낳는 사업이다. 시간이 지날수록 우리의 실적이 계속 늘어나면서 많은 투자자들이 그들의 친구와 동료들에게 우리의 성공에 대해 말했다. 우리는 그렇게 해서 커나갔다."

그는 회사의 운용 자산이 늘어나면 이에 비례해 자산 관리 능력도 함께 키워나갈 수 있을 것이라고 생각했지만, 이내 그 생각이 **이론적으로만 맞을 뿐 실제적으로는 불가능하다는 것**을 깨닫게 되었다. 타이거의 몸집이 커질수록 포트폴리오 성과에 영향을 주기 위해 매입해야 하는 주식의 양도 더욱 늘어났다.

가령 회사가 정점에 올랐을 때 한 종목에서 유의미한 포지션을 취하려면 2억 달러 정도의 포지션을 취해야 했는데 이것이 전체 실적에 미치는 영향은 1% 정도에 불과했다. 그 시기 동안 유동성에 영향을 주지 않고서 2억 달러어치를 한꺼번에 구입할 수 있는 주식은 많지 않았고 이것이 타이거에는 큰 문제였다.

유동성, 규모, 투자자들의 인출을 비롯해 다른 여러 요소들 모두가 타이거의 몰락에 나름 결정적인 역할을 했다. 펀드와 그곳 펀드매니저들의 영광의 나날이 지나간 것은 틀림없지만 한 가지는 분명히 짚고 넘어가야 한다. 타이거의 전설이 오랫동안 남아 있을 것이라는 사실이다. 특히 이른바 새끼호랑이라고 불리는 집단이 존재하는 한 더욱 그러할 것이다.

그들에 대해서는 뒤에서 자세히 살펴보기로 하자.

많은 사람들이 타이거가 어디서부터 잘못되기 시작했고 최종적인 몰락에 이르게 한 사건을 나름대로 분석하고 있지만, 대다수가 간과하는 중요한 문제점 한 가지가 있다. 전직 직원들과 수많은 투자자들의 말을 빌면 타이거의 진짜 문제는, 시장의 비이성적 열기로 인해 로버트슨과 그의 팀이 적절한 투자 기회를 찾지 못했다거나 혹은 투자자들의 자본 인출 요구로 말미암아 회사가 자금 압박에 처하게 되었다는 것이 아니었다. 그보다는 회사가 처음과는 다른 형태로 발전해 있었다는 것이 문제였다. 이 문제점에, 리더가 초창기 시절 직원들이 보였던 것과 똑같은 열정을 가진 훌륭한 인재를 찾아내지 못한 것이 더해져 회사는 종말을 맞이하게 되었다. 물론 타이거 청산의 공식적인 이유는 시장 항행의 어려움이었지만, 많은 사람들은 타이거 호가 순항하지 못한 이유는 승무원들이 풍랑이 이는 바다를 헤쳐 나갈 능력이 없었기 때문이었다고 생각한다.

로버트슨과 대변인의 설명을 제외하고 모든 논평과 말들을 종합할 때 시장 상황보다는 타이거의 인적 능력과 조직 문화가 회사의 사망에 훨씬 큰 역할을 한 것 같다는 결론이 나온다. 타이거의 몸집이 점점 커지고 더 크게 투자할 수 있는 자산군을 찾기 시작하면서 회사의 모습도 바뀌었다. 공통의 목표를 가지고 친밀한 분위기 속에서 서로 의견을 나누며 자산 운용 방식을 진지하게 논할 수 있었던 곳이, 관료주의적이고 악몽과 같으며 직원들 사이의 내부 다툼으로 점철된 여타 기업과 다를 바 없는 분위기를 가진 곳으로 변해버렸다. 기업 문화의 변화는 마지막 몇 년 동안 직원들의 동요와 이직을 상당수 야기했다.

한 애널리스트가 말하기를, 그가 타이거에 처음 들어왔을 때에는 함께 일하는 다른 동료들은 대학을 갓 졸업하거나 아니면 월스트리트의 첫 직장에서 이제 막 옮겨온 사람들이었고, 모두가 야심에 차 있었고 극도로 집중력을 발휘했다.

그가 말했다. "우리들은 자신이 무슨 일을 하고 있는지 아무도 몰랐기에 위험을 기꺼이 감수했다. 우리가 도박을 즐기기 때문이 아니라 뭘 모르기 때문이었다. 이런 행동을 통해 우리는 상당한 보상을 얻을 수 있었다. 혹여 나나 다른 사람들이 자신이 하는 일을 보다 잘 파악하고 있었다면 우리는 이성을 잃고서 겁을 집어먹었을 터이지만 그때에는 그렇게 행동하는 게 지극히 당연했다. 내가 떠날 즈음 타이거는 월스트리트에서 평생을 보낸 사람들로 채워졌는데, 그들은 타이거를 경력의 종착점으로 여기고 있었다. 그들에게는 야심이 없었고 리스크 감수에도 흥미가 없었으며, 튼튼하고 견고한 무언가를 짓고 유지하기보다는 월급을 받는 일에 더 관심이 많았다."

타이거의 실패 사례는 기업가적 도전 정신에 차 있던 회사들이 창립자의 기대 이상으로 성장하면서 겪게 되는 다른 실패 사례들과 흡사하다. 이러한 회사들은 중심을 잃고 아이디어가 창출되는 곳에서 도전하기보다는 현상 유지에 급급한 곳으로 변질된다. 타이거 역시 성장을 거듭해 나가면서 전형적인 기업 분위기를 띠기 시작했고 관료주의에 물들었으며 직원들의 자유가 보장되던 곳에서 서로가 권력 다툼을 벌이는 곳으로 변해 버렸다.

로버트슨이 시대를 통틀어 가장 훌륭하고 존경받는 헤지펀드 매니저가 되겠다는 꿈을 좇으며 자신의 승부욕을 충족시키려 했던 것이 타이거가 발전하는 데 밑바탕이 되었음은 분명하다. 하지만 자산이 늘어나고 비즈니스 모델이 변화하고 기준선이 더 높아졌고, 로버트슨은 경쟁자와 동시대인들보다 더 많은 인정을 받기를 원했다. 투자 경력은 없지만 진취적 마인드를 지닌 위대한 젊은 인재를 고용하는 대신에, 그는 시장과 투자에 대한 지식을 갖추었다고 판단되는 나이 든 경력자들만을 고용하기 시작했다. 이런 시기와 맞물려서 타이거의 내적 성장이 멈추었고 이제는 월스트리트에서 잔뼈가 굵은 사람들을 고용하는 것이 성장의 원동력이 되었다. 올스타급 애널리스트들을 고용하고 뮤추얼펀드 매니저들을 영입했으며 수년 동안 월스트리트에서 가장 중요한 자리들을 두루 거친 트레이더들을 데려왔다. 물론 로버트슨은 노련한 전문가들을 타이거로 끌어올 능력이 충분했다. 문제는, 그들 모두가 타이거 운영에 중요한 가치를 더한 것은 아니라는 점이었다.

타이거에서 일했던 직원들 상당수는 처음에 회사에 들어왔을 때 로버트슨과 대화를 나누고 싶으면 언제든 가능했다고 말한다. 그들이 회사를 떠나고 회사의 몸집이 커진 후에는 로버트슨과 대화를 나누고 싶을 때에는 다른 누군가를 거쳐야 했다. 이는 로버트슨이 애널리스트들이나 트레이더들을 마땅치 않게 여기거나 그들의 능력과 아이디어를 하찮게 생각하기 때문이 아니었다. 타이거가 서로의 의견을 활발히 공유하는 분위기 속에서 아이디어가 흘러 다니고 창출될 수 있는 장소에서 자기 일에만 몰두하고 다른 사람들의 일에는 관심을 기울이지 않는 장소로 변했기 때문이었다. 그들 모두는 밥벌이를 유지하기 위해 자신의 분야를 보호하는 데에만 신경을 썼다.

투자를 업으로 하는 사람들인데도 새로운 아이디어나 새로운 시장 분야에 대한 흥미가 부족했다. 1990년 후반에 타이거에 합류한 사람들 대다수는 시장의 특정한 한두 분야와 관련해서만 일을 했고 그런 점에서 그들은 진정한 분야별 전문가들이었다. 이는 투자 결정 과정에 심각한 문제점을 야기했다. 가령 자동차 분야를 전문으로 하는 애널리스트는 대부분의 경우 다른 분야에 대해서는 거의 관심을 갖지 않았다. 이는 금요일마다 열리는 투자회의에서 중요한 질문을 하지 못한다는 것을 의미했으며, 혹여 중요한 질문이 던져진다 해도 그들은 그러한 질문을 건전한 투자 과정의 일부로 보는 것이 아니라 자신들의 능력에 대한 모욕으로 받아들였다. 결국 이로 인해 좋지 못한 포지션이 포트폴리오에 다수 편입되게 되었다.

어떤 사람들은 새로운 투자 아이디어를 분석하는 일에 관심이 없었고, 심지어는 전담하는 산업 분야나 시장 분야에 대해 자신들만큼 전문 지식을 갖추지 못한 것으로 보이는 젊은 사람들을 주위에 배치함으로써 아이디어 창출을 지연시켰다. 직원들 사이의 상호 작용에 금이 가기 시작했다. 직원들은 자신들이 알고 있는 것에만 관심을 두었으며 그밖의 것에는 거의 흥미를 보이지 않았다. 결국 아무도 다른 업무나 투자 분야에 신경을 쓰지 않는 듯 보였고 이는 회사 전체에 손해를 입혔다.

타이거 초창기 시절에는 애널리스트 한 명이 퇴사를 하면 내부의 누군가가 그 자리를 메웠다. 하지만 회사가 성장을 하자 애널리스트가 회사를 그만두면 로버트슨은 내부에서 필요에 맞는 인사이동을 하는 대신 외부에서 애널리스트를 끌어왔다. 그는 외부의 인재를 고용하는 것이 회사의 프랜차이즈 가치를 보호하는 수단이며, 밖에서 **최고의** 인재를 고용함으로써 특정 시장이나 부문에서 계속 탁월한 실적을 유지할 수 있는 수단이라고 믿었다.

여러 정보를 취합하면 1990년대 초에는 타이거 전체나 혹은 일부를 매각할 목적으로 월스트리트에 보여주기 위한 (타이거에 대한 종합적 정보를 담은) 협상 노트가 존재했지만, 모두가 내린 결론은 똑같았다. 로버트슨이 없는 한 타이거식 모델은 반복될 수 없다는 것이었다. 이에 대한 로버트슨의 해결책은 월스트리트가 장차 보탬이 될 인재로 인정하는 사람들을, 다시 말해 로버트슨이 없을지라도 타이거의 플랫폼과 외양을 만들어줄 사람들을 고용하는 것이었다.

불행하게도 타이거의 **경험 많은** 인재들이야말로 로버트슨으로 하여금 점점 잘못된 결정을 내리도록 이끈 장본인들이었다. 타이거의 매크로 투자는 여러 번이나 큰 손해를 봤는데, 여기에는 러시아가 외채 디폴트를 선언했을 때 입은 막대한 손실도 포함돼 있었다. (이 일은 로버트슨이 마거릿 대처와 밥 돌 상원의원으로부터 러시아에 대한 조언을 구했기 때문에 많은 사람들에게 더욱 큰 충격이었다. 두 사람 모두 러시아의 채무 디폴트가 일어날 리 없다고 확언했다.) 또한 타이거는 투자 포지션에 있어서도 고전하기 시작했다. 롱 포지션을 취했는데 가격이 내려갔음에도 직원들은 리서치가 잘못된 것이라고는 생각하지 않았다. 대신 애널리스트들은 시장이 잘못돼 있으며 결국에는 포지션이 잘못된 상태를 벗어나 정상 궤도를 그릴 것이라고 믿었다.

잘못된 투자 결정이 잘못된 포지션 배치를 이끈 한편으로, 많은 사람들은 로버트슨이 자신을 떠난 사람들과 협력 관계를 이어나가지 못한 것이 타이거의 관에 또 한 차례 못을 박았다고 믿는다. 그동안 로버트슨과 아무리 굳건하고 밀접하게 관계를 맺어온 직원일지라도 일단 타이거를 떠나기로 결심한 순간부터 그 직원과 로버트슨의 관계가 크게 손상됨은 누가 봐도 분명했다. 새로 헤지펀드를 시작하기 위해 떠나든 아니면 완전히 다른 분야로 옮겨가든, 로버트슨은 직원이 타이거를 떠나는 것을 개인적인 모욕으로 받아들이면서 그들의 이탈을 못 마땅하게 여겼다.

새끼호랑이로 불리는 사람 중 하나가 말했다. "타이거를 떠난 사람 누구에게든 이직 후 처음 여섯 달 동안 로버트슨과 대화를 나눈 적이 있냐고 물어보면 단호히 아니라는 대답이 나올 것이다. 어떤 경우에는 로버트슨과 다시 대화를 트기까지 1년이 넘게 걸리기도 했다. 회사를 떠날 때면 우리 모두 개인적인 공격을 받았고, 로버트슨은 그때마다 힘들어하고 언짢아했다."

로버트슨도 경쟁자들과 다를 바가 없는데, 많은 사람들에게 그는 악감정을 쉽게 떨쳐내지 못하는 고집쟁이였다. 그의 승부욕이 한 원인인 것은 분명했고 어쩌면 나이가 들면서 더욱 심해진 측면도 있었다. 타이거가 끝을 향해 갈 때도 그는 자신의 아이디어나 분석에 의문을 제기하는 사람들의 말을 듣기는 했지만 막상 결정을 내릴 때에는 그의 말이 곧 법이었고, 상대방으로서는 그 결정이 마음에 들지 않으면 회사를 떠날 자유가 있었다. 나이가 들어갈수록 로버트슨은 점점 고집스럽게 자신의 방식을 밀어붙였고, 자신의 경험과 전문지식에 대한 이견을 받아들이지 않으려 했다. 이러한 태도로 인해 그는 포지션이 잘못되었을 때에도 발을 빼기는커녕 그 포지션을 계속 유지하는 고집을 피웠다. 로버트슨이 그토록 완강한 태도를 유지하지 않았다면, 그리고 직원들의 이직을 개인적인 모욕이나 배신으로 받아들이는 대신에 또 하나의 기회로 보았다면, 타이거는 풍파를 잘 이겨냈을지도 모른다는 것이 대체적인 의견이었다.

헤지펀드나 자산운용 산업의 추종자들이 볼 때 어쨌든 로버트슨의 실수는 자신을 위해 훌륭하게 일해준 사람들을 요령 있게 다루지 못했다는 것이었다. 한 전직 타이거 직원은 "그는 그들을 왕국에서 추방하는 것이 아니라 그들을 찾아가서 뭉칫돈을 안겨주면서 그들의 새로운 출발을 도와주었어야 했다"고 말한다. 로버트슨이 그렇게 했다면 지금쯤은 1,000억 달러의 자산을 가진 헤지펀드 회사를 꾸리게 되었을지도 모르고, 업계에서 그의 존재가 발휘하는 힘도 완전히 달라졌을 것이다.

로버트슨이 싸움에 이기고 최고가 되기 위해 무엇이든 기꺼이 노력했다는 점에는 이의가 없다. 그는 세상이 소로스를 존경하듯 자신도 존경해주기를 바랐다. 그는 자신이 통보만 하면 언제든 주요 은행가와 만날 수 있기를 원했으며 세계에서 가장 위대한 투자자로서 추앙받기를 원했다. 하지만 결국 그는 투자자들의 신망을 잃었다. 그들은 투자 이익을 기대하고서 타이거에 몰려왔지만, 로버트슨이 더 이상 그런 이익을 제공할 수 없게 되었다는 것은 아주 분명해졌다.

JULIAN ROBERTSON

새끼호랑이들

줄리언 로버트슨은 다른 사람의 돈을 관리하는 일에서 공식적으로 물러나 있다. 하지만 한번 투자자였던 사람은 영원히 투자자이기 마련이기에 그는 여전히 세계 경제의 실상을 세세히 파악하고 있다. 이러한 능력은 그가 타이거를 운영할 때와 전혀 달라진 것이 없다. 그는 스스로를 위해 항상 가장 훌륭하고 현명한 투자 아이디어를 물색하고 이를 이용하고 있었다.

현재 타이거 매니지먼트는 완전히 분해된 상태이다. 하지만 로버트슨은 어디에서 무슨 일이 벌어지고 있는지를 알아내고 이를 이익으로 전환할 방법을 찾기 위해 자신의 방대한 정보 네트워크를 활용할 수 있다는 것에 여전히 자부심을 느끼고 있다. 전화를 주로 사용한다는 것에는 변함이 없지만 오늘날에는 일명 새끼호랑이 Tiger Cubs 라고 알려진 사람들에게서 정보를 얻는다. 로버트슨이 함께 투자를 하면서 조언을 주고받는 사람들은 대략 30~40명 정도이다. 그들 모두 과거에 이런저런 식으로 로버트슨의 동료였거나 부하 직원으로 일했던 사람들이다. 새끼호랑이라는 별명은 언론이 지어준 것으로, 타이거의 직원이었던 그들은 타이거가 아직 왕좌를 유지하고 있을 때 각자의 길을 찾아 떠났다. 2세대 새끼호랑이라고 불리는 또 다른 매니저 집단도 있는데, 그들은 과거 타이거 매니지먼트가 있었던 파크애비뉴 101번지의 사무 건물들에서 일하고 있다. 로버트슨은 백오피스를 지원해주거나 제3의 자산 운용 서비스를 지원해주는 식으로 이들 매니저들을 도와주고 있다. 또한 그는 그들이 자신의 펀드회사를 차리고자 할 때에도 도움을 아끼지 않는다. 이 **새끼호랑이들**은 타이거 매니지먼트의 2세가 되어서 로버트슨이 세계 시장에서 가치를 찾고자 할 때 이용할 수 있는 수단이 되어주었다.

2세대 새끼호랑이들은(개별적이고 독립적인 펀드를 운용하는 새끼호랑이들) 파크애비뉴 101번지에 있는 타이거 사무실에서 자라났다. 펀드는 청산했지만 사무실 문을 닫거나 기존 인프라를 없애버리는 것은 아쉬웠기에 로버트슨은 그 널찍한 공간을 뉴욕시의 헤지펀드 호텔 중 하나로 변모시켰다.

전직 타이거 직원 하나는 이렇게 말했다. "로버트슨은 그토록 널찍한 공간과 시설이 별 소용이 없다는 것을 잘 알고 있었다. 무엇보다도 높은 비용을 감당하면서까지 그만한 인프라를 유지할 필요가 없었다. 그래서 그는 똑똑한 사람이라면 으레 내릴 만한 결정을 했다. 인프라를 필요에 맞게 유지하고 관리할 수 있도록 시설을 공동으로 사용할 사람을 찾아서

비용 일부를 분담시킨다는 결정이었다."

"그것은 매우 현명한 결정이었다. 그런 사람들을 사무실에 받아들이면서 로버트슨은 일부 비용을 보충할 수 있었을 뿐 아니라 많은 돈을 들여 애널리스트들을 고용하지 않고서도 상당한 아이디어를 창출해내는 부수적 효과도 거둘 수 있었다."

2004년 봄, 과거 타이거 사무실이 있었던 곳에서는 톰 파치올라Tom Facciola와 마이클 시어스Michael Sears가 운영하는 타이거샤크 매니지먼트 TigerShark Menagement LLC, 빌 황Bill Hwang(황성국)의 타이거 아시아Tiger Asia, 체이스 콜먼Chase Coleman의 타이거 테크놀로지Tiger Technology, 패트릭 맥코맥Patrick McCormack의 타이거 컨슈머 파트너스Tiger Consumer Partners, 케빈 케니Kevin Kenny의 이머징 소버린 그룹Emerging Sovereign Group 등 15개의 펀드가 운영되고 있었다.

이들 펀드들은 조직의 울타리 안으로 걸어 들어와 헤지펀드 분야에서 20년 간 축적된 경험을 1초 만에 이용할 수 있었다. 그곳에 수많은 **타이거 마법**이 퍼져 있음에는 의문의 여지가 없으며 이는 나쁜 일이 아니다. 2세대 새끼호랑이들은 다른 새끼호랑이들과 마찬가지로 아마도 가장 훌륭한 헤지펀드 매니저에 속한다는 것을 입증하게 될 것이다. 그들은 다른 몇몇 새끼호랑이들과는 다른 방식으로 자신만의 특색을 갖춰나가고 있다. 많은 사람들은 결국에는 투자와 자산운용에 대한 로버트슨의 생각이 이 2세대 새끼호랑이들에게 영향을 미칠 것이라고 본다. 그것은 시간 문제에 불과하다.

로버트슨은 투자를 하거나 무한책임 파트너를 맡는 식으로 그들 펀드에 참여해왔는데, 이는 그가 그들의 투자 수익만이 아니라 성과보수도 함께 나누고 있다는 뜻이다. 이들 펀드매니저들은 그와 정기적으로 만나 아이디어를 얻거나 시장이 돌아가는 상황에 대해 대화를 나눈다. 하지만 그들의 아이디어가 로버트슨 본인의 거래 방식에 영향을 미치는지, 혹은 그가 이들 펀드들이 취하는 포지션에 어느 정도 영향력을 발휘하는지는 알 수 없다.

전직 타이거 직원 하나가 말했다. "그는 타이거의 문을 닫은 후에도 여전히 애널리스트들을 필요로 했으며 여전히 아이디어 공장을 필요로 했다. 이런 사람들을 끌어들임으로써 로버트슨은 자신의 정보 흐름을 유지할 수 있었다. 우리는 그가 그런 정보를 얼마나 많이 이용하는지는 알지 못하지만 어느 정도 이용하는 것만은 분명하다."

가장 성공적인 스핀오프로는 타이거샤크를 꼽을 수 있다. 파치올라와 시어스는 **대단히 따분한** 롱쇼트 포트폴리오 전략에 따라 타이거샤크를 운용한다. 펀드에 가치를 추가해줄 것이라고 판단되는 잠자는 주식을 찾기 위해 두 사람은 보텀업 전략bottom-up*을 이용한다. 둘은 투자 아이디어를 찾아 공시보고서와 서류를 샅샅이 뒤지며, 일단 마음에 드는 주식을 발견하면 최대한 자세히 분석한 다음 합당한 결정을 내린다.

파치올라가 말했다. "우리는 기업들을 살펴보면서 무엇이 좋고 무엇이 나쁜지를 이해하고자 노력한다. 우리는 세상이 아직 찾아내지 못한

---

* 개별 종목에 대한 분석을 중심으로 하는 투자 전략

단점이나 문제점이 있는지를 파악하고자 해당 회사와 고객, 공급업체, 경쟁사들에 대해 힘이 닿는 데까지 최대한 많이 조사하고 분석한다." 두 사람은 숫자 이면의 내용과 경영 상태 너머의 것을 알아내고자 가능한 한 깊이 분석한다. 그것은 결코 정석에서 벗어나지 않는 단순하고 따분한 전략이다. 결국, 그들에게 있어서는 가치가 전부인 것이다.

파치올라와 시어스는 2001년 함께 펀드를 시작하기 전에 월스트리트의 여러 회사에서 적어도 6년을 같이 일했다. 파치올라가 말했다. "우리가 보기에 대다수 사람들은 시장이 어떻게 돌아가는지 잘 모르고 있으며 잘못된 부분만을 살피고 있다. 그들은 사실을 제대로 파악하지 못한 채 투자를 한다. 모두가 마녀사냥에 참가하지만 마녀의 생김새를 아는 사람은 아무도 없다."

파치올라는 타이거와 로버트슨의 관계 덕분에 파트너들이 펀드를 좀더 빨리 구축할 수 있었고, 정보에 더 용이하게 접근할 수 있었으며, 사업 운영에 따른 여러 힘든 점들을 많이 없앨 수 있었다고 말한다. "우리는 직접 펀드를 차리는 펀드매니저들 대다수가 겪기 마련인 회계 문제나 그 밖의 문제에 대해 걱정할 필요가 없다. 우리는 그냥 합류하기만 했고 모든 문제가 잘 해결되었다."

파치올라의 말을 빌면 헤지펀드를 관리한다는 것은 매일매일 **물을 거슬러 헤엄을 치는 것**과 같다. 실수를 해서는 안 된다. 이 일은 그렇게 멋진 일이 아니다. 머리를 벽에 쿵쿵 찧고 싶은 날이 한두 번이 아니다. 신물이 날만큼 정보를 관찰하다 보면 사무실을 벗어나 집으로 돌아가고 싶어진다.

그들의 사업은 점차 제자리를 잡아가고 있는 듯 보였다. 2003년 S&P

500이 26.3%가 오르고 MSCI가 30.8% 오르는 동안 타이거샤크의 자산가치는 5.5% 하락했다. 그러나 2004년 처음 네 달 동안 타이거샤크가 6%의 수익률을 올린 반면, 같은 기간 S&P 500과 MSCI는 각각 0.42%, 0.064% 하락했다.[1]

체이스 콜먼은 현존하는 가장 똑똑하고 운이 좋은 머니매니저 가운데 하나라고 말할 수 있다. 스무 명 가량의 매니저들은 2001년 3월부터 놀랄 만큼 성공적으로 타이거 테크놀로지 펀드를 운영해왔다. 운용 자산이 5억 달러가 넘는 타이거 테크놀로지는 2001년에는 50% 이상, 2002년에는 35%의 수익률을 달성했다. 2003년은 14%가 넘는 수익률로 마감했으며 2004년 처음 네 달 동안에도 16% 이상을 달성했다. 로버트슨의 아들과 친구 사이인 콜먼은 대학을 졸업하고 타이거에 입사해 자료 분석 업무를 행하면서 자산을 운용하는 방법도 배웠다. 어떤 면에서 그는 한 번도 타이거를 떠난 적이 없는 셈이었다.[2]

콜먼이 설명했다. "우리가 거둔 성공은 위험을 잘 헤지하고 장기적인 접근법에서 투자 결정을 내리는 헤지펀드를 운영하고 있다는 것이다. 우리는 투자를 할 때 한 가지 중요한 접근법을 잊지 않는데, 즉 자기만족이야말로 언제나 최대의 적이라는 사실이다."

콜먼은 1997년 윌리엄스대학Williams College을 졸업하고 곧바로 기술주 애널리스트로 타이거에 입사했으며, 그 후로 한 번도 뒤를 돌아보지 않았다. "진정으로 헤지된 포트폴리오를 관리하는 것이 좋은 환경이긴 하다. 우리는 기술주 시장의 맥박에서 손을 떼지 않으려고 노력하고는 있지만, 상황이 너무나도 빠르게 변하기 때문에 시장의 변화에 발맞춰 적응하고 조정할 수 있어야 한다."

그는 "모든 것을 다 알 수 있는 것은 아님을 모르는 바 아니지만, 우리가 하는 일의 상당 부분을 잘 파악하고 있다."고 말한다.

케빈 케니는 자신과 파트너들의 이머징 소버린 그룹이 지구상에서 가장 유동적인 이머징마켓 헤지펀드를 운용한다고 생각한다. 2002년 4월에 출범한 이 펀드가 저자와 인터뷰를 했던 2004년 봄 당시의 운용 자산은 대략 3억 달러였다. 케니는 파트너인 메테 텐젤Mete Tuncel과 윤 창Yoon Chang과 함께 펀드를 관리하고 있으며, 모건 스탠리에서 이머징마켓 채무거래를 담당했었다. 이머징 소버린 그룹은 브라질, 터키, 아르헨티나, 멕시코, 폴란드, 러시아와 같은 국가들의 채무를 거래한다.

케니가 말했다. "우리는 이머징마켓의 정부 채권 및 통화를 거래하는 일만을 한다. 지난 세월 동안 이들 시장은 무시당해왔지만, 증시가 고전을 면치 못하고 약달러가 지속되고 유로화가 강세를 띠게 되었기 때문에 사람들은 이들 이머징마켓에서 기회를 찾고 있다. 하지만 너무 늦은 편이다."

케니가 계속 말을 이었다. "우리는 사람들과 실질적인 대화를 나누고 (정치적으로 그리고 경제적으로) 시장에서 무슨 일이 벌어지고 있는지를 파악하고자 노력한다. 우리는 이렇게 얻은 정보를 취합해 기본적인 분석을 행한 다음 그 결과를 투자 결정에 반영한다."

또한 케니는 타이거 건물에서 일하는 것이 여러모로 도움이 된다는 말도 빠뜨리지 않았다. "타이거가 월스트리트 역사상 10위 안에 드는 회사임은 분명한 사실이다. 타이거가 있던 건물에서 일하는 덕분에 우리는 기술, 회계, 백오피스 등을 용이하게 처리하면서 본래의 목표에 충실히 전념할 수 있었다."

로버트슨이 말했다. "나와 함께 투자를 하는 매니저들이 여럿이며, 나는 매니저를 필요로 하는 타이거의 옛 투자자들에게 믿을 만한 사람을 추천하고 있다고 자신한다. 솔직히 말해서 현재 내가 투자하는 돈의 대부분은 내 개인 돈이고 그 상황에 만족한다. 다른 사람들의 돈을 굴려줄 필요가 없기 때문에 뉴질랜드에 머물 때 과연 여기서 좋은 시간을 보내도 되는지 아니면 뉴욕에서 (고객의) 돈을 지켜보고 있어야 하는 것은 아닌지 하는 등의 이해관계의 충돌을 겪지 않아도 된다."

로버트슨 본인의 말마따나 많은 사람들이 그를 당대 최고의 머니매니저 가운데 하나로 기억해주는 이유 중 하나는 타이거를 떠난 사람들이 헤지펀드 분야와 다른 자산 운용 분야에서 훌륭한 실적을 내고 있기 때문이다. 타이거에서 일했던 사람들 중 다수는 현재 헤지펀드 분야의 선두주자들이다. 로버트슨은 전직 타이거 직원들이 자신만의 펀드를 성공적으로 운영하는 것이나 이들 새끼호랑이들이 단순히 돈을 버는 일 말고도 자선사업도 충실히 행하는 것을 자랑스럽게 생각한다.

과거의 직원과 동료들이 펀드를 세우고 훌륭한 성과를 내면서 로버트슨이 남긴 유산도 매일같이 자라나고 있다. 그리고 타이거 조직이 청산된 후에도 로버트슨은 여전히 일간지 기사, 시사지의 인물평, 비즈니스 보도물 등에서 여전히 비중 있게 다뤄지고 있다. 그의 자선사업도 한 요인이지만, 글로벌 시장과 주식시장 등에서 활발히 활동하고 있다는 점과 새끼호랑이들의 헤지펀드가 성공을 거두고 있는 것도 한 요인이다. 새끼호랑이들은 시장에서 성공적으로 펀드를 운영하고 있을 뿐 아니라 헤지펀드 매니저에게 가장 힘든 일인 자산 모집에 있어서도 성공을 거두고 있다.

2003년 가을 여러 관찰자들이 추정한 바에 따르면, 전직 타이거 직원들은 전체 헤지펀드에 투자된 자산 중 거의 10%를 운용하고 있었으며 롱쇼트 매니저들에게 할당된 자산의 거의 20%를 관리하고 있었다. 전통적인 펀드와 달리 헤지펀드에 대해서는 통합된 자료나 데이터베이스가 없기 때문에 정확한 수치는 아무도 알지 못한다. 하지만 어림잡아 계산한 것일지라도 위의 수치는 꽤 정확하다고 판단된다. 또한 수치 파악이 다소 정확하지 못하다고 해도 로버트슨의 새끼호랑이들이 헤지펀드 산업에서 맡고 있는 역할은 아주 정확하다. 그들은 자산이 운용되는 방식에 커다란 영향을 끼치고 있으며, 그들 대부분은 타이거에서 일했던 경험이 자신들의 성공에 직접적인 도움이 되었다고 말한다.

존속하는 내내 타이거 매니지먼트는 직원들이 거의 정상에 가까운 실력을 기를 수 있게끔 진화했고, 그런 과정에서 로버트슨은 성공을 위한 플랫폼을 만들어냈다. 그는 누구에게도 성공 매뉴얼을 전수하지 않았다. 단지 그들로 하여금 관찰하게 하였을 뿐이었다. 배운 것을 관찰하면서, 그리고 이를 체득하면서, 타이거의 직원들은 직접 자신의 사업을 시작하고 싶다는 마음을 먹을 정도로 발전하고 또 발전했다. 많은 사람들은 로버트슨과 포트폴리오의 현황을 유심히 지켜보는 능력이야말로 그들이 타이거에서 성공을 거둘 수 있었던 비결이라고 말했다. 간단히 말해서 유심히 지켜보기만 해도 정보를 처리하고 이용하는 방법을 배울 수 있었으며 심지어는 사업을 일구는 방법도 배울 수 있었다는 것이다. 상당수의 직원들이 상황이 어떻게 돌아가고 있는지 그리고 업무가 어떻게 처리되고 있는지를 유심히 관찰했음이 분명하다. 하지만 반짝인다고 다 금은 아니다. 타이거 직원들이 공통적으로 말하는 한 가지는, 펀드를 운용하고자 할 때 무엇을 하지 말아야 하는지도 배웠다는 것이다.

헤지펀드 산업의 관찰자들 몇몇은 타이거를 떠나 자신의 펀드를 차린 35~40명의 펀드매니저들 거의 대다수가 자산 모집과 투자 실적에서 장외 홈런을 터뜨렸다고 생각한다. 전직 타이거 직원들은 자산을 끌어오고 제국을 건설하는 능력이 아주 뛰어나다. 스스로 펀드를 차려서 성공을 거둔 매니저들에 대한 이야기가 보도되거나 소문이 돌곤 하는데, 그들 중 대부분이 새끼호랑이들이거나 혹은 새끼호랑이의 회사를 나온 사람들이다. 이들은 회사를 세우고 한 주도 지나지 않아 1억 달러의 자산을 모았으며, 회사 운영을 시작하고 1사분기가 지났을 즈음에는 5억 달러가 넘는 운용 자산을 갖추게 되었고, 1년이 지났을 때에는 자신들이 관리할 수 있는 자산을 충분히 모았고 더 이상 감당할 수 없다는 판단 하에 신규 투자자를 더이상 받아들이지 않았다.

새끼호랑이들은 서로의 실적을 놓치지 않고 확인하는데, 그들 말에 따르면 타이거 출신 중에서 성공을 거두지 못한 사람은 소수에 불과하다. 많은 사람들은 로버트슨이 20년 동안 군림하면서 세운 성공적인 수익률은 헤지펀드에서건 월스트리트에서건 혹은 다른 어떤 분야에서건 결코 깨지지 않을 것이라고 믿는다. 왜 그런지 뾰족한 이유를 대는 사람은 없다. 한동안 최악의 상황이 계속 이어질 때에도 타이거는 누구보다도 빠르고 훌륭하며 기민하게 움직이고 있었다. 타이거는 거래를 하고 이익을 내고 자산을 모으고 있었다. 불행히도 한 번의 큰 풍랑에 모든 것이 무너져 내렸지만, 그 이후에 남은 흔적은 헤지펀드의 운영 방식을 영원히 바꾸어 놓았으며 월스트리트 안팎의 모두가 그 흔적을 두고두고 되새기게 되었다.

단 한 사람 혹은 하나의 조직이 업계에 그토록 큰 영향을 미칠 수 있다는 것은 생각하기조차 힘든 일이다. 사실 어떤 면에서는 전혀 말이 되지 않는데, 이런 일은 일어나기 힘든 것이기 때문이다.

타이거가 성장할수록 모든 매니저들을 압도하는 매니저로서의 로버트슨의 명성도 같이 자라났다. 사람들은 그를 월스트리트의 마법사라고 불렀고 몇 번이고 언론은 그를 역사상 가장 위대한 매니저라고 칭했다. 하지만 로버트슨은 타이거의 진짜 힘은 직원들이라고 믿는다. 물론 훌륭한 팀을 거느린다는 것과, 그 훌륭한 팀을 위대한 코치가 이끈다는 것은 별개지만 말이다.

타이거 직원이었던 사람은 이렇게 말했다. "나는 그를 빈스 롬바르디 Vince Lombardi*에 비유하고 싶다. 롬바르디는 선수들을 대하는 태도가 서툴렀음에도 그들로 하여금 노력하게 만들었다. 그리고 그 결과 롬바르디는 선수들로부터 언제나 최상의 경기를 이끌어냈다. 로버트슨도 같은 일을 했다."

* 미식축구 역사상 가장 위대하다고 칭송받는 감독

타이거 매니지먼트가 존재하는 동안 많은 사람들이 파크애비뉴 101번지에 있는 사무실의 문을 거쳐갔다. 많은 사람들이 새로운 헤지펀드 사업체를 차렸고, 많은 사람들이 다른 헤지펀드 분야로 옮겨갔으며, 몇몇은 완전히 다른 업종으로 진출했다. 로버트슨은 타이거에서 일하다가 경쟁사로 옮겨간 사람은 단 한 사람에 불과하다고 생각한다. 로버트슨이 말했다. "10년 쯤 후에 그 사람은 우리와 일하기 위해 다시 돌아왔다. 그는 회사를 떠난 이유가 우리가 그토록 대단한 존재가 되리라고는 생각지 않았기 때문이었다고 말했다. 하지만 그와 같은 사람들이 회사로 들어와 일종의 자극제가 되어 주었고 내가 더욱 분발하게끔 해주는 동력이 되어 주었다. 그리고 우리는 1990년대 내내 훌륭한 성과를 거두었다."

과거 타이거의 투자자였으며 평생의 지기이기도 한 로버트 버치는 헤지펀드 업계에서 위대한 성과를 계속 이어갈 수 있는 사람들을 선발하는 능력이야말로 로버트슨의 진정한 강점이자 재능이라고 믿는다. 물론 버치가 말하는 사람들이란 타이거를 나와 성공적인 헤지펀드 회사를 차린 새끼호랑이들을 일컫는다.

약 75억 달러의 자산을 운용하는 매버릭의 리 S. 에인즐리 3세, 11억 달러 이상을 운용하는 블루리지 캐피털의 그리핀, 35억 달러 이상을 운용하는 바이킹 캐피털Viking Capital의 O. 안드레아스 할보르센O. Andreas Halvorsen, 론파인 캐피털에서 40억 달러 이상을 운용하는 스티븐 맨델 2세와 같은 사람들을 말이다. 그들 모두 대단히 성공적인 헤지펀드를 세웠으며, 타이거에서 첫 발을 내딛은 후 로버트슨 아래에서 여러 능력을 길렀다.

로버트슨은 모두가 열심히 일해야겠다고 마음먹을 수 있는 환경을, 모두가 그를 흡족하게 만들기를 원하는 환경을 만들어냈다. 그들은 로버트슨이 흡족한 마음이 들지 않으면 짜증을 내고 화를 낼 수 있으며, 그로인해 근무 환경이 유쾌해지지 못한다는 것을 잘 알고 있었다. 로버트슨은 직원들이 언제나 최선을 다하게끔 만들었다. 그는 그들이 더욱 더 열심히 일하게끔, 그리고 그들이 생각할 수 있는 수준보다 더욱 더 멀리 나아가게끔 만들었다. 그는 경외심과 솔선수범으로 그들을 이끌었다. 시간이 흐를수록 타이거는 훌륭한 매니저들을 위한 플랫폼으로, 인재가 자랄 수 있고 실제로도 자라나는 플랫폼으로서 다져졌다는 것이 타이거의 진면목이었다. 앨프리드 윈슬로 존스와 마찬가지로 로버트슨 역시 아이디어를 창출하고 실행하는 기계를 조립한 셈이었다. 그리고 존스처럼 로버트슨도, 특히 회사 초창기 시절에는 더더욱, 직원들이 맡은 일을 제대로 하고 있는지 그리고 본연의 임무인 돈 버는 일에 집중하는지를 항상 주의 깊게 관찰했다. 몇몇 직원이 회사를 떠나기로 했을 때 덤덤한 반응을 보일 수가 없었던 것도 회사와 애널리스트들에게 물심양면으로 정성을 쏟아왔기 때문이었다. 누군가 회사를 떠난 후 로버트슨이 화를 가라앉히기까지 몇 달이나 걸린 것도 바로 이런 이유 때문이었다.

    많은 사람들의 말을 빌면, 로버트슨은 단지 비즈니스 스쿨 졸업생을 채용하거나 다른 회사의 인재를 데려오기만 한 것이 아니었다. 그는 자신을 위해 일하는 모두가 최고의 능력을 발휘하게 만들 줄 아는 사람이었다. 훌륭한 인재를 찾아내고, 그들을 회사로 데려오고, 그들이 온힘을 다해 노력하게끔 만드는 능력은 로버트슨을 따를 사람이 없었다. 중요한 것은 그들이 최고의 대학을 졸업했거나 최고의 경력을 가지고 있는지가 아니었다. 물론 그들의 학력이나 경력은 나무랄 데가 없었지만, 그에게 필요한 사람은 자신의 시험을 통과할 수 있는 사람들이었다.

한 전직 타이거 직원이 말했다. "그가 고용한 사람들이 타고난 헤지펀드 매니저는 아니었다. 하지만 그는 대단히 엄한 상사였기 때문에 우리는 항상 할 수 있는 최선을 다해야 했다. 그는 우리에게 무엇이 중요한지, 그것을 어떻게 찾아내고 처리해야 하는지, 그리고 그 결과에 따라 어떻게 결정을 내려야 하는지를 이해시켜주었다."

로버트슨이 만들어낸 기계는 연달아 아이디어를 창출하고 포트폴리오에 집어넣을 훌륭한 종목을 찾기 위해 직원들이 모든 노력을 다해야 한다는 기본 전제에 따라 작동되었다. 시간이 지날수록 로버트슨이 훌륭한 종목을 더 훌륭한 종목으로 대체할 수 있기를 원한다는 것이 분명해졌다. 그리고 개선의 여지는 항상 있기 마련이기에 그러한 과정은 결코 끝나지 않을 것이었다.

또한 로버트슨은 새끼호랑이들 대부분이 자신처럼 사회에 공헌하고자 노력하고 있다고 생각한다. 그들 대다수가 다양한 자선 활동에 적극적으로 참여하며, 심지어 앞장서서 자선 활동을 설파하고 다니기도 한다. 새끼호랑이들의 이런 이타적 행동이 훌륭한 가정환경 덕인지 아니면 직장에서 훌륭한 모범을 보았기 때문인지는 알 수 없는 일이다. 어느 쪽이든 로버트슨은 과거 자신의 부하였던 사람들이 월스트리트 안팎에서 자선 활동을 하는 것을 자랑스럽게 생각한다.

햇수가 늘어갈수록 1세대 새끼호랑이들의 몸집이 커지면서, 로버트슨은 2세대 새끼호랑이들을 키우는 일에 재미를 붙였다. 이는 로버트슨이 시장에 계속 참가하는 데에도 도움이 되었으며, 또한 자신의 인재 발굴 능력을 이용해 훌륭한 사람을 찾아내고 그들이 성공적인 펀드를 운영할 수 있도록 도와주는 일도 계속할 수 있게 해주었다. 그는 이 2세대 새끼호랑이들이 파크애비뉴 101번지의 사무실에서 일하는 것에 자부심을 느낀다.

버치가 말했다. "로버트슨의 주위에는 젊은 인재들이 그득하기에 그는 자신의 곁에서 이런 새로운 펀드들을 파종하고 있다. 그들은 독립적이지만 한편으론 그의 사무공간을 이용할 수 있다. 다시 말해 백오피스를 지원받으면서 독자적으로 일할 수 있는 것이다. 그들은 원할 경우 언제든 그의 도움을 받을 수 있고, 그렇게 해서 활발한 논의는 계속된다."

"그의 사무실에는 대단히 매력적인 사람들이 몇 명 있다. 나도 그들에게 투자했는데, 그들이 새로운 헤지펀드〔매니저〕라는 것을 알기 때문이다"고 버치는 말을 이었다. "그것은 정말로 근사하며, 앨프리드의 전설과 로버트슨의 전설이 모두 유지되고 있다."

업계 전문가이며 재간접펀드의 매니저인 헌트 테일러는 인재를 찾아내고 길러내는 로버트슨의 능력을 가장 똑똑한 학생을 최고의 대학으로 보내는 사립 기숙학교의 능력에 비유했다. 테일러의 판단에 따르면, 로버트슨이 탁월한 머니매니저라는 점에는 아무도 이의를 달지 않겠지만 가장 훌륭하고 똑똑한 인재를 데려오고 더욱 중요하게는 그들에게 돈을 관리하는 방법을 가르치는 능력이야말로 그의 진정한 재능이었다.

테일러는 이렇게 말했다. "월스트리트의 역사를 통틀어도 훌륭한 인재를 그토록 많이 배출해낸 곳은 극히 드물고 진정으로 독보적인 선례를 보였다. 많은 세월 동안 사람들은 소로스, 무어, 피쿼트 캐피털 매니지먼트Pequot Capital Management 출신의 매니저들에 대한 얘기를 들었지만, 이는 한 번에 한 명씩이 고작이었고 그나마도 소문에 불과했다. 타이거 출신의 매니저들에 대해 말할 때면 다른 매니저들과 뚜렷이 구분되었다. 투자자들은 그들이 어떤 훈련과 경험을 쌓았는지를 잘 알기 때문이었다."

많은 사람들이 보기에 지금의 새끼호랑이들을 있게 만들어준 한 가지는, 투자 결정을 내려야 할 때 로버트슨이 그들을 다그치면서 보여준 엄격함이었다. 그가 타이거의 직원들에게 보인 성마른 성격이나 엄격함에 대해서는 여러 일화가 존재한다. 당시에는 이러한 태도에 상처를 입었을 수도 있지만 결국에는 실보다는 득이 되었다고 말할 수 있다. 그러한 회사에서 일하려면 강인해져야 한다. 새끼고양이가 되어서는 안 된다. 직원에게 동기를 부여하려면 호랑이는 이빨과 발톱을 사용할 줄 알아야 한다. 이곳은 경쟁이 치열한 분야이고, 괜찮다는 것만으로는 성공하기에 충분하지 않다.

혼자 힘으로 성공적인 자산 운용 조직을 구축한 것과 더불어, 로버트슨은 (아마도 자신도 전혀 의식하지 못한 사이에) 시대를 통틀어 가장 인상적인 헤지펀드 인큐베이터를 구축했다고 말할 수 있을 것이다. 많은 사람들은 그와 같은 매니저는 결코 또 다시 등장하지 않을 것이며, 정말로 독보적인 사람이라고 말한다. 그는 돈을 벌고 직원들이 최선을 다하게끔 만들 줄 아는 육감을 지니고 있다.

테일러는 로버트슨 아래에 있던, 한국의 한 자동차회사에 대한 쇼트 포지션을 추천한 애널리스트에 관한 이야기를 기억해냈다. 이 애널리스트는 리서치를 통해 이 회사의 차종 하나가 엔진 결함을 가지고 있으며 무엇보다도 이 모델이 회사를 휘청거리게 할 만큼 문제가 심각하다는 것을 알게 되었다. 애널리스트는 타이거가 그 회사에 대해 쇼트 포지션을 취해야 한다고 권했고, 로버트슨은 그에게 어떻게 그런 결론을 내리게 되었는지를 물었다. 애널리스트는 자신이 조사를 해서 문제를 발견했으며 이를 이용했으면 좋겠다고 답했다. 로버트슨은 그 정보가 간접적으로 얻은 것이므로 이번 투자 아이디어가 별로 바람직하지 않다고 말했다. 대신 해당 차량 두 대를 사서 별도로 엔진을 테스트해보았다. 엔진에 문제가 있음이 드러났고 회사는 주식에 대해 쇼트 포지션을 취했다.

테일러가 설명했다. "이는 타이거의 판단 기준이 얼마나 높은지를 드러내준다. 현재에도 새끼호랑이들 대부분이 이처럼 높은 판단 기준에 따라 움직인다. 그것은 정말로 인상적이다."

타이거를 떠나 자신의 펀드 회사를 세우고 이를 성공적으로 운용하는 펀드매니저들의 명단을 적자면 상당히 길다. 앞에서 언급한 매니저들 외에도 조호 캐피털Joho Capital의 로버트 카Robert Karr, 디어필드 캐피털Deerfield Capital의 아놀드 스나이더Arnold Snider, 인트레피드 캐피털Intrepid Capital의 스티븐 샤피로Steven Shapiro 등도 여기에 포함된다. 이들이 관리하는 자산은 2003년 가을에 전부 합해 약 170억 달러에 달했다. K2의 데이비드 선더스도 여러 헤지펀드에 투자하는 10억 달러 이상의 재간접 펀드를 운용한다. 목록을 전부 대자면 끝이 없다.

새끼호랑이들의 성공에 대해서는 장담할 수 없지만 그들이 자산 모집에 있어서만큼은 성공을 거둔 것이 분명하다. 한 예로 바이킹 캐피털을 들 수 있다. 1999년 10월에 출범하자마자 5억 달러의 자산을 모집한 이 펀드는 이후 곧바로 신규 투자자 접수를 중단했다. 많은 사람들이 말하듯이, 이 펀드의 자산 모집이 성공적이었던 이유는 핵심 인물들이 타이거의 로버트슨 밑에서 일한 경력이 있음을 투자자들이 잘 알고 있기 때문이었다. 타이거의 로버트슨 밑에서 일한다는 것은 '굿 하우스키핑 품질인증Good Housekeeping Seal of Approval*'을 받는 것이나 다름없다. 또한 로버트슨이 타이거의 투자자였던 사람들이나 업계 친구들에게 펀드매니저를 추천하거나 그 사람에 대해 언급하는 것도 큰 도움이 된다. 로버트슨의 네트워크가 다시 활동하기 시작한 것이다.

새끼호랑이들은 미국에서만이 아니라 유럽과 아시아에서도 성공 가도를 달리고 있다. 1999년에 나카신 시게히로는 도쿄에 크레인 캐피털 매니지먼트Crane Capital Management를 시작했다. 출범 당시 나카신은 한 기자에게 롱텀 캐피털 매니지먼트의 사태를 목격한 만큼 **유동성에 엄격히 초점을 맞추는** 투자 스타일을 따를 것이라고 말했다. 그는 유동성이 높은 G7 및 홍콩 시장에서 거래를 할 것이라는 계획을 세우고 있었다.

하지만 한 가지 질문은 여전히 남는다. 한 조직에서 훌륭한 매니저들이 그렇게나 많이 배출된 이유는 무엇일까?「인스티튜셔널 인베스터Institutional Investor」2002년 12월호 기사에서, 로버트슨은 자신이 고용했던 사람들이 **대단히 현명하고 승부욕이 강하며 매우 윤리적인** 사람들이라고

---

* 본래 약속한 기능을 충실히 수행하며 결함이 없는 우수한 제품에 대해 굿 하우스키핑 연구소가 1909년부터 수여하는 명망 높은 품질 인증 표시

말했다. 로버트슨은 직원을 뽑을 때 머리가 좋은 것만을 기준으로 보지 않았다. 그는 승부욕이 강한 기수 스타일의 사람을, 다시 말해 승리를 즐길 줄 아는 사람을 원했다.

20여 년 존재하는 동안 타이거의 문을 거쳐 간 사람들 대부분이 운동 경력이 있거나 혹은 그에 근접한 경력을 가지고 있었다. 로버트슨은 얌전한 책상물림 타입의 직원은 원하지 않았다. 그는 교실 안과 밖 모두에서 훌륭한 다재다능형 직원을 원했다.

로버트슨은 새끼호랑이들에게 보텀업 전략에 따라 시장에서 종목을 발굴하는 방법을 가르쳐 주었다. 그는 쇼트 포지션의 필요성 및 한 산업의 정보는 모든 차원에서 수집해야 할 필요성을 강조했다. 많은 새끼호랑이들은 자신들의 펀드도 그때와 똑같은 방식으로 운영하고 있다고 말한다.

전직 타이거 직원 하나가 말했다. "로버트슨은 우리의 모든 능력이 다 고갈될 때까지 조사를 행한 후에야 정보를 어떻게 탐색해야 하는지 그리고 투자 결정을 어떻게 내려야 하는지를 가르쳐 주었다. 하나의 투자 아이디어와 관련해서 놀랄 정도로 심층적인 수준의 연구가 행해졌다. 지금도 타이거의 직원들만큼 깊이 분석하는 사람은 거의 없다."

타이거 출신의 매니저들에게 상당한 금액을 투자해온 업계 관찰자 한 명이 말한 바에 따르면, 새끼호랑이들의 펀드는 한 가지 공통분모를 가지고 있었다. 새끼호랑이들 모두는 조직 운영 및 마케팅을 처리하고 애널리스트들로 하여금 분석을 하고 아이디어를 찾게 해줄 수 있는 인프라 구축의 중요성을 잘 인식하고 있으며, 롱 포지션보다는 쇼트 포지션을 취하는 데 더 많은 시간을 할애하는 듯 보인다. 또 다른 공통점은, 돈을 놀리는 일이 없다는 것이다. 새끼호랑이들은 돈이 항상 투자돼 있는 것을 선호하는 편이며, 적기를 기다리면서 투자에서 손을 떼고 있는 것에는 별 관심을 보이지 않는다.

그들은 기존의 투자를 대체할 더 좋은 투자가 나타났다고 보일 때에만 투자를 변경하는데, 그러면 포지션을 처분하고 현금을 모아서 해당 투자를 진행한다. 그들은 좋은 투자 아이디어가 나타날 때까지 현금을 옆에 쌓아두고 있지 않는다. 돈이 항상 제 역할을 하도록 유지한다.

로버트슨은 미국 내 유수 비즈니스스쿨 졸업생들이나 월스트리트에서 최고의 훈련을 받은 사람들을 다수 채용했다. 가령 거의 10년 동안 로버트슨의 오른팔 역할을 했던 그리핀을 생각할 수 있는데, 그는 모건 스탠리에서 타이거를 위한 프로젝트를 진행한 후 회사에 합류하게 되었다. 그리핀은 타이거에서 로버트슨과 일했던 경험에 대해 "그것은 마치 신병 훈련소를 마치는 것과도 같았다."고 말했다.

그리핀은 블루리지 캐피털을 위해 증권시장에서 투자 아이디어를 찾아다닐 때면 로버트슨과 타이거에서 일할 때 배운 기술을 이용한다. 리스크 관리, 가격에 대해 노심초사하지 말아야 한다는 것, 충분한 정보를 얻기 전까지는 결코 투자를 결정해서는 안 된다는 기술 등이다. 그리핀은 운용 상태의 질이 어떠한지, 그리고 시장 각각의 상황에 맞게 어떤 식으로 펀드를 운용해나갈 수 있는지를 이해하는 것이 중요하다는 것을 잘 알고 있다. "우리는 세계 각지의 어떤 회사라도 관찰한다. 하지만 우리는 포지션의 수를 적게 유지하고자 노력하는데, 평균 200~350개 정도의 단출한 포지션을 취한다."

그리핀이 로버트슨에게서 배운 중요한 한 가지는 뚜렷한 확신이 들었을 때에만 투자 결정을 해야 한다는 것이었다. 간단히 말해서 그 투자를 실행에 옮길 의사가 분명해야 한다. 무언가를 자신한다면 가격은 중요한 문제가 되지 않는다. 그것을 포트폴리오의 일부로 만들어야 한다. 포지션에 대한 믿음이 생기지 않거나 확신이 들지 않는다면 그것을 잊고 다른 투자를 살펴봐야 한다.

로버트슨의 후예들 대부분은 1999년에 회사를 떠나서 자신의 회사를 차렸지만, 떠나지 않고 타이거가 문을 닫을 때까지 남은 사람들도 많았다. 2000년 중반에 회사가 크게 약해지기 시작하자 그들 역시 새로운 일자리가 필요하다고 생각하게 되었다. 타이거에서 일하는 애널리스트가 더 이상 분석할 대상이 없다면 무엇을 해야 하겠는가? 답은 간단하다. 나가서 스스로의 펀드를 차리는 것이다. 2000년 늦여름과 초가을에 타이거 직원들 상당수가 회사를 떠나 자신의 회사를 세웠다. 여기에는 타이거에서 통신 및 미디어 종목을 관리하다가 후일 키캡 매니지먼트 KiCap Management를 차린 패트릭 얼Patrick Earle과 마크 베이더Mark Bader 같은 사람들도 포함되었다. 마틴 휴즈Martin Hughes와 조니 드 라 헤이Johnny de la Hey는 토스카펀드Toscafund를, 로버트 엘리스Robert Eliis는 케이트퀼 애셋 매니지먼트Catequil Asset Management를 세웠다. 「더 오렌지카운티 레지스터The Orange County Register」지는 얼의 말을 인용해서 로버트슨이 **기업가적 정신에 이끌리는 사람들**을 채용했다고 적었고, 그렇기에 타이거에서 일했던 직원들 상당수가 자신의 사업체를 차린 것은 수긍이 가는 일이

었다.[3)]

전직 타이거 직원들 대부분이 헤지펀드 분야에 계속 남기는 했지만 다른 분야로 간 사람들도 꽤 많은 편이었다. 한 직원은 타이거를 떠난 후 처음에는 공공서비스 분야로 옮겨갔다가 나중에는 벤처캐피털 분야로 진출했다. 타이거의 최고운영책임자였던 조너선 실버 Jonathan Silver는 1기 클린턴 행정부의 선임 정책고문을 역임했으며 현재는 코어 캐피털 Core Capital을 운영하고 있다. 그는 1999년에 회사를 차렸으며, 창립 초기 단계인 테크놀로지 회사들에 대한 투자를 중점으로 하고 있다.

실버는 자신이 일했던 시절의 타이거를 **커다란 에너지와 활력**이 넘치는 장소였다고 기억하면서 로버트슨이 적극적이고 솔선수범하는 사람들을 고용한 것이 타이거가 성공을 거둔 진짜 비결이었다고 말했다. "타이거에서 일하면서 우리들 각각은 비교적 젊은 나이에 전체 포트폴리오의 각 부분 부분에서 상당한 책임감을 부여받았다. 줄리언은 우리가 사실에 입각한 분석으로 투자 아이디어를 방어할 수 있어야 한다고 강조했다. 타이거가 된다는 것은, 그곳에서 일할 때에는 정보 수집에 많은 도움이 되었고 회사를 떠난 후에도 계속 의미 있는 상징이 되어주었다." 실버의 말은 로버트슨이 그 자신의 해군 복무에 대해 했던 말을 떠오르게 한다. 로버트슨은 젊은 나이에 큰 책임을 도맡았으며 경험이 별로 없었음에도 리더십을 발휘하는 자리에 앉을 수 있었다.

시장에 대해 그리고 돈을 관리하는 방법에 대해 가르쳐주는 것 외에도 로버트슨은 모든 직원에게 자선활동에 헌신하는 마음을 깊이 새겨 넣어주었다. 전직 타이거 직원이 말했다. "처음에 회사에 들어갔을 때 사회 환원이라든가 사회의 변화를 이끄는 것에 대해 생각한 사람은 우리 중 하나도 없었다. 우리의 관심사는 돈을 벌고 게임에서 승리하는 것이 전부였다. 하지만 로버트슨은 단순히 돈을 버는 것보다 더 중요한 것이 세상에 존재함을 우리 모두에게 가르쳐주었다."

JULIAN ROBERTSON

타이거에서 배우는 교훈

은퇴를 했지만 로버트슨의 승부 근성은 줄어들지 않았다. 그는 과거에도 지금도 계속 완벽주의자다. 그는 승부욕이 투철한 사람이며, 투자자들의 돈을 관리하지 않는다고 해서 그가 승리에 대한 관심이 시들해졌다는 뜻은 아니다. 그는 여전히 시장에 참가하고 있으며, 20년이 넘도록 그래왔듯이 **벌컥 화를 내고 거칠게 행동하는** 것도 여전하다. 동료와 경쟁자들은 로버트슨을 역사상 가장 훌륭한 롱쇼트 매니저라고 칭하면서 그에게는 해야 할 일이 아직 많이 남아있다고 믿는다.

로버트슨은 여전히 글로벌 주식시장에 많은 관심을 기울이는데, **가격이 대단히 합리적인 장소를 찾을 기회**가 많다고 여기기 때문이다. 현재 그는 잉여현금흐름이 높은 기업의 주식을 매수하고 있다. 한 번 가치투자자는 영원한 가치투자자다. 그에게 매력적인 기업은 규칙적으로 성장하는 기업이 아니라 잉여현금흐름이 높은 기업이다. 그는 특히 잉여현금흐름이 평균 16~20% 정도 되는 기업들에 관심이 높다. 이는 그 회사가 외적으로도 발전할 능력이 있다는 뜻이기도 하다.

지난 번 마지막으로 만났을 때 그는 아시아 시장, 특히 한국에 주목하고 있었다. 한국의 상위 은행 중 하나의 투자 매력이 특히 높다고 보았다. 그의 자료조사에 따르면 이 회사의 주식은 영업이익의 4배 정도 되는 가격에 거래되고 있었으며 연간 25%씩 성장하고 있었다. 이 회사의 주식예탁증서American Depository Receipts, ADR가 뉴욕증권거래소에서 거래되었으며, 유동성이 높고 가격이 싸며 성장 속도도 빨랐다. 세 가지 모두 이 회사가 훌륭한 투자 대상임을 말해주고 있었다.

로버트슨이 한국의 이 은행을 처음 발견했을 때만 해도 은행은 순이익의 두 배 정도 되는 주가 수준에서 성장을 하고 있었으며, 투자를 시작했을 즈음에는 거의 순이익의 10배 정도 되는 수준까지 늘어날 수 있을 것이라고 전망했다. 로버트슨은 순이익의 10배 정도 수준까지 주가가 오를지라도 가격이 여전히 매우 싼 편이므로 투자하는 것이 합당하다고 믿었다. 그는 이와 같은 특별한 투자 기회는 다른 투자자들 역시 가장 기초적인 조사만 해도 알아낼 수 있는 것이라고 보았다. 하지만 정치적 불확실성으로 인해 한국에 투자할 때에는 어느 정도의 위험을 감안해야 한다고 인식되고 있었고, 그 때문에 많은 투자자들은 이러한 해외의 염가 주식에 선뜻 투자하려고 하지 않는다. 로버트슨에게 이런 사실은 그 주식에 투자할 이유를 더욱 높여주었다. 다른 투자자들이 아시아 지역으로 진출하지 못하는 것을 유리하게 이용할 수 있기 때문이다.

아시아와 유럽이 여러가지의 흥미로운 기회를 제공하는 것은 맞지만 로버트슨이 대부분의 투자 기회를 발견하는 곳은 그가 51번째 주라고 부르는 멕시코였다. 멕시코 전체 경제가 안정적인 성장세와 회복세를 보이고 있기 때문에 로버트슨은 이곳에서 잉여현금흐름의 5배 정도에 거래되고 상당한 성장 잠재력을 보이면서도 가격이 대단히 합리적인 주식을 충분히 찾아낼 수 있다.

로버트슨이 흡족하게 여기는 회사 가운데 하나는 시멕스Cemex였다. 로버트슨은 세계적인 시멘트 회사인 시멕스의 경영 상태가 훌륭하고 주가도 대단히 낮다고 생각했지만 멕시코에 있다는 이유로 투자자들은 이 회사에 좀처럼 주목하려 하지 않았다. 또한 그는 멕시코 코카콜라도 마음에 들어 했는데, 다른 주식에 비해 가격이 굉장히 낮은 편인데도 마찬가지로 지리적인 이유로 투자자들의 관심을 받지 못하고 있었다. 로버트슨은 다른 투자자들이 무시하는 나라나 지역의 주식들이 훌륭한 투자 기회를 제공해 주기 때문에 이런 주식들에 즐겨 투자한다. 다른 투자자들이 거부하거나 꺼려하는 지역에 투자함으로써 로버트슨은 그 지역의 경제가 안정되거나 투자 열풍이 불기 전에 곧잘 상당한 차익을 거둘 수 있다. 이는 마치 전품목 세일 광고가 나기 하루 전날 상점에 가서 다른 사람이 알기 전에 원하는 물건을 싼 값에 마음껏 살 수 있는 것과 비슷하다.

많은 사람들은 로버트슨이 뉴질랜드 사업이나 지역사회 활동 등 다른 일로 관심을 돌렸다고 믿고 있지만(13장 참조) 그는 여전히 시장에서 활발히 활동하고 있다. 전직 타이거 직원들은 로버트슨이 타이거를 폐쇄한 후로 지난 몇 년 동안 그의 자산이 20% 이상 불어났을 것이라고 추측했다. 그들은 로버트슨이 여전히 활발한 거래를 하면서 세계 각지에서 가치를 찾아 이를 이용할 수 있다고 생각한다. 그리고 그가 꽤 높은 수익을 벌어들였을 것이라고 추측되기는 하지만, 로버트슨 본인은 타이거를 접은 후 얼마의 수익을 거뒀는지에 대해서는 아무 언급도 하지 않는다.

전직 타이거 직원 하나가 말했다. "10억 달러 이상일 것이라는 점만 제외하면 그가 얼마나 많은 돈을 운용하고 있는지, 혹은 그가 얼마나 많은 수익을 거뒀는지 아무도 알지 못한다. 하지만 우리가 얼마만한 실적을 거뒀는지 물어보고 그 답을 듣고 나면 그는 그냥 웃으면서 '아, 그렇군. 나도 그만큼은 했으니까 말일세'라고 말한다. 착각하지 말아야 한다. 그는 여전히 시장에 머무르고 있으며 여전히 맹렬한 승부욕을 발휘하고 있다."

우리는 로버트슨에게서 무엇을 배울 수 있을까? 그는 어떻게 그렇게 높은 성공을 거둘 수 있었던 것일까? 왜 타이거는 문을 닫아야 했을까? 다른 헤지펀드는 타이거의 역사에서 어떤 교훈을 배울 수 있었을까? 로버트슨이 무뚝뚝한 태도를 보이고 때로는 가혹한 상사였던 것은 사실이지만, 타이거의 문을 닫게 만든 진짜 문제점은 로버트슨의 인격이나 직원들을 적절히 채용하고 관리하지 못했다는 점, 혹은 투자자들과 원만히 지내면서 이들을 계속 붙들고 있지 못했다는 점이 아니었다. 그보다는 로버트슨이 자신의 투자 철학을, 다시 말해 시장에서 가치를 찾아야 한다는 생각을 적절히 적응시키지 못한 것이 문제였다. 그의 투자 철학은

20년 동안 타이거가 엄청난 성장을 거두는 데 결정적인 역할을 했지만 동시에 그의 파멸을 이끄는 원인이 되기도 했다. 시장이 그에게 결코 말을 걸어주지 않았다는 것을, 그리고 시장이 누군가에게 말을 걸어준다는 생각 자체에 로버트슨은 결코 동의하지 않는다는 것을 기억하기 바란다.

로버트슨은 "나는 시장에서 배우라는 말을 대단히 싫어한다"고 말한다. "사람들이 텔레비전에 나와서는 시장이 이렇다, 시장이 저렇다면서 시장은 특정 기업들을 대표하는 주식들의 집합체라고 말한다. 그들은 시장이 자신들에게 이러저러한 사실을 알려주었다고 말한다. 흠, 시장이 내게 사실을 알려준 적은 단 한 번도 없었다."

피터 린치는 로버트슨에게 자신이 확신할 수 있는 단 한 가지가 있다면 주가 상승을 전망할 때마다 시장이 하락한다는 것이라고 말하기도 했었다. 그렇기에 로버트슨은 시장과 게임을 벌여서 진정으로 돈을 버는 사람이 있다고는 믿지 않는다. 그가 보기에 돈을 버는 유일한 방법은 값싼 주식을 사서 주가가 오르기를 기다리거나, 혹은 고평가된 주식을 쇼트하고 가격이 폭락하기를 기다리는 것이다.

투자설명회에서 로버트슨은 잠재적 투자자들에게 가치를 찾는 방법은 그레이엄과 도드가 설명했던 것처럼 펀더멘털에 근거한 조사를 행하는 것이라고 말했다. 그와 그의 팀은 투자 상황에 대한 주의 깊고 종합적인 분석을 대신할 것이 없음을 잘 알고 있었다. 그들의 리서치 과정에는 엄격한 재무분석 외에도 회사 고위 경영진과의 인터뷰, 중요 고객과 공급업체, 경쟁사들과의 토의도 포함돼 있었다. 이는 경영진이 자신들의 회사를 어떻게 생각하고 있는지를 알아내고 동시에 그 회사가 속해 있는 산업의 상황을 보다 명확히 이해하기 위함이었다.

로버트슨은 믿을 만한 리서치에는 두 가지 중요한 측면이 있음을 이해했다. 첫째, 정성qualitative 및 정량quantitative 분석 모두에 능한 직원을 고용해 각자 맡은 분야에서 기초 지식을 다지게 한 다음, 이들을 해당 분야에서 높은 지식을 쌓았거나 중요한 위치에 있는 사람들과 관계를 쌓게 하는 것이다. 둘째, 알갱이와 쭉정이를 구분해야 한다. 타이거의 규모와 전 세계적인 거래 활동은 **가장 훌륭한 리서치 결과**를 가능하게 해주었다.

그러나 로버트슨의 리서치는 단순히 보고서를 살피거나 고객의 의견을 확인하는 것 이상을 포함하고 있었다. 타이거 애널리스트에게 이 두 가지는 빙산의 일각에 불과했다. 여러 면에서 타이거의 애널리스트들과 로버트슨이 포트폴리오에 편입할 종목을 고르거나 거래를 위해 수행하는 리서치 활동은 헤지펀드의 리서치가 어떤 식으로 행해져야 하는지에 대한 기준을 세웠다. 로버트슨의 리서치 방식은 타이거 출신의 가장 훌륭하고 유능한 헤지펀드 매니저들만이 아니라, 로버트슨 본인이나 새끼 호랑이들을 닮고자 하는 현재와 미래의 무수한 헤지펀드 매니저들 모두에게 확실한 귀감이 되었다.

로버트슨의 리서치 모델에서 가장 중요한 부분은 아이디어 제안이 이루어지는 점심을 겸한 금요일 회의였다. 애널리스트들은 테이블에 빙 둘러앉아 한 번에 하나씩 아이디어를 제시한 다음, 그 잠재적 투자 기회를 세세한 부분까지 조각조각 분해하고 모든 각도에서 검토한 후 포트폴리오에 포함시킬 가치가 있는지를 결정했다. 타이거에서 일했던 애널리스트는 "상당히 빡빡한 회의였다. 철저히 준비해가야 하는 회의였다. 만약 준비를 하지 못하면 십중팔구는 호된 책망을 들어야 했다"고 말했다.

금요일 점심 회의는 준비가 미흡해서도 안 되지만 말을 장황하게 늘어놔서도 안 되는 자리였다. 로버트슨은 간략하면서도 효율적으로 설명하는 것을 좋아한다. 한 애널리스트의 설명을 빌면 그 회의는 **요점을 말하든가 무시당하든가** 둘 중 하나였다. 그리고 설명할 시간도 짧았는데, 5분 안에 완전히 요약해서 발표하고 다음 아이디어로 넘어가는 식이었다. 회의는 항상 그런 식으로 진행되었고 효과도 제법 좋은 편이었다. 로버트슨은 지나치게 까다롭고 복잡한 투자 아이디어는 내켜하지 않았다.

애널리스트들은 투자 아이디어를 네 문장으로 요약해서 발표해야 했다. 그 네 문장을 준비하기까지 6개월이 걸리기도 했다. 6개월은 로버트슨 앞에서 투자 아이디어의 타당성을 설명하기 위해 정보를 모으기까지 주어지는 최대한의 시간이었다.

아이디어를 창출하기 위해 미국 내 사무실을 이용한 것 외에도 타이거는 런던과 도쿄의 트레이딩 지점에도 많이 의존했다. 두 지점은 타이거의 펀드들에 리서치 결과를 제공하는 데 중점을 두면서도, 타이거의 투자자 네트워크 및 인맥을 활용해서 세계 각지의 시장에 대한 정보를 확보해주었다. 타이거는 이처럼 방대한 시장 인맥을 거대하게 자라난 투자자 네트워크의 일부로 활용했는데, 많은 투자자들은 자신의 업종이나 지역, 국가와 관련된 투자 아이디어에 대한 귀중하면서도 독특한 시각을 제시해주었다.

타이거의 강력한 정보 수집 및 처리 능력과 상관없이, 성장의 근간이 되어주고 동시에 몰락의 원인이 되었던 것은 본인의 투자 철학에 대한 로버트슨의 확신이었다. 로버트슨은 투자 아이디어의 스토리를 이해할 수 있을 때만 그 대상이 가치가 있으며 포트폴리오에 포함시킬 자격이 있다는 결론을 내렸다. 스토리가 탄탄한 리서치를 바탕으로 얻어진 것이라면 로버트슨은 역풍이 불 때에도 그 아이디어를 포기하지 않았다. 심지어는 전체 상황이 그에게 불리하게 돌아가도 그 포지션을 더욱 늘려갔다. 그리고 대부분의 경우 로버트슨은 자신의 확신 덕분에 상당한 수확을 거둘 수 있었다.

스토리가 간단하고 논리적이며 합당하기만 하다면 그는 그 스토리를 계속 믿었다. 하지만 스토리가 복잡해지거나 혹은 기본 스토리에 변화가 생긴다면 그도 믿음과 확신을 잃고서 자신이 틀렸음을 인정하고 포지션을 철회했다.

이 모두가 승리하기 위한 것이었다. 로버트슨은 가장 훌륭한 머니매니저가 되기를 원했고 그렇게 될 수 있는 유일한 길은 최고의 성과를 올리는 것이었다. 그의 리서치는 대단히 철저했기에 심지어는 다른 훌륭하고 존경받는 매니저들이 거래에서 발을 빼려고 시도할 때조차도 그는 가만히 자리에 앉아 트레이더에게 "사들여"라고 말할 수 있었다. 그것이 그를 성공으로 이끈 비결이었다.

돌아가는 상황을 지켜보던 사람들이 당신은 미쳤으며 포지션에서 빠져나와야 한다고 말한 적이 한두 번이 아니었지만, 그래도 그는 꿈쩍 않고 앉아서 시장이 허락하는 한 최대한의 주식을 사들이곤 했다. 투자 아이디어에 대한 리서치 결과를 신뢰하는 한 로버트슨은 시장의 반응이 어떤지는 상관하지 않았다. 그는 다른 사람들이 적절한 리서치를 하지 않앉기에 기회를 이해하지 못하고 있다고 믿었다. 가장 좋은 예가 구리 가격이 상승해 모두가 손해를 보면서 포지션을 처분하는 상황에서도 그는 쇼트 포지션을 계속 유지한 것이었다. 그는 스토리를 이해하고 있었다. 숫자 계산을 완벽히 끝냈기에 자신이 옳다는 것을 알고 있었다.

타이거는 또 쇼팅 기법을 완벽히 다듬었다. 쇼팅은 타이거의 투자 전략에서 없어서는 안 될 부분이었으며, 다른 투자 회사들보다 타이거를 훨씬 돋보이게 해주는 수단 가운데 하나였다. 쇼팅 덕분에 로버트슨은 이익 기회의 세계를 넓힐 수 있었으며, 이와 동시에 시장이 불리하게 돌아갈 때에는 타이거가 손실에 노출되는 것을 줄일 수 있었다. 쇼팅은 헤지펀드 산업 전체의 두드러진 특징이지만, 타이거에게는 특히나 중요한 투자 수단이었다. 쇼트 투자로 시장 리스크를 줄일 수 있게 되면서 로버트슨은 개개 기업에 대한 리스크를 더욱 많이 감수할 수 있었다. 그의 시각에서 볼 때 아주 바람직한 상쇄 효과였다.

타이거가 시장 리스크를 **피한** 이유는 시장 전체의 향방을 예측하거나 판단할 **특별한 능력**이 회사에는 없다고 판단했기 때문이었다. 하지만 타이거의 팀은 각 종목의 리스크를 분석하는 능력이야말로 회사의 최대 강점 중 하나라고 믿으면서 그러한 리스크를 찾기 위해 적극적으로 움직였다.

또한 로버트슨은 헤지펀드의 레버리지 이용을 적극 권장한 편이었다. 이 투자 전략에 의하면 어느 순간 회사의 주식 포지션 금액이 회사가 원래 보유한 기본적인 투자자본의 2~3배에 달하는 경우도 드물지 않았다. 이럴 때면 순 롱 포지션(롱 - 쇼트)이 전체 투자 자본의 극히 일부만 차지

하게 되는 일도 자주 발생한다.[1]

이는 투자 세계에서는 낯설지 않은 개념이지만 초보자들을 위해 레버리지가 어떻게 적용되는지를 다음의 예로 설명할 수 있다. 매니저가 X주식 10,000주를 주당 10.00달러에 롱 포지션을 행하면 이 포지션의 금액은 10만 달러가 되고, Y주식 10,000주를 주당 5.00달러에 롱을 행하면 금액은 5만 달러가 된다. 펀드의 롱 노출은 도합 15만 달러가 된다. 이와 동시에 펀드매니저가 Z주식 10,000주를 7.50달러에 쇼트하면 금액은 75,000달러가 된다. 롱에서 쇼트를 빼면 이 펀드의 순 롱 포지션은 75,000달러가 나온다.

레버리지를 이용함으로써 타이거는 최상의 롱쇼트 투자 상태를 만들기 위해 자본을 공격적으로 배치할 수 있었다. 레버리지 덕분에 타이거는 최상의 투자 기회에 대한 노출을 늘릴 수 있었고 이와 동시에 전체 시장의 방향에 대한 노출은 줄일 수 있었다.

레버리지 이용이 타이거의 성공에 상당한 공헌을 한 것은 맞지만, 리스크를 이해하는 로버트슨의 능력도 회사가 그토록 커다란 차익을 남기는 데 큰 역할을 했다. 애널리스트의 투자 추천에 OK 신호를 보내고는 그 애널리스트에게 아무 말도 없이 포지션을 두 배 혹은 세 배로 늘리는 일은 로버트슨에게 드문 일이 아니었다.

"로버트슨은 아이디어에 끊임없이 의문을 제기하면서 실제로 얼마나 많은 돈을 투입해야 하는지를 묻곤 했다. 나는 그가 어느 정도의 돈을 투입해야 만족하는지 알 수가 없다. 내가 아는 것이라고는, 내가 추천한 금액보다 더 많은 돈을 투입하곤 했다는 것이다. 그리고 대부분은 그가 옳았다."

　로버트슨의 확신은 다른 애널리스트들이 찬성하지 않을 만한 수준의 리스크도 기꺼이 감수하도록 이끌어주었지만, 한편으로는 본인이나 타이거의 애널리스트들이 전문적으로 알지 못하는 분야에 대해서는 회사 밖의 전문가들에게 조언을 구해야 한다는 생각도 뚜렷이 갖게 해주었다. 그는 직원들의 능력과 포지션에 대한 판단력을 믿었지만, 이에 대해 자주 질문을 던지는 것도 잊지 않았다.

　일단 거래를 하고 나면 로버트슨과 애널리스트들은 포지션의 규모와 기간에 대해 끝없는 논쟁을 벌였다. 애널리스트들이 좋은 생각이 아니라고 말해도 로버트슨이 포지션 규모를 더 늘리려는 경우도 있었고, 반대로 애널리스트들이 더 많은 자본을 투입해야 한다고 생각할지라도 로버트슨이 이를 거부할 때도 있었다. 포지션을 얼마나 크게 혹은 얼마나 작게 유지할 것인지에 관해 로버트슨과 애널리스트들 사이에 계속해서 공방이 벌어졌고, 이 모든 토론은 손익계산으로 귀결되었다. 이러한 손익계산은 대단히 들쑥날쑥한 것이 되었는데, 애널리스트들은 포지션을 관찰하면서, 자신들의 추천대로 거래를 행했을 때와 로버트슨의 결론대로 거래를 행했을 때 얼마만한 이익이나 손해가 났을 것인지를 이해해야 했기 때문이었다. 때로는 이러한 관계가 큰 효과를 발휘하기도 했지만 그렇지 못할 때도 있었고, 이때에도 애널리스트들이 할 수 있는 일은 아무것도 없었다.

　로버트슨은 애널리스트들이 뻔한 선택(월마트 매수, 케이마트 매도 등)에서 벗어나 숨겨진 보물이 될 만한 거래를 찾아야 한다고 강조했다. 타이거를 운영하는 내내 로버트슨은 자신이 최대한 많은 회사에 대해 최대한 많은 정보를 알고 있다는 것에 자부심을 가지고 있었다. 로버트슨의 정보 확보 능력은 전설적이었고, 때로는 동료들과 마찰이 빚어지는 원인이 되기도 했다.

변함없는 학습 과정과 가치 탐색은 타이거가 존재하는 내내 운용 자산을 크게 불릴 수 있게끔 해주었다. 운용 자산이 크게 늘어나면서 로버트슨의 투자 스타일은 가치주에 중점을 두는 전략에서 여러 다양한 전략을 구사하는 글로벌 매크로 스타일 쪽으로 좀 더 옮겨가게 되었다. 로버트슨이 애널리스트들의 역량을 강화하면서 성장주 역시 훌륭한 투자 대상이 되었다. 애널리스트가 올바른 성장주를 찾아낸다면, 그 성장주는 엄청난 실적을 내줄 수 있었다. 한두 해 정도는 고전을 면치 못할 수도 있지만, 그 주식들이 진정한 성장주라면 결국에는 시간이 지날수록 성장하고 높아질 것이 분명했다.

대부분의 사람들은 투자를 한다는 것이나 투자 전략을 제대로 이해하지 못하는 편이다. 하지만 기술이 확산되고 더 중요하게는 인터넷 시대가 부상하면서, 많은 사람들은 투자를 벌이는 게임의 장이 평준화되었다고 믿게 되었다. 지난 6,7년 동안 미국의 남녀노소 누구나 방송에 귀를 기울이고 로그인을 하고 주식을 사고팔면서 주식 투자는 국민적인 여가 활동 비슷한 것이 되었다. 그리고 대다수 사람들은 이것이 좋은 현상이라고 생각하지만, 반대로 우스운 일, 솔직히 말해 애석한 일이라고 생각하는 사람들도 꽤 된다.

월스트리트에(혹은 세계 각지의 증권가에) 던져진 질문 중 가장 대답하기 힘든 질문은 이것이다. 무엇이 훌륭한 포트폴리오 매니저를 만드는가? 수천 명의 사람들이 세계 거의 모든 도시의 사무실에서 그리고 침실에서 이 질문의 답을 찾아내고자 매일같이 노력하고 있다. 가장 단순한 답은 실적 수치에서 찾을 수 있겠지만, 실적 수치는 어떤 식으로 도출해야 한단 말인가? 방법론을 생각해내고 한참 동안 그 방법에 따라 실적을 관찰한 다음에는 훨씬 어려운 질문에 답해야 한다. 과거의 실적이 미래의 실적을 예측해 주는가?

답은 절대로 아니라는 것이다. 이유는 간단한데, 두 개의 시장이 똑같아지는 일은 결코 없기 때문이다. 대부분의 경우 역사는 그대로 반복되지 않기 때문에, 과거에 일어났던 일을 관찰하면 내일 일어날 일도 예측할 수 있다는 생각은 완전히 바보 같은 짓이다. 한 머니매니저가 다른 매니저보다 훌륭한 성과를 거둘 수 있는 이유는 시스템 때문이 아니라 그가 가진 종합적 능력 때문이다. 로버트슨과 그의 동료들이 시장 여건에 상관없이 그토록 우수한 성과를 거둘 수 있었던 이유도 종합적 능력 덕분이었다. 그들은 어떻게 가치를 탐색하고 발견하는지를 이해했으며, 더 중요하게는 가치가 무엇인지를 이해했다. 로버트슨과 그의 타이거들은 무엇을 찾아야 하고 어떻게 찾아야 하는지를 알고 있었기에 유행을 무시하고 나무가 아닌 숲을 볼 수 있었다.

하지만 지난 2~3년 동안 이와 같은 투자 스타일의 인기가 시들해졌다. 강세장이 진행되는 동안은 모두가 스타였다. 매니저들이 무엇을 어떻게 하는지는 중요하지 않았으며, 형태와 규모를 불문하고 모든 매니저들이 옳은 결정을 내리고 투자자들에게 많은 돈을 벌어주는 듯 보였다. 그러나 강세장이 시장을 떠나고 기술주 거품이 터진 이후 주식 시장에서 이익을 내기가 대단히 힘들어졌고 많은 사람들이 고배를 마셨다. 단순히 기술주기 때문에 사들이거나 기술회사의 공모주에 투자했다가 점심시간도 되기 전에 20%의 이익을 남기는 일은 이제 더는 불가능해졌다.

1990년대 후반에는 모두가 선호하는 주식을 매입해서 어느 정도의 돈을 벌기가 쉬운 편이었다. 오늘날은 주식 투자가 훨씬 어려워졌다. 주식 투자에서 가장 어려운 점은, 다른 투자자들이 몰려들기 전에 포지션을 취하거나 누군가의 뒤꽁무니를 쫓지 않고도 돈을 벌려면 무엇을 어떻게 해야 하는지를 알고 있어야 한다는 것이다. 그런 점에서, 리더를 따른다는 것은 지금도 앞으로도 영원히 중요한 게임이 될 것이다. 그것이 월스트리트에서 아주 활발히 펼쳐지고 있는 게임이다. 몇몇 학생들이 그런 게임을 벗어던지는 동안에도, 월스트리트의 사람들은 시장 여건이나 분위기, 상황에 상관없이 리더의 꽁무니를 쫓는 게임을 하루 종일 펼치고 있다.

승리하는 종목을 발굴한다는 것은 매우 어렵다. 그 일을 변함없이 잘할 수 있는 사람은 아무도 없으며, 절반 이하의 성공률을 보이는 경우가 태반이다. 그렇기에 매니저들이 해야 할 일은 이곳저곳에서 정보를 끌어모으고, 여러 친구들과 대화를 나누고, 때로는 누군가의 움직임을 뒤쫓고 그 다음에는 또 다른 누군가의 선두를 뒤쫓는 것이다. 여기서의 비결은 정보의 흐름과 접근이다. 매니저가 정보에 접근하고 이를 수집하고 처리하다 보면 매니저로서의 명성이 높아지기도 하고 무너지기도 한다.

로버트슨은 평생 이러한 흐름을 잘 이해하면서 자신에게 맞게 이용했으며, 새끼호랑이들 역시 이를 잘 활용하고 있다. 그들은 정보의 가치를 이해하고 있으며, 특히 시장에서 이익을 내기 위해서는 자신들이 얻은 정보를 어떻게 이용해야 하는지를 잘 이해하고 있다.

탁 터놓고 말해서 월스트리트에는 독창적인 투자 사고가 대단히 드물다. 월스트리트의 대다수는 독창적인 아이디어를 생각해내는 것을 꺼려한다. 누군가가 그 아이디어를 실행해 보았다는 말을 듣지 않는 한, 그리고 포지션을 취하기 전에 여러 사람들과 확인하지 않는 한, 자본을 위험에 맡기기를 꺼려한다는 것은 두말할 필요도 없다. 물론 대다수가 독자적인 리서치를 하기는 하지만 가장 훌륭한 매니저들마저도 정보를 재차삼차 확인하기 전까지는 자본을 투입하지 않는다. 시장과 성과가 대단히 중요하고, 단순한 리서치만으로는 위험이 너무 높기에 괜찮을 것 같아 보이는 아이디어에 자본을 투자하려 하지 않는다. 성공적인 매니저들일수록 잘 될 것이라고 확신이 드는 거래에만 자본을 투입하려 한다.

스스로를 머니매니저라고 칭하는 개개인은 수만 명에 달한다. 이들은 헤지펀드, 뮤추얼 펀드, 자기자본매매 또는 프롭트레이딩 담당부서, 그 밖에 자본 투자를 행하는 분야들에서 돈을 관리한다. 월스트리트에서 목표를 달성하는 방법은 여러 가지가 있지만, 돈을 관리하는 방법에 관해서는 보다 정확한 설명이 이루어진 적이 한 번도 없었다. 모두가 종목 발굴이나 주가 예측에 대해 나름의 아이디어와 시스템을 가지고 있으며, 그들은 이런 아이디어와 시스템을 이용해 시장에서 어느 정도의 이익을 달성할 수 있을 것이라고 기대한다.

코네티컷 주 그린위치에 위치한 헤지펀드인 에지힐 캐피털Edgehill Capital의 펀드매니저인 폴 웡Paul Wong은 이렇게 설명했다. "매니저들이 무엇을 하고 어떤 식으로 하는지를 잣대로 해서 그들을 이런저런 부류로 구분하는 것은 대단히 어리석은 짓이다. 두 명의 가치투자자가 비슷한 생각을 가지고 있고 비슷한 방법으로 투자 대상을 바라볼 수는 있지만, 그들은 서로 다른 인간이기에 의사결정 과정도 완전히 다르다. 또한 그들이 정보를 가지고 무엇을 하는지와 어떻게 결론에 도달하는지도 전혀 같지 않다."

로버트슨은 스스로를 굉장히 상냥하고 유쾌하지만 이기기 위해서라면 무엇이든 할 각오가 되어 있는 전형적인 A형 인간*이라고 설명한다. K2 어드바이저의 데이비드 선더스가 처음 타이거에 들어왔을 때, 전임자 한 명은 그에게 타이거에 합류하는 것은 롤러코스터에 올라타는 것과 같다고 말했다. 처음에야 대접을 받으면서 회사의 귀중한 자산으로 여겨지겠지만, 세 달에서 여섯 달 정도만 지나면 결국 개 취급을 받을 것이며, 그런 위치를 차고 올라오느냐 못 올라오느냐에 따라 로버트슨의 어느 쪽에 서게 될지가 결정될 것이라는 말이었다. 다시 말해, 타이거에서 얼마나 오래 일할 수 있을지가 판가름 난다는 소리였다. "그 전임자는 내가 대접받는 존재에서 가장 비참한 인간으로 떨어지는 것을 피할 수 없을 것이라고 말했다. 하지만 그런 일이 나에게만이 아니라 모두에게 똑같이 생

---

* 심리학에서는 A형 인성과 B형 인성으로 나누는데, A형 인성이 조급하고 충동적이며 승부욕이 강하고 일 중독 증상을 보인다면 B형 인성은 느슨하고 시간에 얽매지 않으며 쉬는 것에도 죄책감을 느끼지 않는다

기는 일이라고 말해주었다. 타이거는 그런 회사였으며, 그것이 회사가 운영되는 방식이었다."

바닥에서 탈출하지 못하는 사람들은 회사를 떠나 다른 기회를 찾아 옮겨가야 할 시간이 되었음을 이해했다. 이해하지 못한 사람이 있을지라도 로버트슨은 그들의 약점을 귀신같이 찾아내 회사를 떠나는 것 외에는 다른 선택이 없을 때까지 그들을 괴롭혔다. 종기가 났는데 계속 그것을 후벼 파서 점점 커지고 마침내 감염까지 되어서 더는 건드릴 수도 없는 지경이 되는 것과 비슷하다. 결국 의사를 찾아가서 치료를 받는 수밖에 없다. 치료법은 회사를 떠나는 것이었다.

때로는 괴롭힘이 감당할 수 없는 수준에 이르렀을지라도 선뜻 회사를 박차고 나갈 수 없었던 이유 가운데 하나는 사람들을 떠나기가 어려워서였다고 선더스는 말했다. 그의 말을 빌면 대부분의 직원들은 자신을 팀의 일원으로 생각했으며 그들 모두는 아무리 최악일지라도 자신들의 코치를 존경하고 숭배했다. 로버트슨은 아주 성공적인 헤지펀드를 운영하고 있었고, 다른 건 차치하더라도 헤지펀드는 월스트리트에서 가장 선망받는 분야였으며 지금도 그 지위를 유지하고 있다.

실제로 지난 50여 년 동안 헤지펀드는 시장에서 상당히 큰 역할을 해왔지만, 내 사견으로는 헤지펀드가 투자 세계의 거인들을 물리치고 월스트리트에서 가장 중요한 투자 회사로 거듭날 가능성은 결코 없을 것이다. 가장 능력 있고 똑똑한 사람들이 헤지펀드 분야에서 일하는 것은 맞지만 그렇다고 그들이 가장 중요하게 되는 것은 아니다. 투자에 있어서는 규모가 중요하고, 헤지펀드가 혹여 주류 투자 대열에 합류할지라도 결코 대형 뮤추얼펀드처럼 많은 자산을 모으지는 못할 것이다. 이것은 우리가 타이거 매니지먼트에서 배울 수 있는 또 다른 교훈이기도 하다.

헤지펀드는 두 가지 약점으로 인해 투자 대중을 끌어 모으는 데 한계가 있다. 첫째, 뮤추얼펀드와 달리 헤지펀드는 표준화된(즉 규정화된) 보고서 제출 요건이 없기 때문에, 아무리 데이터베이스가 철저하다고 자부하는 사람일지라도 실제로 헤지펀드의 실적과 자산을 정확히 추적하기가 불가능하다. 뮤추얼펀드에 대한 평가 서비스로 명망이 높은 모닝스타Morningstar가 헤지펀드에 대한 평가를 시작할 것이라고 최근 발표하긴 했지만, 의무적인 보고 요건이 마련되기 전까지는 쓸 만한 데이터베이스를 모으기는 힘들 것이다. 둘째, 개인 고객과 기관 고객들에게 아무리 많은 투자 상품을 들이민들, 의회와 SEC가 규정을 얼마나 심하게 혹은 얼마나 약하게 단속한들, 그리고 개인 투자자들이 헤지펀드에 투자할 수 있기를 얼마나 절실히 원한들, 헤지펀드가 뮤추얼펀드, 연기금, 그밖에 평범한 저축계좌들의 자리를 잠식할 일은 결코 없다. 이는 투자 대중은 헤지펀드를 눈여겨 볼 생각도 없을뿐더러, 어떤 식으로 투자자를 대신해서 투자를 하는지를 굳이 시간을 내서 공부할 생각도 없기 때문이다. 이 두 가지 약점은 헤지펀드가 뮤추얼펀드의 규모와 범위를 절대로 따라잡지 못할 것임을 의미한다.

이 책을 쓰는 시점에서 가장 큰 주식형 뮤추얼펀드는 뱅가드Vanguard의 S&P 500 인덱스펀드로 운용 자산은 940억 달러에 달했으며, 최대 채권형 뮤추얼펀드는 핌코Pacific Investment Management Company PIMCO의 토털

리턴펀드Total Return Fund로 2003년 말 운용 자산은 거의 730억 달러에 달했다. 두 번째로 큰 주식형 뮤추얼펀드는 피델리티Fidelity의 마젤란Magellan으로 운용 자산은 680억 달러에 조금 못 미쳤다. 이와 비교해 2003년 초에 최대 헤지펀드 복합체(여기서 복합체란 운용하는 펀드가 하나 이상이라는 뜻이다)가 운용하는 자산은 200억 달러 미만이었고, 최대 주식형 헤지펀드의 운용 자산은 대략 25억 달러, 그리고 최대 채권형 헤지펀드의 운용 자산은 40억 달러였다.

뱅가드와 피델리티의 운용 자산은 각각 6,750억 달러와 9,555억 달러이다. 최대 헤지펀드의 규모는 이들 대형 투자사들의 대차대조표에서 반올림 실수 한 번에 사라질 수도 있는 규모인 것이다. 또한 나는 어떤 규정 변화나 마케팅도 이 상태를 영원히 바꾸지 못할 것이라고 생각한다.

버치는 이렇게 말했다. "존스가 헤지펀드에 한 일은 분명 중요한 것이고 금융서비스 시장에 상당한 영향을 끼쳤지만, (뱅가드 그룹의 존) 보글이 인덱스펀드를 창조하면서 했던 것에 필적할 만큼 중요한 것은 그 어디에도 없다. 보글은 미국에서 사람들이 투자하는 방식을 바꾸었으며 투자의 문턱을 낮추어서 각계각층의 거의 모두가 미국과 자본주의의 위대한 특징에 투자하고 그 일부를 소유할 수 있도록 해주었다."

법이 바뀌고 규제가 덜 까다로워지면 헤지펀드 분야가 성장할 것이라고 말하는 사람도 있다. 하지만 업계의 다수 관찰자들이 믿고있듯이, 성장한 헤지펀드는 진정한 헤지펀드이지 못할 것이다. 그것은 헤지펀드 산업의 한 부문을 대신하는 대안적인 투자 수단에 불과할 것이다. 그리고 어떤 사람들은 헤지펀드가 보다 대중적이 되고 주류 투자로 들어선다면 헤지펀드 본래의 특징을 잃게 될 것이라고 믿는다.

너바나와 REM이 빌보드 차트 1위에 올라서고 케이시 카즘Casey Kasem 의 톱40 카운트다운Top-40 Countdown에 진입하면서 얼터너티브록은 더 이상 대안적인 록이 아니게 되었다. 그리고 이런 일이 일부 **헤지펀드**에도 일어났다. 그들은 주류에 편입되었다.

지난 10년 동안 월스트리트는 헤지펀드에 많은 관심을 보여 왔다. 칵테일파티에서, 생일파티에서, 시장의 행사에서, 혹은 투자 회의에서, 이른바 이 대안적인 투자 수단에 대해 모두가 떠들어대고 있다.

헤지펀드는 투자 세계에서 에덴의 정원에 있는 금단의 열매이다. 계층과 직업을 불문하고 모든 분야의 사람들이 헤지펀드가 무슨 일을 하고 어떻게 일을 하는지에 관심을 보인다. 사람들의 이런 태도는 내 호기심을 크게 자극한다. 사람들은 왜 헤지펀드에 관심을 보이며, 헤지펀드의 무슨 점이 그렇게 중요하기에 사람들이 많은 흥미를 보이는 것일까?

사람들의 만족할 줄 모르는 궁금증은 1990년대 중반에 있었던 두 가지 중요한 사건에서 시작되었다. 첫째는 아시아 독감이라고도 불리는 아시아 금융 위기와 이후에 벌어진, 조지 소로스가 원흉이라고 비난받고 있는 아시아 경제의 붕괴였다. 둘째는 러시아의 채무불이행과 그것이 파산 직전에 이르러 구제금융까지 받게 된 롱텀 캐피털 매니니먼트 사태에 미친 영향이었다.

말레이시아의 마하티르 모하마드Mahathir Mohamad 총리가 "외국의 한 금융자본가가 자신의 정치적 의제를 추구하기 위해 통화시장을 교란시키고 있다"는 비난을 퍼부으면서 1997년 여름에 헤지펀드들은, 특히 조지 소로스는 아시아의 빈약한 경제정책의 희생양이 되었다. 마하티르 총리가 소로스의 이름을 직접 거명한 것은 아니었지만, 총리는 소로스가 미얀마의 아세안Association of Southeast Asia Nations ASEAN 가입을 반대했으므로 그가 **통화 시장을 공격한 장본인임에** 분명하다고 믿고 있는 것이 확실했다.[2]

일본 방문 중에 마하티르 총리는 이렇게도 말했다. "우리 스스로에게 물어봐야 한다. 그것이 돈을 벌려는 단순한 투기인가, 아니면 다른 목적이 있는가? 우리는 거기에는 다른 목적이 있다고 본다. 특히 그 사람의 경우에는 말할 것도 없다."

"그들이 영국의 파운드화를 공격하고자 한다면 그건 봐줄 수 있다. 어쨌든 영국은 부자나라다. 말레이시아는 가난한 나라다. 그렇기에 그와 같은 사람들이 우리의 통화를 가지고 장난을 치고 투기를 행하는 것은 옳지 못하다."[3]

그때나 지금이나 소로스가 만든 자선단체인 소로스재단Soros Foundation 과 열린사회재단Open Society Institute은 미얀마와 다른 국가들의 민주주의 정부를 촉진시키고자 노력해왔다. 소로스는 미얀마로의 불필요한 여행을 자제해 달라고 공개적으로 말한 적도 있었는데, 그곳의 군사정권인 일명 국가법질서회복위원회State Law and Order Restoration Council SLORC가 강제 동원 인력으로 관광 시설과 호텔을 지었다고 믿고 있기 때문이었다.[4]

1997년 여름에 숀 패티슨Shawn Pattison은 두 자선단체와 헤지펀드 회사인 소로스 펀드 매니지먼트 사이에는 "단연코 아무런 관계도 없다"고 말하면서 마하티르의 비난을 정면으로 반박했다.

패티슨은 이렇게 설명했다. "소로스가 태국 정부와 말레이시아 정부에 미얀마의 아세안 가입을 승인하지 말아야 한다고 강력히 촉구해왔기에 많은 오해가 생겼을 수도 있다는 것은 짐작할 수 있다. 그는 전체주의적인 억압 체제가 그 지역의 번영과 안정에 위협이 되고 있다고 믿는다."[5]

소로스의 생각과 달리 미얀마는 최근 아세안 가입이 승인되었다. 그는 미얀마 정부가 운영하는 경제 체제가 국가에 독이 된다고 믿었다. 미얀마는 사실상 통화 보유고가 전혀 없고 통화 가치도 완전히 인위적이었기에, 정권 내부의 사람들이 이를 유리하게 악용해서 일반 국민들에게 피해를 줄 가능성이 대단히 농후했다. 예를 들어 공시 가격에 휘발유를 구입할 권리를 허락받은 사람이 이 권리를 가지지 못한 다른 사람에게 휘발유를 팔아 거기에서 이익을 남길 수도 있다. 소로스가 볼 때 이는 완전히 부패한 제도였다.[6] 이와 같은 상황에 대해 소로스가 강력히 이견을 제기하면서 그는 아시아 지역을 휩쓴 금융위기의 주범이라는 비난을 받게 되었다. 하지만 그가 이 상황을 악용해 통화를 쇼트하거나 다른 행동을 취했는지는 분명치 않다.

이 헝가리 출생의 투자자가 글로벌 매크로 투자로 대서특필된 것은 이번이 처음은 아니었다. 1992년 9월에 소로스는 영란은행(2장 참조)을 파산으로 몰아간 장본인으로서 헤드라인을 장식했다. 마하티르 총리는 한 가지 사실을 깨닫지 못했는데, 소로스와 헤지펀드를 맹비난 함으로써 오히려 이 분야에 대한 세간의 관심에 불을 붙였다는 것이다.

1995년부터 1998년까지 3년 동안은 너도나도 헤지펀드를 시작하려는 듯 보였다. 이 즈음해서 강세장이 시작될 것이라는 신호가 여기저기서 나타나기 시작했고, 브로커, 트레이더, 뮤추얼펀드 매니저를 비롯해 모든 형태와 규모의 시장 참가자들은 돈 냄새를 맡을 수 있었다. 헤지펀드의 시대가 모두에게 펼쳐졌다. 월스트리트에서 가장 빨리 그리고 가장 쉽게 돈을 버는 방법 가운데 하나는 헤지펀드를 시작하는 것이고, 월스트리트에서 가장 분명한 사실은 자신이 충분한 급료를 받고 있다고 생각하는 사람이 아무도 없다는 것이다. 모두가 더 많은 급료를 원하며 시도 때도 없이 그 방법을 찾아다닌다. 헤지펀드는 사람들이 현재의 직장 상사, 보너스, 업무에 불만을 느낄 때 찾는 장소이다. 1990년대 중반 이는 분명한 현실이었다. (그리고 어떤 면에서는 오늘날에도 같다고 말할 수 있다.)

뉴욕의 회계법인 골드스타인골럽케슬러Goldstein Golub Kessler의 피터 테스타베르드Peter Testaverde는 이렇게 말했다. "희한한 시기였다. 90년대 초반 한동안만 해도 헤지펀드는 중요한 분야라기보다는 현상 뒤에 숨겨진 무언가로 생각되는 분야였다. 그러다 어느 순간 사람들이 헤지펀드에 열광하기 시작했고, 미처 알아채기도 전에 모든 사람이 이런저런 방법으로 헤지펀드에 뛰어들려는 것처럼 보였다."

뮤추얼펀드나 개개의 종목과 달리, 헤지펀드가 시장에서 어떻게 활동하는지를 추적할 수 있는 공식적인 보고 규정이나 거래소는 존재하지 않는다. 수많은 데이터베이스 서비스 회사들과 컨설턴트들이 헤지펀드의 숫자와 운용 자산, 실적을 평가하는 이런저런 자료를 제시하고 있긴 하지만, 대부분의 경우 그들이 얻은 정보는 추측에 불과하다. "헤지펀드 사업을 추적하는 것은 불가능하다. 헤지펀드가 얼마나 되는지 그리고 특정 시기에 영업 중인 펀드가 얼마나 되는지를 정확히 아는 사람은 아무도 없기 때문이다"라고 테스타베르드는 말한다.

2003년 5월에 SEC가 주최한 헤지펀드 회의Hedge Fund Roundtable의 개회 연설에서 윌리엄 도널드슨 William Donaldson 의장은 "미국에는 5,700개 이상의 헤지펀드가 영업 중이며 운용 자산은 대략 6,500억 달러에 달한다"고 말했다.[7] 하지만 헤지펀드 산업을 면밀히 관찰한 많은 사람들은 그 시점에서 실제로 영업 중인 정확한 헤지펀드의 수는 2,500~3,500개 사이이며, 그들이 전 세계에서 운용하는 자산은 전부 합해 2,500억 달러에서 7,500억 달러 사이라고 말한다.

1998년 늦여름과 초가을에 러시아와 아시아 위기의 영향이 뚜렷해지면서 헤지펀드의 시장도 거의 고사당할 뻔 했다. LTCM의 손실 및 잠재적 손실에 대한 뉴스는 세계 금융 시장을 뿌리까지 뒤흔들었다. 존 메리웨더John Meriwether와 그의 팀에 속한 노벨상 수상자, 로켓 과학자 들은 단단한 벽에 부딪혔다. 아니 솔직히 말해 운석처럼 추락해 박살났다는 표현이 맞을 것이다. 로저 로웬스타인Roger Lowenstein은 『천재들의 실패 When Genius Failed』라는 훌륭한 책에서 LTCM의 성공과 몰락을 자세히 기술했다.

헤지펀드의 관점에서 볼 때 LTCM 몰락의 흥미로운 부분은 그것이 세계 경제에 악영향을 미쳤다는 점이 아니라 헤지펀드를 지도상에 돌려놓았다는 점이다. 게다가 좋은 자리로 돌려놓은 것도 아니었다. 이러한 붕괴 사태가 발생하기 전까지만 해도 헤지펀드는 이례적인 분야에 불과했다. 언론은 헤지펀드 전반에 대해서는 별로 다루지 않고 세 거물인 소로스, 스타인하트, 로버트슨에 대해서만 이야기했다.

스타인하트 파트너스Steinhardte Partners의 마이클 스타인하트는 1994년에 처음으로 막대한 손실을 입으면서(거의 10억 달러에 달했다), 헤지펀드 회사를 시작하고 처음으로 마이너스 수익률로 그 해를 마감했다. 손실의 원인은 유럽 채권 시장에서 잘못된 베팅을 했기 때문이었다. 하지만 1995년에 스타인하트는 펀드 회사를 접기로 결심했다. 언론은 기삿거리 하나가 줄어든 셈이었다. 스타인하트 파트너스는 1995년에만 20%의 수익률을 올렸다. 스타인하트가 펀드를 시작했을 때 이 회사에 1달러를 투자한 투자자가 27년 뒤 펀드를 접을 때까지 그 돈을 계속 투자하고 있었다면, 이 돈은 462.24달러로 늘어났을 것이다. 같은 기간 S&P 500에 투자된 1달러의 가치는 17.06달러에 그쳤을 것이다.[8]

소로스는 아시아의 권력자들과 여전히 싸움을 벌이고 있기에 사람들의 관심을 끌었고, 로버트슨은 믿을 수 없을 정도의 실적을 거두면서 세간의 주목을 받았다(1997년 S&P 500의 수익률이 33.4%, MSCI의 수익률이 15.8%였던데 반해, 그가 세운 수익률은 56.1%나 되었다).[9] 하지만 1998년이 되자 거물은 둘만 남았다. 스타인하트는 1995년에 은퇴했고, 언론이 고를 수 있는 기삿감도 줄어들었다. 언론이 헤지펀드에 대한 기사를 쓰는 경우는 연말 특집으로 각 매니저들의 수익률을 정리해서 발표할 때 뿐이었다.

하지만 LTCM 사태 덕분에 1998년 9월에 헤지펀드는 세계 모든 신문의 머리기사를 차지하게 되었다. 그 시작은 존 메리웨더가 투자자들에게 **시장의 대단히 매력적인 상황을 충분히 이용할 수 있도록** 신규 자본을 요청하는 편지를 투자자들에게 보냈다는 이야기를 누군가가 누설하면서였다. 그는 또한 편지에서 투자자들의 인내와 현금을 함께 요구하고 있었다.

메리웨더는 마진콜을 채우기 위한 돈이 필요했고 전형적인 현금 압박에 시달리고 있었다. 그는 신규 자본을 모으면 시장 상황이 바뀔 때까지 펀드를 유지할 시간을 충분히 벌 수 있을 것이라 판단했다. 이는 주택 보유자가 모기지론의 이자를 갚기 위해 친구나 친척에게 돈을 빌려달라고 말하는 것이나 다를 바 없었다.

메리웨더는 단지 회사에 초과현금이 부족하기 때문에 성과를 내지 못하고 재무적 위기에 처하게 된 것이라고 믿었다. LTCM의 직원들은 자신들이 댐의 모든 구멍을 막으면 시간을 벌 수 있으며 매매를 유리한 방향으로 돌릴 수 있을 것이라고 판단했다. 그들에게 필요한 것은 현금이었다.

LTCM에 기본적으로 필요한 것은, 힘든 시기를 이겨낼 수 있도록 도와줄 부자 아저씨였다. 결국 메리웨더의 생각이 옳기는 했다. 구제금융에 나선 회사들 모두 자신들이 투자한 원금을 돌려받았으며 심지어는 투자에 대한 수익도 거두었다. LTCM에서 아무것도 건지지 못한 유일한 사람들은 구제금융 이후 지분이 확 줄어든 초기 투자자들이었다.

메리웨더 입장에서 부자 아저씨는 엉클 샘(미국)이 아니라 엉클 월스트리트였다. 자금을 확보하고 독자적으로 문제를 해결하기 위한 모든 노력이 더 이상 소용이 없게 되자 메리웨더는 9월에 뉴욕연방준비은행에 도움을 호소했다. 뉴욕연준의 총재인 데이비드 멀린스는 이 거대 헤지펀드의 운명을 논하기 위해 월스트리트의 **푸바**poobah*들을 소집했다. 월스

---

* 영국 극작가 길버트와 설리번의 희극 「미카도(The Mikado)」에 나오는 거만한 등장인물인 그랜드 푸바(Grand Poobah)에서 비롯된 명칭. 이 책에서는 각 금융회사들의 대표를 말한다

트리트에서 가장 영향력 있고 똑똑한 사람들이 하나의 금융기관을(그리고 자신들을) 구하기 위해 한 자리에 모인 것은 거의 100년 전 J. P. 모건 시절 이후 처음이었다.

절망적인 순간이었다. 모두가 알다시피 필사적인 수단을 강구할 만큼 절망적인 상황이었다. 골드먼삭스와 메릴 린치가 LTCM에 대준 증거금 대출이 지나치게 많아서 이 펀드가 청산될 경우 월스트리트의 가장 강력한 투자은행 두 곳이 위험에 처할지도 모른다고 뉴욕연준이 염려하고 있다는 소문이 돌았다. 헤지펀드가 마진콜을 채우지 못할 경우 펀드가 보유한 모든 포지션은 그 즉시 거의가 헐값에 매각된다. 결국 펀드는 완전한 붕괴로 끝을 맺게 되는 것이다. 하지만 뉴욕연준은 LTCM이 파산하면 소돔과 고모라와 같은 마지막 장면이 펼쳐져 모두가 불길에 휩싸이게 될지도 모른다고 염려하는 것이 분명했다.

연방준비은행이 구제금융을 주선하고 나선 것에 대해선 여전히 많은 사람들이 탐탁지 않게 생각한다. 물론 의문은 아직 남는다. 왜 LTCM은 이런 특별 대접을 받은 것일까? 나는 언론이 이를 철저히 파헤치지는 않았다고 생각한다. 14개 금융사들은 LTCM이 마진콜을 채우고 영업비용을 충당할 수 있도록 각기 1억~3억 5,000만 달러씩을 출자해 총 35억 달러의 구제 기금을 마련해주기로 합의했다. 구제금융이 왜 필요했는지, 그리고 실제로 LTCM이 대마불사에 해당되기 때문이었는지 아니면 **사정을 잘 아는** 많은 사람들이 이 펀드에 투자한 돈이 너무 많아서 투자금을 잃기 원치 않았기 때문인지는 아직도 풀리지 않은 문제다.

정확한 것은 아무도 모르지만, 일각에서는 LTCM이 청산했을 경우 글로벌 시장에서 1조 달러 이상의 가치가 사라졌을지도 모른다고 추정하고 있다.

1999년이 시작되면서 LTCM의 자산 상태가 호전되기 시작했다. LTCM은 이익을 보고했고 구원자들에게 돈을 갚을 것이라고, 적어도 구제 기금은 상환할 것이라고 발표했다. 구제금융을 받고 1년이 지나지 않아 메리웨더는 LTCM을 접고 새로운 투자 회사를 차릴 것이라고 발표했다. 1999년 초가을이 되었을 때 LTCM은 구제금융의 거의 75%를 상환했다. 컨소시엄 측은 **포트폴리오가 아주 우수한 상태**이며 LTCM의 리스크가 거의 90%까지 줄어들었다고 발표했다.

구제금융을 받는 조건으로 LTCM의 파트너들은 대출금의 90%를 갚지 않는 한 새로운 펀드를 차릴 수 없게 되어 있었다. 2000년 3월 말이 되자 구제 기금의 대부분이 상환되었고, 연말에 메리웨더는 JWM 파트너스 JWM Partners라는 새로운 헤지펀드를 운영하기 시작했다. 10억 달러 이상의 자본을 모은다는 목표를 세웠고, 이번에도 그는 목표를 초과했다.

2001년 2월에 메리웨더는 마이애미의 사우스비치에서 열린 관리펀드협회 MFA Managed Funds Association의 연차 네트워크 총회에서 연사로 올랐다. 그는 투명성 및 투자자들이 펀드에 가입할 때 자신들의 행동을 정확히 이해해야 할 필요성에 대해 논했다. LTCM의 구제금융 이후 메리웨더가 공식 석상에서 발표를 한 것은 이번이 처음이었는데, 정말로 재미있는 일이었다. 가장 은밀하게 움직이기로 소문 난 매니저가 투명성의 필요성을 역설한다는 것 자체가 코미디나 다름없었다. LTCM의 탄생 순간부터 메리웨더와 그의 엘리트 팀은 극도로 비밀스럽게 펀드를 운용했다. 이 마이더스의 손을 가진 트레이더가 투명성을 부르짖고 있기는 했지만, 그 의미는 꽤나 다르다고 말할 수 있었다. LTCM의 몰락은 헤지펀드 산업이 끼이익 하는 소리를 내며 급정차하게 만들었고, 이제 투명성을 외치는 메리웨더의 요구는 새로운 시대가 다가옴을 알리고 있는 듯 보였다.

그럴지라도 객석에 앉아 있던 몇몇은 무언가 다른 생각을 하고 있었다. 「뉴욕 포스트」의 보도에 따르면, 청중 한 명은 그 주에 마이애미의 날씨가 29도가 넘었다는 것을 언급하면서 "아마도 메리웨더가 햇빛을 너무 오래 쬔 것 같았다"고 평했다. 또 다른 청중은 메리웨더의 연설이 "자신을 잊으려 하는 업종에서 다시금 스포트라이트를 받기를 갈망하는 한 절망적인 남자의 필사적인 몸부림"에 지나지 않다고 말했다.[10]

하지만 투명성과 개방성에 대한 메리웨더의 주장은 어쨌든 간에 틀린 말은 아니었다. LTCM 사태 전에도 헤지펀드는 몇 가지 난관에 부딪힌 상태였다. 첫째, 언론의 비난이 거세지면서 많은 기관 투자자는 자신들의 일자리를 보호하기 위해서라도 헤지펀드에서 자산을 빼내 뮤추얼펀드 같은 보다 보수적인 투자로 갈아타야겠다는 생각을 하고 있었다. 그러다 닷컴 버블이 터졌고, 헤지펀드계의 많은 슈퍼스타들은 자신들이 월급만 많이 받을 뿐 변동성 큰 시장에 제대로 대처하지 못하는 주식 중개인들의 처지와 다를 바가 없다는 것을 깨달았다.

헤지펀드를 성공적으로 운영하는 비결은 **고객을 부자로 만들어주는 것이 아니라 그들의 부를 유지시켜주는 것**임을 잊어서는 안 된다. 당시처럼 보도 내용에 근거해 주식을 평가하는 것이 전부인 상황에서 이는 매우 힘든 일인데, 일단 비관적인 보도가 퍼져나가면 주가도 같이 하향세를 그리기 때문이다. 다른 모두가 사는 것을 같이 사는 것 이상의 투자 전략이 필요하다. 고고Go-Go 시대에 성장한 대부분의 헤지펀드들은 상승장이 하락장으로 돌아서고 진짜 어려움이 발생했을 때 시장에 제대로 대응할 능력이 없었다.

"자산운용사를 경영할 때의 문제점은 시장 상황이 어떤지에 상관없이 모두가 우수한 실적을 기대하고 있다는 것이다. 시장을 앞지르고 벤치마크를 이기면 엄청난 돈이 쏟아져 들어온다. 기껏해야 벤치마크를 200~300베이시스 포인트만 앞서는 것이 고작이라면 투자자들은 당신에게 '그래서 어쨌다는 건데?'라고 말한다." 마리너 인베스트먼트 그룹Mariner Investment Group의 윌리엄 마이클체크William Michaelcheck 회장은 그렇게 말했다. 뉴욕 소재의 이 헤지펀드 회사는 총 45억 달러가 넘는 자산을 관리하고 있다.

게다가 한두 해 가량 실적이 저조하면 헤지펀드는 보수를 받는 것에도 애를 먹게 된다. 대부분의 헤지펀드는 최고 수준의 보수를 받기는 하지만, 투자자들의 투자 원금이 그대로 유지되고 있을 경우에만 성과보수를 받는다는 조건을 명기하고 있다. 따라서 헤지펀드가 한 해에 손실을 내면 펀드매니저는 투자자들의 투자 원금을 모두 되살릴 때까지 성과보수를 단 한 푼도 받을 수 없다. 이때 펀드매니저 입장에서 볼 때의 문제점은, 펀드가 한 해에 20%의 손실을 냈지만 다음 해에 20%의 수익을 냈을 때에도(이는 어떤 기준으로 따져도 꽤 훌륭히 회복한 것이다) 매니저에게 돌아가는 성과보수가 여전히 전혀 없다는 것이다. 투자자들의 돈을 되찾으려면 25%의 수익률을 내야 한다는 뜻이다. 일부 헤지펀드매니저들이 합리적이지 못한(때로는 치명적이기까지 한) 리스크를 감수하는 것도 이런 이유에서다.

하지만 로버트슨은 자신의 새끼호랑이들을 보다 철저히 대비시켜주었다. 2000년 초 시장이 등락을 거듭하는 동안에도 온갖 종류와 규모, 스타일, 전략의 펀드들이 출범하고 있었다. 이번 역시 모든 사람들이 헤지펀드 게임을 원하는 것 같았다. 이런 헤지펀드 중 여러 개는 파크애비뉴 101번지에 들어선 새끼호랑이들이 운영하는 펀드였다. 그들이 게임에 합류하면서 시장은 닷컴 붕괴에서 반등하는 조짐을 보이기 시작했다. 하지만 1년 후 헤지펀드는 또 다시 혼란에 휩싸였다. 이번에도 많은 헤지펀드 매니저들이 큰 손실을 입고 허우적댔다. 2002년에 S&P 500의 하락은 거의 23%였는데, 일부 헤지펀드들의 손실은 최대 30~35%나 되었다! 많은 투자자들과 제3의 시장 참가자들은 처참한 실적을 보면서 "도대체 어떤 식으로 헤지를 했다는 것인가?"라는 질문을 던졌다. 답은 헤지를 하지 않았다는 것이다. 그들은 로버트슨이 새끼호랑이들의 귀에 딱지가 앉도록 가르쳤던 헤징 전략을 터득하지 못했다. 많은 헤지펀드들이 병합되었고 많은 곳이 문을 닫았으며 많은 헤지펀드 매니저들이 피난처를 찾아 뛰어다녔다.

언론과 몇몇 금융기관의 추정에 의하면 2003년 초에 거의 6,300개의 헤지펀드들이 기관과 부유한 고객에게서 자산을 모으고 있었다. 2003년 중반이 되면서 언론과 금융기관은 1,000개 이상의 헤지펀드가 청산했거나 청산하는 중이거나 파산 직전에 놓여 있다고 말했다. 시장이 썩은 사과들을 제거한 것이었다. 모두가 헤지펀드 매니저가 될 수 있는 것은 아니며 그래서도 안 된다.

LTCM의 붕괴와 이후의 구제금융 이후 수많은 매니저와 투자자들이 헤지펀드를 시작했다. 여기서 문제는, 헤지펀드에서는 한 번에 많은 포지션을 취할 수 있으며 따라서 그만큼 많은 참가자가 생겨난다는 것이다. 2001년과 2002년에 헤지펀드 업계는 너무 붐볐고 너무 많이 사들였고 결국에는 너무 많이 팔아버렸다. 자신의 헤지펀드를 차린 똑똑한 매니저들은 펀드를 시작했어도 투자자들이 결코 오지 않는다는 것을 깨달았다.

익명을 요청한 한 신생 헤지펀드의 매니저는 이렇게 말했다. "내가 펀드를 시작하면서 내 변호사, 회계사, 프라임 브로커가 깜박하고 말해주지 않은 사실이 있었는데, 투자 자산을 모으기가 대단히 어려울 것이라는 사실이었다. 나는 자산 운용 업무에서 주방장으로서의 일과 허드렛일을 동시에 하고 있을 뿐 아니라, 자산 모집에 있어서도 주방 일과 허드렛일을 겸하고 있다. 그것은 정말로, 정말로 힘들다. 우리 모두가 같은 투자자를 놓고 경쟁을 벌이고 있는 것처럼 보인다. 이러한 환경에서는 아무도 새로운 얼굴과 함께 할 기회를 원하지 않는다."

하지만 훌륭한 혈통을 가진 매니저들은 걱정거리가 별로 없어 보였다. 타이거 마법으로 세례를 받은 매니저들을 보면 금고에 돈이 두둑이 쌓여 있다는 인상을 받는다. 새끼호랑이들 대부분은 격랑이 이는 시장을 잘 헤쳐 나갔으며, 우수해 보이는 매니저들을 찾아다니는 투자자들 덕분에 그들의 자산도 풍선처럼 불어났다. 이런 상황 모두가 지난 몇 년 동안 로버트슨의 전설을 유지시키는 데 일조했다.

2003년과 2004년에도 헤지펀드 업계는 여전히 변화를 겪고 있었다. 최근에 헤지펀드 매니저들에 대한 규제 요구가 높아졌으며, 업계 전반도 규제가 어느 정도 강화될 것임을 짐작하고 있는 눈치다. 또한 과거 몇 년 동안 월스트리트에서 가장 유명한 투자 회사들 대부분이 헤지펀드에 참가하기 시작했다. 한동안 증권사들은 헤지펀드를 대신해 거래를 수행하고 결제서비스를 제공하는 것에만 관심을 보였다. 증시가 말라붙고 투자자들이 채권 투자의 까다로움을 알게 되면서, 와이어하우스wire house[*]와 지역 증권사들 모두 시장 여건에 상관없이 매매를 할 수 있는 수단으로서 헤지펀드를 눈여겨보게 되었다.

헤지펀드는 전통적으로 아주 부유한 투자자와 기관만이 가입할 수 있지만, 대형 증권사들은 월스트리트에 퍼진 불안감을 타파하기 위해 부유한 고객만이 아니라 중산층 고객들도 가입할 수 있는 헤지펀드 상품을 출시하기 시작했다. 증권사의 재무설계사들은 고객에게 팔 투자 상품이 필요했지만, 시장이 삼 년 연속 침체인 상태에서는 종래의 투자 상품은 고객에게 먹히지 않았다. 이제 헤지펀드들은 고객에게 무언가 새로운 것을, 무언가 다른 것을, 1940년대 말 처음 발명된 이후부터 내내 금지되어 왔던 무언가를 제공하기 시작했다.

대다수 대형 증권사들과 지역 증권사들은 지금 자체의 헤지펀드나, 헤지펀드 투자펀드를 보유하고 있는데, 아직 개발 중인 곳도 있고 이미 시장에 출시한 곳도 있다. 2004년부터는 투자 자산이 2만 5,000달러에

[*] 여러 지점들을 전기통신 시설로 연계해 금융 정보, 리서치 결과, 가격 정보 등을 공유하고 고객 주문을 전달하는 대형 증권사

불과한 평범한 투자자도 헤지펀드에 가입하거나, 헤지펀드 투자펀드에 가입할 수 있었다. 하지만 대다수 헤지펀드 매니저들은 가장 중요한 것을, 즉 어떻게 헤지를 해야 하는가, 라는 문제를 망각하고 있다. 뉴욕에 있는 헤지펀드 회사인 파이낸셜 인베스터스Financial Investors LLC의 사장 겸 펀드매니저인 데일 제이콥스Dale Jacobs는 "헤지펀드의 개념은 시장이 나쁠 때는 자산을 보호하고 시장이 좋을 때는 이익을 낸다는 것이다"고 말한다.[11]

그러나 많은 사람들은 적절히 이용되기만 한다면 헤지펀드는 평범한 투자자가 신문에서나 읽을 법한 전문 투자 영역에 한 걸음 들어설 수 있는 수단이 되어줄 수 있다고 믿는다. 헤지펀드의 민주화 덕분에 평범한 투자자도 전통적인 주식과 채권 위주의 포트폴리오에서 탈피해 (이론적으로는) 주요 시장의 움직임과 상관이 없는 투자 전략으로 옮겨갈 수 있다는 것이다. 이는 침체장에서는 손실을 제한해주고, 상승장에서는 비록 적을지언정 이익을 내준다는 것이다. 하지만 최근 주요 시장의 랠리 장세가 이어지는 속에서 재무설계사와 증권 브로커 들이 다시 롱 위주의 전통적인 투자 상품 판매에 집중할 수도 있고, 그렇게 되면 헤지펀드는 주목받는 자리에서 물러나 뒷전으로 나앉게 될지도 모른다.

펀드매니저가 부침을 겪지 않고 매해 괄목할 실적을 거둘 수 있다는 것은 생각할 수 없는 일이다. 결국 이들 역시 한 무리의 인간에 불과하며 인간은 누구나 실수를 저지른다.

로버트슨은 최근 헤지펀드에 대한 관심이 늘어난 것에 관해 이렇게 언급했다. "헤지펀드의 커다란 장점은 이렇다. (a) 상승장과 하락장 모두에 돈을 걸 수 있으며, 시장이 하락할 때에도 가만히 앉아만 있지 않아도 된다. (b) 투자자는 거의 모든 헤지펀드 매니저들이 자신들의 돈 대부분을 펀드에 집어넣었다는 점에서 어느 정도 위안을 느껴도 좋다. 실적이 좋을 때 그들이 얻는 것은 기껏해야 20%의 성과보수지만, 투자에 동참하고 있기에 잃을 때는 그들도 모든 것을 잃을 수 있기 때문이다."

"또한 나는 헤지펀드가 제공하는 수익이 은행이나 뮤추얼펀드 등의 전통적인 투자 형태로부터 사람들을 끌어와줄 것이라고 생각한다."[12]

하지만 두 번째의 언급은 수요와 공급에 대한 것이다. 훌륭한 성과를 거둔 헤지펀드들 대부분은 신규 투자자 가입을 중단한 상태이며, 현재 투자자를 모집 중인 펀드들 대다수는 기관 투자자들에게서 돈을 끌어올 만큼 충분히 큰 규모가 아니다.

"정말로 훌륭한 헤지펀드에 돈을 맡기는 것은 대단히 어려운 일이다"라고 로버트슨은 말한다. "좋은 헤지펀드에 10억 달러를 맡기는 것은 말 그대로 불가능하다. 역선택의 법칙 law of adverse selection*이 적용될 것이라고 짐작할 수 있다. 즉, 훌륭한 펀드들은 신규 투자자 가입을 중단하고 있기에 거기에서는 고를 곳이 하나도 없든가, 아니면 진정한 재능이 없어서 아무도 투자할 생각을 하지 않는 펀드들만 무수히 발견하든가 하게 되는 것이다."

결국 타이거 매니지먼트를 운용하면서 로버트슨은 가치투자 철학과 뛰어난 수익의 역사를 통해 그리고 타이거를 몰락으로 이끈 전술적 착오

---

* 의사결정에 필요한 정보가 충분치 않아서 불리한 선택을 하게 된다는 법칙

를 통해 헤지펀드 산업에 많은 가르침을 남겼다. 지난 여러 해 동안, 민첩함을 유지하면서 시장에 발 빠르게 대응할 수 있는 훌륭한 헤지펀드들은 단지 자산을 좇기만 하는 곳들보다 더 능숙하게 성공을 발견하고 그 성공을 유지할 수 있다는 것이 더더욱 분명해졌다.

로버트슨은 이렇게 말했다. "지금 내 직원들 중 많은 수가 떠났고, 그들은 우리의 실수는 덩치가 너무 컸다는 것임을 깨달았다. 나는 자산을 유지시키는 재능만 있다면 규모가 얼마나 커지든 별 차이가 없다고 늘 생각했었다. 하지만 나는 뷔페 테이블의 크기가 줄어들었고 그러면서 선택할 수 있는 가짓수도 그만큼 줄어들었다는 것은 미처 알아채지 못했다. 의미 있는 투자를 하기 위해서는 한 기업의 주식을 대량으로 매수해야 했는데, 대량으로 매수하면서 유동성도 유지시킬 수 있는 기업들은 몇 개 되지 않았다." 로버트슨은 훌륭한 헤지펀드 매니저들 대부분이 이 사실을 잘 알고 있기에 신규 투자자의 가입을 중단하고 있는 것이라고 본다. 이러한 깨달음은, 역사상 가장 성공적인 헤지펀드를 구축하면서 로버트슨이 만들어낸 위대한 유산의 또 다른 일부분라고 말할 수 있다. 더욱이 그는 타이거에서 번 이익을 이용해 대규모 자선단체를 세우고 가장 최근에는 뉴질랜드에 리조트를 지었다. 뉴질랜드와 관련해서는 다음 장에서 논할 것이다.

로버트슨은 자신이 헤지펀드에 남긴 유산은 타이거에서 세웠던 높은 실적과 그 실적을 달성하도록 도와준 사람들이었다고 믿는다.

그가 말했다. "한 기자가 내게 와서는, 최고 실적을 세운 스물다섯 명의 매니저들에 대한 기사를 작성하고 있는데 그 중 여덟 명이 타이거 출신이라고 말해주었다. 그 여덟 명의 위대한 매니저들 모두 헤지펀드 분야에 종사하고 있고, 지금 이곳 타이거에도 새로운 매니저 군단이 머무르고 있다. 그들은 시장에서 자신의 길을 아주 잘 찾고 있으며 환상적인 실적을 거두고 있다. 그런 점 모두가 하나의 유산이다."

JULIAN ROBERTSON

13

노블레스 오블리주

지역사회로의 환원은 월스트리트에서 흔한 화제다. 맨해튼 남부에서 사람들이 돈을 벌고 증권을 사고파는 일을 해온 만큼의 오랜시간동안, 그들은 거기서 번 돈을 일부 환원해 세계를 더 살기 좋은 곳으로 만들기 위해 많은 시간을 쏟아 붓는 일도 함께 해왔다.

세계를 더 살기 좋은 곳으로 만드는 일에 있어서는 로버트슨과 그의 동료들도 제삼자가 아니다. 시간과 돈을 투자해 지역사회에 환원하는 일은 그들에게 돈을 관리하는 일 만큼이나 자연스러운 것이다. 지난 여러 해 동안 로버트슨과 그의 가족, 전직 동료들은 세계 각지의 단체와 사회운동에 수천 만 달러의 돈을 기부했다. 일부 헤지펀드 매니저들과 달리 로버트슨은 세상의 이목을 끌지 못하는 단체나 집단에 돈을 기부하는 성향을 보인다. 그의 막대한 기부금에 대한 기사가 보도된 적도 있기는 했지만, 그의 자선 행위는 언론의 관심을 받으려는 것보다는 일종의 보이지 않는 손처럼 움직이는 듯하다.

헤지펀드 세계에서 투자를 통해 부를 벌어들이고 그 부를 가지고 좋은 일을 하는 것은 앨프리드 윈슬로 존스의 업적에서 그 기원을 찾을 수 있다. 존스는 뉴욕시가 더 좋은 곳이 될 수 있도록 지대한 역할을 했으며, 그의 아내인 메리 역시 시와 여러 자선단체에 대단히 헌신적이었다.

존스는 다른 일을 하기 위한 돈을 버는 방편으로 헤지펀드 사업을 시작했다. 사업가로서의 존스는 시장이나 개개 종목에 큰 관심을 나타낸 것이 아니라, 헤지펀드에서 벌어들인 이익으로 가족을 부양하고 사회에 환원하고 월스트리트가 아닌 다른 분야 관심사를 탐구하는 데 더 관심이 많았다. 존스가 지역사회 활동을 열심히 한 덕분에 그와 같이 일했던 직원들도 여전히 지역사회 활동 및 예술 사업에 활발히 참여하고 있다. 존스가 헤지펀드라는 유산을 많은 이들에게 남겨준 것도 사실이지만, 헤지펀드 운영자로서 거둔 성공을 바탕으로 자선 활동에 많은 시간과 돈을 들인 것이야말로 그의 진정한 유산이라고 생각하는 사람들도 있다.

존스와 그의 아내가 매우 깊이 관여했던 사회사업은 헨리 스트리트 사회복지회 Henry Street Settlement였다. 존스는 해외여행을 하는 중에 헨리 스트리트의 복지 사업에 관심을 가지게 되었다. 여러 차례 해외여행을 하면서 그는 미국인들이 다른 나라 사람들은 열성적으로 도와주면서 정작 자국민들은 거의 도와주지 않는다고 비난하는 소리를 들었다. 헨리 스트리트 사회복지회는 1893년 릴리언 월드 Lilian Wald가 사람들이 더 나은 삶을 살 수 있도록 도와주고자 세운 시설이었다. 헨리 스트리트는 무주택 가구를 위한 임시 거처 제공, 정신 건강 클리닉 마련, 노인 서비스센터, 지역사회 아트센터 등 다방면에 걸친 사회사업을 펼치고 있다.

앨프리드 존스의 아들인 토니는 현재 헨리 스트리트 이사회의 일원이며, 여동생인 데일 버치는 회장을 맡고 있다. 두 남매는 헨리 스트리트의 인지도를 높이고 헤지펀드가 사회에 환원하는 돈의 일부가 이 시설에 기부되기를 바라는 마음에서 헤지펀드 매니저들에게 이 단체의 특징 및 사회사업에 대해 올바른 정보를 알려주고자 많은 노력을 기울여왔다.

자산운용사와 투자 회사들 거의 대부분이 자선사업을 행하고 있다. 세계에서 가장 위대하고 영향력 있는 자선사업가들 중 일부는 전, 현직 월스트리트의 거물들이다. 베어스턴스의 에이스 그린버그Ace Greenberg, 시티그룹의 샌디 웨일Sandy Weil, 존 뮬허런John Mulheren 등도 사업에서 벌어들인 돈의 상당 부분을 사회에 환원해왔다.

오랜 세월 동안 월스트리트는 지역사회를 돕는 일에 팔을 걷어붙이고 나섰다. 직원들을 북돋아 예술에서 교육에 이르기까지 분야에 상관없이 기부를 하도록 한 회사들에 대한 유명한 이야기가 많이 떠돈다. 베어스턴스와 같은 회사들은 자선활동에 상당한 노력을 기울였고, 덕분에 일부 직원들은 자선활동을 얼마나 많이 했느냐를 기준으로 보수를 받는다는 우스갯소리를 자주 할 정도였다.

베어스턴스의 직원들은 자선단체에 연소득의 일정 부분을 의무적으로 기부해야 한다. 경영진은 기부를 대단히 중요하게 여기고 있었고, 직원들이 어디에 돈을 기부해야 할지 결정하지 못하면 상급 경영자들이 대신 결정을 내린다. 어떤 면에서 이는 직원들의 관심 부족을 은연중에 책망하는 것이라고 볼 수도 있다.

어떤 사람들은 이처럼 **강요된 기부**는 별로 이타적인 행동이 아니며, 마음에서 우러난 행동이라기보다는 업무의 연장선에 가깝다고 말하기도 한다. 하지만 그런 강요된 기부가 전설의 원천이 되었으며, 베어스턴스에서 일했던 파트너와 직원 들은 이제 기부를 자신들의 새로운 조직의 일부로 삼고 있다. 베어스턴스를 비롯해 월스트리트의 몇몇 위대한 금융 회사들은 새로운 증권 인수 담당자와 머니매니저, 브로커, 트레이더 들을 훈련시키면서 자선사업가들도 같이 훈련시킨 셈이었다.

이러한 자선활동의 바탕에는 월스트리트가 많은 사람들에게 많은 부를 선사했으므로 그 부를 나눠줄 필요가 있다는 생각이 깔린 것으로 보인다. 그들 대다수가 월스트리트가 벌어준 부를 가지고 좋은 일을 한다는 순수한 의도에서 기부를 하는 것임에도 불구하고, 우월감과 자만심 때문에 의료사업이나 미술, 지역사회 복지사업 등에 큰돈을 기부하는 것이라고 보는 사람들도 꽤 된다.

어떤 사람들은 거래소의 객장에, 증권 인수 전문가의 데스크에, 그리고 트레이딩 룸에 존재하는 경쟁 심리가 자선사업의 세계로 옮겨갔다고 생각한다. 투자 세계의 대가들이 가장 위대하고 똑똑한 트레이더, 브로커, 증권인수전문가라는 자리에서 카네기홀, 링컨센터, 메트로폴리탄미술관을 비롯해 병원과 대학들의 가장 중요한 기부자로 탈바꿈한 것이다. 뉴욕시에서, 그리고 아마도 세계의 모든 주요 금융 중심지와 도시들에서 기부를 한다는 것은, 누가 얼마나 일을 잘하고 있는지 그 성적을 기록하고 세계에 발표하기 위한 또 하나의 수단이 되었다.

뉴욕에 있는 한 자선단체의 기부금 모집 담당자는 이렇게 말했다. "대중과 세상에 자신이 얼마나 성공했는지를 보여주는 방법에 있어서, 자신의 이름을 딴 건물을 지어주거나 사회사업을 행하는 것만큼 좋은 방법이 없다. 건물이나 복지사업에 자기 이름을 붙이도록 돈을 기부하면, 얼마나 많은 돈이 기부되었으며 누가 그 돈을 기부했고 그가 얼마나 일을 잘하고 있는지를 모든 사람이 그 즉시 알게 된다. 솔직히 말해서 그것은 우리에게도 아주 좋은 일이다. 기부금으로 훌륭한 일을 할 수 있는 것은 물론이고, 기부자와 동종 업계에 있는 사람들을 찾아가 그들끼리 기부금 경쟁을 벌이게 만들어서 더 많은 돈을 확보할 수 있는 수단으로써 그 기부금을 활용할 수도 있기 때문이다."

공정하게 말한다면, 사람들이 사회사업에 돈을 기부하는 것은 단지 이름을 빛내고 싶어서만은 아니다. 많은 사람들은 세상을 더 좋은 곳으로 만들기를 진심으로 원하기 때문에 기부를 한다. 가장 대표적인 사람이 바로 조지 소로스다. 지난 10년 동안 소로스는 동유럽 재건사업 및 더 살기 좋은 세상을 만들기 위한 여러 사회사업에 기금을 대는 일에 굉장히 많은 공을 들여왔다. 보다 열린사회를 만들기 위해 독립적인 언론을 지지하고 교육 프로그램을 재건하고 민주주의를 재건하고자 노력하는 개혁가들이 존재하는 **사회**를 도와주는 개개인을 교육시킬 목적으로 소로스가 열린사회재단을 통해 기부한 금액은 말 그대로 수억 달러에 달한다. 2001년의 세무기록만 참조해도 소로스는 열린사회재단에 1억 5,000만 달러가 넘는 돈을 기부했고, 재단은 그 해에 전 세계의 개인과 단체에 총 1억 3,900만 달러의 돈을 제공했다.[1)]

조지 소로스는 확실히 월스트리트의 사회 환원을 새로운 차원의 개념으로 끌어올렸다. 월스트리트에서건 아니면 다른 집단에서건, 세계에 민주주의를 가르치고 학습시키고 탄생시키기 위해 그토록 많은 사람들에게 그렇게 많은 도움을 준 사람은 아무도 없었다.* 소로스가 선택한 일은 정말로 놀라운 것이다. 그렇게 함으로써 소로스는 업무적으로든 개인적으로든 그와 같은 조직을 건설하기를 열망하는 헤지펀드 분야의 사람들이 넘기 어려운 기준을 세웠다. 소로스는 정치 문제에 관해서도 가만히 방관하고 있지만은 않았다. 2003~2004년 대선 기간 동안 소로스는 조지 부시를 낙선시키기 위해 1,000만 달러가 넘는 돈을 후원했다. 2004년에 **부시 독트린**을 무찌르겠다는 것은 그의 개인적인 소명이기도 했다.[2]

소로스의 기부 수준에 필적할 수 있는 사람은 솔직히 말해 하나도 없을지라도, 헤지펀드 업계의 사람들은 자신들이 속한 지역사회를 적극적으로 후원하고 도와주었다. 가장 선방에서 사회 환원 활동을 펼친 사람들로는 폴 튜더 존스Paul Tudor Jones와 로브 데이비스Rob Davis를 들 수 있다. 존스는 로빈후드 재단Robin Hood Foundation을 창설했으며, 데이비스는 헤지펀드 케어스Hedge Fund Cares의 숨은 공신이었다. 두 사람 모두 전 세계 사람들에게 도움을 주기 위해 수백만 달러의 기금을 모았다. 로버트슨과 새끼호랑이들도 이 두 자선단체의 활동에 적극 참여한다. 그들 대부분은 곧잘 무자비한 트레이더나 브로커, 투자자로 불리지만, 그들은 삶의 상당 부분을 사회 환원에 쏟아 붓고 있다.

---

* 현재 최다액수 기부자는 빌 게이츠와 워런 버핏이다.

오랜 세월 동안 로버트슨과 전직 타이거 직원 중 많은 수는 예술과 교육, 무주택자, 의료보건 활동에 아낌없이 돈을 기부했다. 베어스턴스의 은행가들과 마찬가지로 로버트슨도 사회 환원을 타이거의 중심적인 이상으로 삼았다. 실제로 지난 20년 동안 뉴욕 안팎의 자선 활동 중에서 타이거 팀의 기부를 받지 않은 곳은 거의 찾아보기 힘들다.

로버트슨은 부모님이 오랫동안 지역사회에 헌신하는 것을 보면서 이러한 기부활동을 배우게 되었다고 생각한다. 그가 자선 활동을 하는 수단 중 하나는 1990년에 동료 여러 명과 함께 세운 타이거 재단Tiger Foundation이다. 타이거 재단의 목표는 **뉴욕의 극빈 가정을 도와주는 우수 비영리단체에 재정적 지원을 제공하고, 더 나아가 타이거 사원들의 적극적이고 체계적인 자선 활동을 장려하는 것**이다. 타이거가 존재하는 동안 로버트슨은 동료들로 하여금 단순히 돈을 기부하는 차원을 넘어 후원금 지급 과정에 참여하고 재단 이사회에 참가하는 등의 시간도 제공할 것을 장려했다. 타이거재단은 **빈곤의 악순환을 끊기 위해 노력하는** 자선단체들을 후원하며, **단순히 증상을 완화시키기만 하는** 자선사업에 대한 지원을 지양하고 대신 빈곤 가정이 **자족 능력을 달성하고 더 나아가 안전한 삶을 이루는 데** 필요한 수단을 제공해주는 자선사업을 도와주고자 노력한다.[3]

타이거의 직원들은 잠재적 투자기회를 살필 때와 똑같이 날카로운 눈으로 자선사업과 자선단체들을 관찰하고, 투자 결정을 내릴 때와 전혀 다를 바 없이 자신들이 기부한 돈이 어디로 가는지를 결정할 때도 여러모로 살피면서 신중한 결정을 내려야 했다. 오랜 세월 동안 로버트슨과 그의 팀은 자신들의 돈이 적절히 사용될 것인지를 확인하기 위해 여러 사회사업을 다각도로 분해했으며, 그 돈이 사용되어야 할 사람들에게 실제로 사용되고 있는지를 확인했다. 이렇게 하는 목적은 각각의 자선사업을 진정으로 이해하고 더불어 그 사업이 어떻게 진행되며 어떤 영향을 미치고 어떤 도움을 주는지를 평가하기 위함이었다. 로버트슨은 자선사업을 후원할 때 실수 없는 판단을 내릴 수 있도록 팀원들에게 직접 현장에 나가고, 자선단체의 이사진들을 만나보고, 장부를 관찰하고, 직원 및 수혜자와 참가자들을 만나보는 등 여러모로 배우기 위해 노력할 것을 독려했다. 타이거가 번창할수록 타이거 재단도 번성했다. 로버트슨과 그의 팀은 여러 해 동안 뉴욕 안팎에서 행해지는 자선사업에 수백만 달러의 돈을 기부했다.

현재의 타이거 재단은 불우 아동과 그 아이들의 가정을 보호하는 사업 등 이들을 돕기 위한 소명을 완수하고자 노력하고 있다. 타이거 매니지먼트는 문을 닫았지만, 자선단체인 타이거 재단은 여전히 활발히 활동하고 있으며 타이거에서 일했던 직원들도 정기적으로 아낌없는 기부를 해주고 있다. 2002년 11월 국세청 세무보고에 다르면 타이거 재단의 자산은 1,200만 달러에 조금 못 미쳤다.[4] 타이거재단의 기부자들 중에는 타이거 매니지먼트에서 일했다가 현재는 자신의 헤지펀드를 운용하고 더 나아가 자신들의 자선재단을 운영하고 있는 사람들도 다수 포함돼 있다. 2001년 국세청 기록에 의하면 타이거재단은 뉴욕시 안팎의 단체들에게 340만 달러가 넘는 후원금을 제공해 주었다.[5]

타이거 재단은 여러 가지 교육, 직업훈련, 복지사업을 후원하고 있으며, 청소년들이 빈곤과 자선의 악순환에 빠지기 전에 그들을 도와주기 위한 청소년 계발사업도 후원하고 있다. 2001년에 타이거재단은 뉴욕시의 다섯 개 자치구(맨해튼, 브루클린, 브롱크스, 퀸즈, 스태튼아일랜드)에서 다수의 복지사업에 후원금을 제공했다. 청소년 계발 단체인 뉴욕소년단 Boy's Club of New York, 브롱크스 프리패러터리 차터스쿨 Bronx Preparatory Charter School, 헨리 스트리트 사회복지회, 자활기관인 도우기금 The Doe Fund, 아동 교육과 보호 사업을 펼치는 차일드 케어 Child Care Inc., 저소득층의 청소년과 가정을 돕는 프로젝트 리치 유스 Project Reach Youth, 다인종, 다문화 청소년들을 후원하는 시티키즈 재단 CityKids Foundation 등이 여기에 해당되었다. 뉴욕에서 번 돈이므로 뉴욕에 돈을 써야 한다는 것이 타이거재단의 생각이었다. 로버트슨은 세계의 다른 지역들을 돕는 것도 물론 훌륭한 일이지만, 타이거재단의 경우만큼은 이익을 벌어들인 도시에 돈을 돌려주는 것이 마땅하다고 믿는다.

십억 달러 이상의 자산을 운용하는 재간접펀드인 K2 어드바이저스의 파트너 겸 창립자이며 타이거에서 트레이더로도 일했던 데이비드 선더스가 말했다. "로버트슨은 우리가 다양한 사회사업들을 공부하고 기부한 돈이 어디로 가며 어떻게 이용되는지를 파악하게 만드는 데 대단히 관심이 많다. 그는 우리가 사회 환원을 계속하기 위해서라도 다른 사람들에게 얼마만한 영향을 미치는지를 우리들이 제대로 이해하기를 원한다. 그는 방문객들이 우리를 찾아와 저녁 내내 우리의 돈이 어떻게 사용되고 무엇에 사용되며 우리의 기부로 복지사업이 얼마나 수혜를 입는지를 설명할 수 있도록 여러 차례 그들과의 만남을 주선한다."

선더스를 비롯해 전직 타이거 직원들 다수는 로버트슨의 자선 활동 방식이 본인들은 물론이고, 세계를 바라보는 방식과 본인이 세계 속에서 맡은 역할을 바라보는 방식에도 영향을 미쳤다고 생각했다. 타이거 재단이나 이와 비슷한 단체들을 후원함으로써 단순히 돈만 기부하거나 다른 동료나 경쟁자들에게 과시하는 것이 아니라 도움을 필요로 하는 사람들을 정말로 도와줄 수 있다는 것을 로버트슨은 가르쳐 주었다.

1998년에 로버트슨은 지역사회 활동에 참여하는 수준에서 한걸음 더 나아가기 위해 로버트슨 재단Robertson Foundation을 설립했다. 세계 곳곳의 복지사업과 사회문제를 후원하고자 노력한다는 점에서 로버트슨 재단의 사명은 타이거 재단의 것보다 훨씬 광범위하다. 2002년 10월 미 국세청에 보고된 내용에 따르면 로버트슨 재단의 자산은 3,520만 달러가 넘었다. 로버트슨 재단을 통해 로버트슨과 그의 아내 조시는 교육운동, 교회 및 종교단체, 예술, 의료 등 다방면의 단체에 기부를 한다. 국세청에 제시된 자료에 의하면 2001년 11월 30일까지 12개월 동안 로버트슨 재단은 1,890만 달러 이상을 기부했다.[6]

로버트슨은 가능한 한 많은 사람들을 돕고자 노력한다고 오랜 지기인 데일 버치는 말했다. "요 몇 년 동안 그로부터 NO라는 말을 들은 사람은 별로 없을 것이다. 그는 사람들을 도와주고 세상을 조금은 더 살기 좋은 곳으로 만들기를 진심으로 원한다."

2004년 초여름에 로버트슨 재단이 세상을 더 살기 좋은 곳으로 만드는 데 쓰고자 모은 자산은 5,000만 달러가 넘었다. 재단 이사장이며 현재 타이거 재단의 법률고문인 빌 구델Bill Goodell의 말을 빌면, 로버트슨이 확실한 결과를 바라고서 증권에 투자하기로 결정하는 것과 마찬가지로 그와 그의 가족은 자선단체에 돈을 기부하기로 결정할 때에는 그 기부금에서 뚜렷한 결과가 나오기를 바란다. 그들의 기대치는 높으며 로버트슨 재단이 기부한 돈에 대해 수익을 거두기를 기대한다. 그들은 기부금에서 수익을 거두는 것이 마땅하다고 생각한다.

구델은 이렇게도 말했다. "로버트슨과 그의 가족은 재단(의 자산)이 하는 일에 대해서도 주식시장에 투자할 때와 똑같은 시각으로 바라본다. 그들은 뚜렷한 효과가 나타날 수 있는 아이디어와 기회를 찾고 있으며, 그런 기부금에서 수익이 발생하기를 원한다."

로버트슨은 재무기록 상으로 아무 수익도 나지 않을 것임을 잘 알고 있지만, 기부금이 적절히 지출되고 사용되는지를 판가름하기 위해 기부 성과 장부를 이용한다.

로버트슨 일가와 가까운 친구들은 기부금의 사용처에 대한 우선순위를 세워두고 있으며, 로버트슨과 구델은 조시 및 로버트슨의 아들들과 1년 365일 내내 조용히 협력하면서 기부금을 제공할 곳을 정한다.

그들의 노력을 보여주는 한 예가 로버트슨 재단이 뉴욕시의 공립학교 제도에 투자한 것이다. 선 아메리카Sun America의 엘리 브로드Eli Broad와 함께 로버트슨은 뉴욕시 교육감이었던 조엘 클라인Joel Klein이 학교제도를 개편하고자 마련한 전략적 계획의 일부에 기금을 대주었다. 그 결과로 나온 것이 차터스쿨charter schoo* 설립 운동인데, 앞으로 몇 년 간 뉴욕

* 미국의 공립학교제도에서 상대적으로 혜택을 누리지 못하는 저소득층 자녀들을 위해 지역사회를 중심으로 보다 자율적인 교과과정을 제공할 수 있도록 1990년대부터 설립되기 시작한 학교. 일반 공립학교처럼 학비는 무료이면서도 교과과정에 있어서는 일정 조건만 충족하면 교육위원회의 통제를 받지 않는다.

시에만 대략 50개의 차터 스쿨이 설립될 것이다.

구델은 이렇게 말했다. "이것이 효과를 발휘한다면 조엘은 공립학교 제도가 최상의 관행을 따르게끔 만들기 위한 일종의 연구소로서 차터 스쿨을 이용할 수 있을 것이며, 더 나아가서는 시 전체의 교육 수준을 높일 수 있을지도 모른다. 우리의 성공이 그들의 성공이 될 것이다."

로버트슨은 로빈후드 재단의 적극적인 후원자이기도 했다. 로빈후드 재단은 뉴욕시에서 빈곤을 타파하는 것을 유일한 목표로 삼으며, 헤지펀드계의 사람들(매버릭 캐피털 매니지먼트의 리 S. 에인즐리, 두케인 캐피털 매니지먼트Duquesne Capital Management의 회장 겸 CEO인 스탠리 드러큰밀러, 지프 브라더스 인베스트먼트Ziff Brithers Investments의 부회장인 더크 지프Dirk Ziff도) 로빈후드 재단 활동에 적극 참여한다.

로빈후드재단은 매년 화려한 자선공연을 여는 것으로도 유명한데, 지난 해 공연에서는 제리 세인필드와 레드 제플린의 멤버인 로버트 플랜트가 참가했다. 2001년 공연에서 한 입찰자는 마돈나와 기네스 펠트로가 이끄는 강좌가 포함된 요가 패키지에 42만 달러를 지불하기도 했다. 또 다른 익명의 입찰자는 조지 소로스, 잭 웰치, 워런 버핏, 루퍼트 머독 등 경제계 저명인사들과 열 번의 점심식사를 가지는 **타이탄들과 함께 하는 1년**이라는 행사에서 한 번의 식사 당 54,000달러를 지불하기도 했다.[7] 2002년에 국세청에 보고된 연간보고서에 따르면 로빈후드 재단은 뉴욕시 안팎의 복지사업들에 4,200만 달러가 넘는 돈을 후원했다.[8] 2004년 6월의 자선 경매 행사에서 헤지펀드 회사의 한 중역은 빌 클린턴 전 대통령과 캐나다의 왼손잡이 골퍼이며 2003년 마스터스컵 우승자인 마이크 위어

Mike Weir와 골프 한 라운드를 도는 것에 30만 달러를 지불했다.

로버트슨은 대부분의 자선 활동을 비공개로 행하는 편이지만, 아내의 이름으로 링컨센터에 2,500만 달러의 깜짝 기부금을 낸 것은 익히 잘 알려져 있다. 이는 링컨센터가 개관한 이래 단일 기부금 액수로는 최대 금액이며, 이중 1천만 달러는 링컨센터의 조시 로버트슨 기금을 창설하는 데 사용되었다. 조시 로버트슨 기금은 〈미드서머 나이트 스윙〉과 〈링컨센터 페스티벌 실황 생중계〉와 같은 TV 시리즈 등 수많은 프로그램을 후원한다. 거액의 기부금에 대한 보답으로 링컨센터의 이사회는 분수광장에 그의 아내인 조시의 이름을 붙였다.

링컨센터의 회장인 비벌리 실즈Beverly Sills는 로버트슨의 기부금은 센터 역사상 가장 큰 액수라는 점에서도 중요하지만 돈의 사용처에 대해 아무 조건도 달지 않고 전적으로 센터 재량에 맡겼다는 점에서도 대단히 의미가 깊다고 말했다.

로버트슨은 이렇게 말했다. "지금 내가 관리하고 있는 돈은 모두 내 돈이기 때문에 내가 시간을 어떻게 쓰든 별 문제가 되지 않는다. 만약 내가 파트너의 돈을 관리하고 있을 때 이러한 자선사업에 많은 시간을 들였다면 옳지 못한 행동이었을 것이다."

통례적인 기부 활동에서 벗어난 예로는 노스캐롤라이나 대학과 듀크 대학의 합동 장학금 신설을 위해 2,400만 달러를 제공한 것이었다. 두 학교에서 각기 15명씩 선발된 30명의 로버트슨 장학생들은 두 대학 모두에서 수업을 받아야 하며 적어도 한 학기는 상대편 대학에서 살아야 한다.

로버트슨이 이 장학 프로그램을 마련한 이유는, 두 대학의 거리가 14킬로미터 정도 밖에 되지 않음에도 오랫동안 스포츠 라이벌 관계였던 것을 제외하고는 두 학교 사이에 상호교류가 거의 없다시피 하기 때문이었다. 로버트슨은 이들의 상호교류를 장려함으로써 단순히 농구 경기의 승패 여부를 떠나 두 대학 간의 공동체의식이 강화될 것이라고 믿는다. 지난 몇 년 동안 이 장학 프로그램은 학생들에게도 큰 호응을 일으켰는데, 각기 명문 주립대학과 최고의 사립대학을 경험할 수 있기 때문이었다. 2000년에 신설된 이 장학프로그램은 노스캐롤라이나 대학과 듀크 대학이 공동으로 마련한 최초의 장학 프로그램이었다. 두 학교는 각각 1,200만 달러의 기부금을 받았는데, 노스캐롤라이나 대학 대변인의 말을 빌면 이는 아직 생존해 있는 사람이 기부한 액수로는 학교 역사상 최대의 금액이었다.

로버트슨은 노스캐롤라이나 대학에 다니는 아들의 친구들을 보면서 문득 이 장학 프로그램을 세울 결심을 하게 되었다고 말했다. 그는 아들의 친구들이 듀크 대학의 학생들을 알지 못하는 탓에 많은 것을 놓치고 있는 듯 보였고, 듀크 대학의 학생들 역시 노스캐롤라이나 학생들과 친분을 쌓지 못하면서 많을 것을 놓치고 있겠다는 생각이 들었다.

로버트슨 장학생들은 몇몇 수업을 함께 듣는다. 그들은 4년 동안 10만 달러의 장학금을 받으며, 노스캐롤라이나 대학이 있는 채플 힐과 듀크 대학이 있는 더럼 사이의 왕복 교통비, 랩톱 컴퓨터, 유급 여름 인턴십 자리도 제공 받는다.

노스캐롤라이나 대학의 커뮤니케이션 담당이사인 마이크 맥팔랜드

Mike McFarland는 두 대학이 4년 동안 이 장학프로그램을 운영하면서 프로그램의 효과와 재무적 요건을 높이 평가하게 될 것이라고 말한다.

로버트슨 장학생의 선발 기준은 학과 성적, 사회봉사, 리더십 능력이다. 선발된 학생들은 어느 한 쪽 대학에 등록돼 있고 학위도 그 대학에서 받지만, 두 대학 모두에서 수업을 받았음을 입증하는 증명서를 받는다.

2003년 겨울에 두 학교에서 각기 30명씩 해서 1학년생 30명과 2학년생 30명이 선발되었다. 장학프로그램 관리자인 에릭 믈린 박사 Dr. Eric Mlyn는 앞으로 2년에서 3년 동안 총 120명의 학생들을 선발하게 될 것이라고 설명했다.

2005년 듀크대 졸업 예정인 크리스 폴 Chris Paul은 로버트슨 장학생에 선발되는 것은 **정말로 놀라운 일**이라고 말한다. "그것은 단지 장학금만 지불해 주고 그 다음은 알아서 하라는 식의 장학제도와는 다르다. 이 장학프로그램은 두 대학을 연결해주고 더 나아가 대학 공동체 사이에 변화를 불러일으키는 것은 물론이고 세상을 바꿀 무언가를 하고 싶어 하는 사람들을 하나로 묶어준다."

폴은 이 장학프로그램에서 가장 좋았던 것은 여름의 인턴십 경험이었다고 말했다. 그는 2002년 여름에는 애틀랜타에 있는 야생협회 Wilderness Society에서 일했으며, 2003년에는 남아프리카공화국의 케이프타운에 가서 환경적 토지 개량 및 국제개발 등과 관련된 프로젝트에서 일할 것을 기대하고 있었다.

노스캐롤라이나 대학의 2학년생인 조앤나 랭킨 Johanna Rankin은 장학생에 선발됨으로써 상상도 못했던 경험을 누릴 수 있었다고 말한다. 프랑스어와 국제학을 복수 전공하는 그녀는 2003년 2월에 듀크 대학의 기숙사로 옮겨와서 이제 막 노스캐롤라이나 대학 밖에서의 생활을 시작한 참이었다. 2002, 2003년의 첫 학기를 남아공에서 보냈기에 듀크대 생활에도 비교적 쉽게 적응할 수 있었다.

"로버트슨 장학생이 되면 어떻게 시작되는지도 모르는 사이에 수많은 기회를 접할 수 있게 된다. 정말 멋진 일이지 않은가. 나는 노스캐롤라이나 대학의 학생인데도, 듀크 대학에 이메일 계정을 얻고 그 대학 학생으로서의 혜택도 고스란히 누릴 수 있다." 랭킨은 현재의 장학생 수는 기니피그 수준에 불과하며 로버트슨 장학프로그램이 계속될수록 학생 수도 늘어나고 **지금보다도 훨씬 좋아질 것이다**고 말했다.

노스캐롤라이나 대학과 듀크 대학은 오랫동안 학문과 스포츠 모두에서 라이벌 관계였으며, 농구시즌에는 그 열기가 한층 뜨거워진다. 로버트슨 장학생들은 어느 팀이 이기고 어느 대학의 학문적 수준이 더 높은지를 떠나서 사람들을 만나 이야기를 하고 홍보대사 역할을 해야 하며 사람들로 하여금 두 대학 모두에 대해 생각하게끔 해야 한다. 그들은 공동체의식을 촉진시키기 위해 노력해야 한다.

교육에 대한 후원 이외에도 로버트슨은 환경을 돕는 일에도 적극적으로 나선다. 그가 적극적으로 후원하는 프로젝트 하나가 자동차 배기가스 기준 강화를 위한 캘리포니아의 법령마련이다.

그레이 데이비스Gray Davis 캘리포니아 주지사는 2002년 7월에 이 법안을 비준했는데, 법안은 캘리포니아 대기자원국California Air Resources Board이 법이 실효되는 2009년까지 이산화탄소 등 자동차와 소형트럭의 배기가스 방출량을 **최대한 현실적으로 감소**시키기 위한 계획을 마련할 것을 요구하고 있다. 캘리포니아는 주의 법이 연방법보다 우선하기 때문에 연방법인 대기오염방지법 Clean Air Act의 제한을 받지 않는 유일한 주이다. 따라서 캘리포니아는 하원보다 더 강력한 배기가스 기준을 마련할 수 있다.

데이비스 주지사는 발표문에서 "이는 기술적으로 가능한 일이다. 감당할 수 있는 수준이다. 그리고 다른 나라들에서도 널리 채택되었다."고 말했다. "우리는 다만 기업에게 기업이 가장 잘하는 일을, 즉 혁신하고 경쟁하고 문제의 해결책을 찾아내는 일을 해달라고, 그리고 그 일을 경제를 튼튼하게 만들 수 있는 방법으로 해달라고 요청하고 있을 따름이다."

이 법안에 반대하는 자동차제조업협회 Alliance of Automobile Manufacturers를 대표해서 찰스 테리토 Charles Territo는 이렇게 말했다. "이는 캘리포니아가 하원의 눈을 가리려는 노력이다. 연비를 줄이고 1갤런당 연료 효율을 높이는 자동차에 대해서는 세제 혜택을 제공해야 한다는 것이 우리의 생각이다."

로버트슨은 우리 모두가 환경을 오염하는 행위를 중단하고 조금은 더 편히 숨 쉴 수 있도록 환경 개선을 위해 노력해야 할 때가 왔다고 말했다. 그는 이 모든 독성 물질을 공기 중에 배출하는 것을 중단하고 대기를 바꿔야 할 시간이 되었다고 생각한다. 로버트슨의 개인적인 견해에 따르면, 오염물질들이 공기 중에 떠다니는 이유는 단지 자동차 회사들이 대기 오염에도 아랑곳하지 않고 돈을 버는 데에만 급급한 이기적인 사람들과 함께 거대한 로비 활동을 펼치고 있기 때문이었다.

타이거 재단을 통해 전직 타이거 직원들과 기부 활동을 하는 것 외에도 로버트슨은 과거의 동료들 다수와 함께 사회운동과 자선사업도 활발히 행한다. 존 그리핀은 로버트슨이 버지니아 대학의 매킨타이어 상과대학McIntire School of Commerce과 일하는 데 큰 도움을 주었다. 그리핀이 타이거에서 일했던 직원 여러 명과 백만 달러에 가까운 기부금을 모집해주자 버지니아 대학은 2000년 11월에 최신식 트레이딩 객장을 마련하고 이를 로버트슨에게 헌정했다. 줄리언 H. 로버트슨 2세 캐피털 마켓이라고 이름 지어진 이 방은 여느 증권사들에서 볼 수 있는 트레이딩 플로어처럼 평면모니터, 티커, 매매·정보 소프트웨어를 완비하고 있다. 이 방은 학생들에게는 강의실이 되어주고 강사들에게는 가상의 리서치연구소가 되어준다.

학생과 교수들은 이 방 및 그곳에 구비된 모든 기술이야말로 양키 스타디움에서 야구를 하는 방법을 익히는 것에 필적한다고 말한다.

로버트슨이 흥미 있게 추구하는 또 다른 분야는 바로 예술이다. 그는 스스로를 여러 분야에 있어서 대기만성형이라고 자처하는데, 여기에는 예술도 포함돼 있다. 현재 그는 마티스, 세잔, 보나르, 피카소, 디벤콘의 그림 등 훌륭한 컬렉션을 보유한 것에 자부심을 느낀다. 그의 그림에 대한 사랑은 **무언가 볼 만한 것**을 놓치고 있다고 인식하게 된 사십대 때부터 시작되었다.

로버트슨은 이렇게 설명했다. "나는 결혼을 늦게 한 편이었는데, 신혼여행 중에 아내가 나를 (파리의) 주 드 폼Jeu de Paume 미술관에 끌고 갔다. 솔직히 나는 아직 완전한 어른이 되지 못했었기에 '빨리 나갑시다, 이곳이 마음에 안 드는군'이라고 말했다. 지금 나는 미술을 사랑한다. 내가 어른이 되기까지 그토록 오랜 시간이 걸렸다는 것을 믿을 수가 없다."

파크애비뉴 101번가에 있는 그의 사무실에는 웬만한 미술학도면 다 알아볼 그림들이 걸려 있다. 그가 그림 다섯 점을 대여해주었던 노스캐롤라이나 미술관에서의 전시회를 포함해, 그의 그림들은 여러 전시회에서 눈길을 끌었다. 관람객들을 녹초로 만드는 일이 허다한 다른 전시회들과 달리 노스캐롤라이나 미술관의 전시회는 **무수한 관람객이 몰렸음에도 관람객들이 녹초가 되지 않았으며** 관람객들은 작품 하나하나마다 충분히 시간을 두고 관람할 수 있었다. 이 전시회에서는 피카소의「헤어네트를 한 여인 Woman with Hairnet」(1938),「빨강과 노랑을 배경으로 앉아 있는 여인들 Seated Women, Red and Yellow Background」(1952),「여인의 머리 Head of a Woman」(1943)가 전시되었다. 또한 브라크의「받침서랍이 달린 테이블 The Pedestal Table」(1938)과 레제의「피스톤 Pistons」(1918)도 함께 전시되었다.[9]

수년 동안 방문객들은 뉴욕에 있는 아파트와 로버트슨의 다른 집들에 걸려 있는 여러 점의 그림에 감탄을 금치 못했다. 가장 크게 감탄한 사람 중 하나가 노스캐롤라이나 미술관 이사인 로렌스 휠러 Lawrence Wheeler였다. 로버트슨과 조시의 집을 방문한 후에 휠러는 이 컬렉션에 속한 중요한 그림 여러 점을 가지고 소규모 전시회를 열 수도 있겠다는 생각이 들었다. 그래서 그는 부부의 거실 벽에서 떼어 온 그림들을 이용해 아주 훌륭한 전시회를 열었다.

이른바 은퇴라는 것을 한 후에 로버트슨은 헤지펀드 세계 외의 다른 분야에서 여러 프로젝트를 진행할 시간을 마련할 수 있었다. 한 예로 그는 뉴질랜드의 몇몇 곳에서 개발 사업에 참여하고 있다. 로버트슨의 뉴질랜드 사랑은 1979년에 가족들과 함께 그곳에서 안식년을 보내기로 결정하면서부터 시작되었다. 1998년 7월에 찰리 로즈Charlie Rose와의 TV 인터뷰에서 로버트슨은 이렇게 말했다. "내가 뉴질랜드로 간 이유는, 어디서나 영어로 말할 수 있는 지역 중에서도 그곳의 지형적 환경이 가장 훌륭하다고 판단했기 때문이었다. 얼마 후 하와이의 카우아이 섬이 더 훌륭하다는 것을 알게 되었지만, 그래도 상관없었다. 그곳에서의 경험은 아주 근사했다. 그것은 내 인생 최고의 경험 중 하나였고, 우리는 아주 만족했다."

"나와 동행해 나를 참고 견뎌준 것만으로도 조시는 성자나 다름없었다. 그곳에서 우리는 근사한 시간을 보냈다. 이곳 미국에서 누리는 물질적인 것들을 그곳에서는 사실상 아무도 가지고 있지 않기 때문에 그것은 아주 멋진 경험이었다." [10]

시간이 지날수록 로버트슨의 뉴질랜드 사랑은 점점 자라났다. 로버트슨이 여러 프로젝트를 진행하고 있기 때문에 현재 그와 조시는 뉴질랜드에서 많은 시간을 보낸다. 그 프로젝트 중 하나가 케이프 브렛Cape Brett과 가까운 카우리 클리프Kauri Cliffs에 마련되는 로지 앤 골프코스다. 이 4,800에이커 규모의 리조트는 북섬*의 마나우리 만과 가까우며 예전 수도였던 오클랜드에서 북쪽으로 3시간 45분 거리이고 한 면으로는 태평

---

* North Island 뉴질랜드 2대 섬 중 북쪽 섬

양이 시원하게 펼쳐져 있다. 여기를 방문한 사람들은 카우리 클리프스에 가기 위한 가장 좋은 길은 **지구 끝까지 간 다음에 거기서 두 정거장을 더 가는 것**이라고 말한다. 로버트슨의 설명에 따르면, 이곳에 있는 거대하고 오래된 카우리 나무들과 원래의 산림 상태를 되살리기 위해 얼마 전 이곳에 옮겨 심은 500살짜리 어린 카우리 나무에서 카우리 클리프스라는 이름이 연유하게 되었다고 한다(그와 조시는 엘리자베스 2세 자연보호신탁 Queen Elizabeth II Trust for Conservation에도 돈을 기부했다).

로버트슨은 1997년 투자를 위해 카우리 클리프스에 있는 땅을 샀지만 이윽고 부지를 개발할 필요가 있음을 깨달았다. 「타운 앤드 컨트리Town and Country」 2001년 7월호 기사에서 그는 이번 토지 매입이 마치 "뉴욕의 중소 규모 아파트 한 채 값으로 페블비치Pebble Beach*를 매입한 것"과 마찬가지라고 말했다.[11]

그의 첫 목표는 골프 코스를 건설하는 것이었다. 로버트슨은 설계가이며 아널드 파머Arnold Palmer와 잭 니클라우스Jack Nicklaus와도 함께 일한 데이비드 하먼David Harman과 팀을 이뤄서 파72의 카우리 클리프스 코스를 만들었다. 「골프위크Golfweek」지가 세계에서 다섯 손가락 안에 드는 코스라고 칭찬한 카우리 클리프스 코스에는 바다와 인접한 홀이 여섯 개가 포함돼 있다. 2002년 봄에 코스를 방문했던 로버트슨의 친구 한 명은 "내가 돌아본 코스 중에서 경관이 가장 아름다운 코스다"고 말한다. "다음 홀로 진행할수록 더욱 아름답다. 그저 놀라울 정도다. 믿을 수 없을

* 캘리포니아의 골프코스로 유명한 해변

정도로 아름다운 경관이다."[12]

이 코스에는 4,940야드의 초보용 레이디 티에서 7,125야드의 챔피언십 (당연히) 타이거 티에 이르기까지 총 네 종류의 티를 갖춰놓고 있다.

데일 버치가 말했다. "코스 전체가 눈을 뗄 수 없을 만큼 아름답다. 모든 것이 너무나도 아름다워서 티샷을 하러 올라갈 때마다 스윙을 해야 할지 사진을 찍어야 할지 구분이 안 갈 정도다."

티샷 시간을 기다릴 필요도 없다. 코스의 로지에는 한 번에 40명만 묵을 수 있고 문명사회와도 멀찌감치 떨어져 있어서 다른 묵을 곳도 없다. 로버트슨과 아내 조시는 미국과 뉴질랜드의 건축가들과 함께 노력한 끝에 딱 열 달 만에 이 코스를 세울 수 있었다.

플랜테이션 양식으로 지어진 메인하우스는 메인홀 바로 옆에 타이거 룸이 있는데, 이 방에는 한때 로버트슨의 맨해튼 사무실에 깔려 있었던 이란산 호랑이무늬 카펫이 바닥을 장식하고 있다. 메인하우스 외에도 손님들은 로지가 있는 언덕 바로 아래에 자리한 방 두 개짜리 코티지 여덟 채에도 묵을 수 있다.

직원들은 주로 뉴욕의 로커스트 밸리Locust Valley에 있는 골프 코스인 딥데일Deepdale과 노스 섬에 있는 낚시 리조트인 휴카 로지Huka Lodge에서 로버트슨이 선발한 사람들로 구성돼 있다.

로버트슨은 오클랜드에서 남동쪽으로 200마일 떨어진 호크 베이Hawle Bay에도 또 다른 골프 코스와 로지를 개발하고 있으며, 최근에는 테 아와Te Awa라는 연간 3만 병 생산 규모의 포도주 양조장도 매입했다.

그의 친구이자 오랜 투자자이며 A. W. 존스 앤드 컴퍼니의 로버트 버치는 로버트슨이 뉴질랜드에 들이는 공을 다음의 말로 요약했다. "줄리언은 1980년대 중반과 1990년대에 보였던 것과 똑같은 에너지를 발휘하고 있으며, 그 에너지를 훌륭한 골프 코스를 짓고 뉴질랜드에 하나의 관광산업을 창조하는 데 집중적으로 쏟아 붓고 있다. 그는 에너지와 상상력으로 가득 차 있으며 그가 움직이는 모습을 보는 것은 정말로 멋진 일이다."

카우리 클리프스는 로버트슨이 전 세계에 자신의 이름을 알린 것처럼 이 섬나라에 자신의 이름을 영원히 새겨 넣기 위해 앞으로 몇 년 간 계획하고 있는 여러 프로젝트 중 첫 번째에 불과하다.

로버트슨은 **은퇴**를 한 덕분에 새로운 새끼호랑이들과 일하고 흥미로운 부동산 프로젝트를 진행하고 여러 자선활동에 참여하는 것을 쉽게 할 수 있었다. 이러한 일에서 로버트슨은 대단히 큰 보람을 느끼고 있기에 그는 이러한 일들을 매우 진지하게 받아들인다. 존스와 마찬가지로 로버트슨 역시 자신의 부로 남을 돕는 것에서 큰 기쁨을 얻었다. 아론 스턴은 이렇게 말했다. "로버트슨은 삶에 대한 욕심이 굉장히 많으며 유쾌한 사람이다. 그를 한번이라도 직접 겪어보기만 하면 당신의 인생에 영향을 미칠 수 있는, 그런 인간이다. 인간 본성의 가장 긍정적인 특징 몇 가지를 불러일으킨다는 점에서 그는 전염성이 강한 사람이다."

> 부록

타이거 매니지먼트는 하나의 역내 펀드만을 가진 회사에서 역내 투자와 역외 투자를 동시에 하는 헤지펀드 복합체로 성장했다. 로버트슨은 적격 매수인qualified purchaser과 적격투자자accredited investors 모두에게 판매할 수 있는 투자 상품을 만들어냈다. 적격매수인이란 투자 자산이 적어도 500만 달러 이상인 개인이나 가족, 혹은 투자 자산이 2,500만 달러 이상인 다른 실체를 의미한다. 적격 투자자는 개인 혹은 배우자와의 합산 재산이 최소 100만 달러, 또는 연소득이 각기 20만 달러이거나 30만 달러인 개인으로 정의할 수 있다. 타이거 매니지먼트가 제공하는 펀드 상품은 아래와 같다. 이 목록은 **타이거의 실적 및 근거**Tiger the Record…The Reasons 라는 제목의 마케팅 자료에서 직접 발췌한 것이다.

- **타이거펀드** 로버트슨과 매킨지가 1980년에 뉴욕에서 유한투자조합을 만들면서 출시시킨 회사의 첫 펀드이며, 미국의 적격한 과세 가능 투자자들만 가입할 수 있다. 최소 투자금은 500만 달러였다.
- **재규어펀드** 타이거펀드의 역외 버전으로 1980년에 출시된 펀드이며 미국의 적격 면세 투자자들과 해외 투자자들을 대상으로 했다. 최소 투

자금은 500만 달러였다.

- **퓨마펀드** 미국의 적격한 비과세 투자자들을 대상으로 한 유한투자조합으로서 1986년 10월에 출범했다. 퓨마펀드는 타이거펀드와 똑같은 전략을 이용하지만, 레버리지를 이용하고 유동성이 낮은 사모투자도 행한다는 점이 다르다. 이 펀드는 4년의 환매 제한을 행했으며, 최소 투자금은 300만 달러였다.

- **라이언** Lion 1997년에 적격투자자들을 대상으로 출범한 유한투자조합. 타이거펀드와 동일한 투자 전략을 사용했으며, 최소 투자금은 500만 달러였다.

- **오셀로펀드 L.P.** Ocelot Fund L.P. 1997년 7월 퓨마펀드를 모델로 하여 출시된 펀드. 타이거펀드는 자격을 갖춘 투자자들에게 펀드를 판매하기 위해 도널드슨 러프킨과 젠레트 Jenrette를 마케팅 및 유통 에이전트로

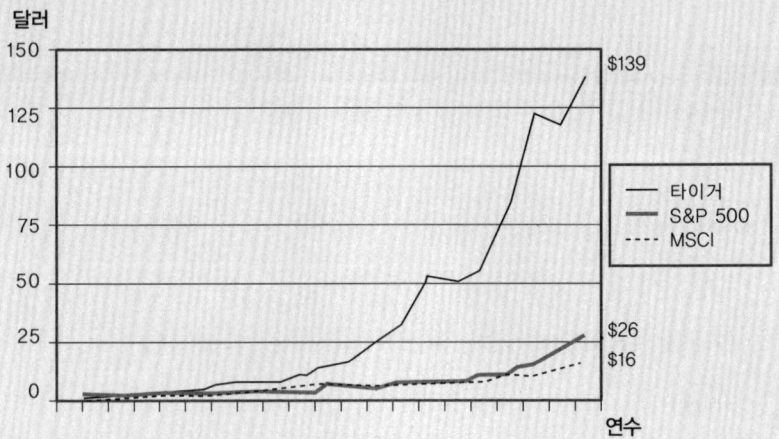

타이거에 투자된 1달러의 가치(1980~1999)

출처: "타이거의 실적 및 근거," 「월스트리트저널」, www.standardpoors.com, www.MSCI.com

고용했다.

- **오셀로역외펀드 LP.** Ocelot Offshore Fund L.P. 1997년 8월 퓨마펀드를 모델로 하여 출시된 펀드. 오셀로펀드의 역외 버전이며, 미국의 적격한 비과세 투자자 및 해외 투자자들에 대한 마케팅은 도널드슨 러프킨과 젠레트가 담당했다.

타이거의 실적

연도	타이거	S&P 500	MSCI
1980	54.9	28.9	21.8
1981	19.4	-4.9	-4.8
1982	42.4	21.5	9.7
1983	46.7	22.6	21.9
1984	20.2	6.3	4.7
1985	51.4	31.7	40.6
1986	16.2	18.7	41.9
1987	-1.4	5.3	16.2
1988	21.6	16.6	23.3
1989	49.9	31.7	16.6
1990	20.5	-3.1	-17.0
1991	45.6	30.5	18.3
1992	26.9	7.6	-5.2
1993	64.4	10.1	22.5
1994	-9.3	1.3	5.1
1995	16.0	37.6	20.7
1996	37.7	23.0	13.5
1997	56.1	33.4	15.8
1998	-3.9	28.6	24.3
1999	19.0	21.04	24.93

출처 : "타이거의 실적 및 근거", 「월스트리트저널」, www.standardpoors.com, www.MSCI.com

> 각주

서문
서문에서 밝힌 내용은 전직 타이거 직원들과 줄리언 로버트슨의 동료들, 버치 및 존스의 가족들과 가졌던 인터뷰와 만남을 통해 수집했다.

1. 금속 시장에서 막대한 수익을 벌어들이다
(1) Tsukasa Furukawa, "Sumimoto calls Hamanaka actions criminal: copper trading losses increase to $2.6 billion,"「America Metals Market」(September 20, 1996), 1.
(2) "Copper scandal won't go away,"「Purchasing」(December 12, 1995), 32.
(3) 로버트슨과 드러켄밀러의 통화를 들은 애널리스트가 이 일에 대해 내게 직접 말해 주었다. 1장에 설명한 사건들 대부분은 익명을 요구한 전직 트레이더, 애널리스트, 시장 참가자들과의 대화 및 만남에서 들은 내용을 바탕으로 한다. 해당 자료들 모두는 높은 인정을 받는 기관들, 타이거를 위해 브로커 업무를 수행해준 사람들, 타이거의 협력사들, 그리고 구리 스캔들이 터졌을 당시와 그 후에 스미토모 사와 가까이서 일했던 사람들로부터 입수한 것이다.

2. 타이거의 탄생
(1) Martin Donsky, "When a Tiger Is King of the Jungle,"「Business North Carolina」(August 1990).
(2) "Julian Robertson dies at 95,"「Salisbury Post」(February 22, 1995), 1.
(3) 상동.
(4) 상동.
(5) "Julian Robertson dies at 95," p. 1.
(6) 상동.
(7) 메리 "홀티" 우드슨은 로버트슨 부인의 조카딸이며 현재에도 노스캐롤라이나의 솔즈베리 시에 살고 있다.
(8) 이 내용은 2003년 3월 16일에 블랜치와 줄리언 로버트슨 가족재단의 이름으로 미 국세청

에 신고된 990양식에서 알아낸 것이다.
(9) "City Loses an 'Angel,'" 「Salisbury Post」(December 29, 1993), 1B.
(10) 상동.
(11) 줄리언 로버트슨은 모친의 장례식에서 낭독했던 추도사 한 부를 제공해주었다.
2장의 자료를 조사하고 저술하기 위해 줄리언 로버트슨 본인과 부모의 친구 및 동료들, 지방 언론사에 일하는 사람들, 해군공보처, 히스토릭 솔즈베리와 인터뷰를 가졌으며, 그밖에도 줄리언 로버트슨이 솔즈베리 시절을 잘 아는 사람이나 같이 어울렸던 사람들과의 인터뷰도 가졌다.

3. 월스트리트의 남부인

(1) Gary Weiss, "The World's Best Money Manager - What You Can Learn From Julian Robertson," 「Business Week Asset」(November/December 1990).
(2) Sidney Cottle, Roger F. Murray, and Freank E. Block, 『Graham and Dodd's Securities Analysis』, 5th edtion. (New York: McGraw-Hill Trade, 1988) p.4.
(3) 2002년 가을에 로버트 버치와 나눈 대화.
(4) 「Fortune」지 허가 하에 게재.
(5) 투자자들은 주가가 내려갈 것이라고 예상될 때 그 주식에 대한 쇼트 포지션을 취한다. 투자자는 훗날 더 싼 가격에 주식을 돌려줄 수 있을 것이라고 믿으면서 브로커에게서 주식을 빌려온다. 예를 들어 쇼트 셀러가 빌린 주식이 주당 20달러에 거래되고 있었고, 이를 10달러 가격일 때 돌려줄 수 있다면, 주당 10달러에서 제반 보수와 수수료를 차감한 금액이 이 투자자가 벌게 되는 이익이다. 주식을 상환해야 하는 날에 주가가 올라 있다면 쇼트셀러는 손해를 보게 된다. 기민한 투자자는 일련의 쇼트 포지션을 이용함으로써 상승장과 하락장 모두에서 이익을 볼 수 있다.
(6) 현재 A. W. 존스 앤드 컴퍼니는 재간접펀드로 존재하며 버치가 관리하고 있다. 그는 회사의 운용 자산이 얼마인지에 대해서는 아무 언질도 주지 않았다.
3장의 내용은 이 시기에 줄리언 로버트슨을 잘 알고 지낸 동료나 친구들과의 인터뷰를 통해 자료를 확보했다.

4. 타이거, 새로운 사냥터를 발견하다
4장의 내용 정보는 전직 타이거 직원 및 투자자들과의 인터뷰를 바탕으로 했다.

5. 포효하기 시작하는 타이거
(1) 3장에 기술한 실적 수치는 줄리언 로버트슨이 제공해 준 「타이거의 실적 및 근거」라는 서류에 적힌 내용을 인용했다.

(2) 줄리언 로버트슨이 1985년 1월 17일에 유한책임 파트너들에게 보낸 편지.
(3) 줄리언 로버트슨이 1985년 3월 5일에 유한책임 파트너들에게 보낸 편지.
(4) 상동.
(5) 2002년 6월, 줄리언 로버트슨과 나눈 대화.
(6) 줄리언 로버트슨이 1985년 4월 4일에 유한책임 파트너들에게 보낸 편지.
(7) 상동.
(8) 줄리언 로버트슨이 1985년 5월 24일에 유한책임 파트너들에게 보낸 편지.
(9) 상동.
(10) 상동.
(11) 줄리언 로버트슨이 1985년 7월 1일 유한책임 파트너들에게 보낸 편지.
(12) 상동.
(13) 줄리언 로버트슨이 1985년 7월 29일 유한책임 파트너들에게 보낸 편지.
(14) 상동.
(15) 줄리언 로버트슨이 1985년 10월 18일에 유한책임 파트너들에게 보낸 편지.
(16) 3장에 기술한 실적 수치는 줄리언 로버트슨이 제공해준 "타이거의 실적 및 근거"라는 서류에 적힌 내용을 인용했다.
(17) 줄리언 로버트슨이 1985년 12월 13일에 유한책임 파트너들에게 보낸 편지.
(18) 줄리언 로버트슨이 1985년 2월 10일에 유한책임 파트너들에게 보낸 편지.
(19) 상동.
(20) 상동.
(21) 상동.
(22) 줄리언 로버트슨이 1986년 5월 20일에 유한책임 파트너들에게 보낸 편지.
(23) 상동.
(24) 줄리언 로버트슨이 1986년 6월 24일에 유한책임 파트너들에게 보낸 편지.
(25) 줄리언 로버트슨이 1986년 7월 25일에 유한책임 파트너들에게 보낸 편지.
(26) 시장의 오버행은 전체 시장의 맥락에서 사용되는 용어다. 대량의 증권이나 원자재가 시장에 쏟아져 나올 경우 이는 가격 하락의 압박을 부추기고 매수 활동을 억제시켜서 가격 상승의 움직임을 차단하게 된다. 오버행의 예로는 딜러가 보관하고 있는 주식, 대형 기관이 보유한 주식, 거래소에 등록된 구주 secondary distribution, 청산 직전의 대규모 원자재 포지션 등을 들 수 있다.
(27) 줄리언 로버트슨이 1986년 12월 18일에 유한책임 파트너들에게 보낸 편지.
(28) 상동.
5장의 내용 정보는 타이거가 영업을 행하는 동안 로버트슨이 투자자들과 주고받은 편지, 투자자 및 전직 타이거 직원들과 과거 줄리언 로버트슨의 동료였던 사람들과의 인터뷰를 통해 수집했다.

6. 1987년의 시장 붕괴
(1) 줄리언 로버트슨이 1987년 1월 21일에 유한책임 파트너들에게 보낸 편지.
(2) 줄리언 로버트슨이 1987년 3월 6일에 유한책임 파트너들에게 보낸 편지.
(3) 상동.
(4) 상동.
(5) 상동. James Stewart, 『Den of Thieves』(New York: Simon & Schuster, 1991). 시겔은 2개월의 실형 및 5개월의 집행유예를 선고받았으며, 900만 달러의 벌금을 내는 데 합의했다. 로버트 워드Robert Ward 판사는 시겔이 이번 내부자 거래 스캔들에 연루된 다른 사람들을 조사하는 데 협조한 것을 인정해 자진신고자 감면제도를 적용했다.
(6) 줄리언 로버트슨이 1987년 3월 6일에 유한책임 파트너들에게 보낸 편지.
(7) 상동.
(8) 줄리언 로버트슨이 1987년 5월 5일에 유한책임 파트너들에게 보낸 편지.
(9) 줄리언 로버트슨이 1987년 6월 23일에 유한책임 파트너들에게 보낸 편지.
(10) 줄리언 로버트슨이 1987년 7월 13일에 유한책임 파트너들에게 보낸 편지.
(11) 줄리언 로버트슨이 1987년 8월 12일에 유한책임 파트너들에게 보낸 편지.
(12) 줄리언 로버트슨이 1987년 8월 12일에 유한책임 파트너들에게 보낸 편지.
(13) 줄리언 로버트슨이 1987년 10월 2일에 유한책임 파트너들에게 보낸 편지.
(14) 「Wall Street Journal Staff」, "The Crash of '87: Stocks Plummet 508.32 Amid Panicky Selling," 「Wall Street Journal」(October 20, 1987).
(15) 줄리언 로버트슨이 1987년 11월 10일에 유한책임 파트너들에게 보낸 편지.
(16) Kathryn M. Welling, "Buy American and short Japan is Julian Robertson's strategy," 「Barron's」(December 21, 1987).
(17) 줄리언 로버트슨이 1987년 11월 10일에 유한책임 파트너들에게 보낸 편지.
(18) 상동.
(19) 상동.
(20) 상동.
(21) 상동.
(22) 줄리언 로버트슨이 1987년 11월 19일에 유한책임 파트너들에게 보낸 편지.
(23) 줄리언 로버트슨이 1987년 12월 24일에 유한책임 파트너들에게 보낸 편지.
(24) 상동.
4장의 내용 정보는 줄리언 로버트슨 본인, 전직 타이거 직원들, 줄리언 로버트슨의 과거 동료들, 투자자들과의 인터뷰를 통해 수집했다.

7. 새 시대의 새벽

(1) 줄리언 로버트슨이 1988년 3월 21일에 유한책임 파트너들에게 보낸 편지.
(2) 팀 실트가 1988년 4월 5일에 유한책임 파트너들에게 보낸 편지.
(3) 상동.
(4) 상동.
(5) 줄리언 로버트슨이 1988년 5월 17일에 유한책임 파트너들에게 보낸 편지.
(6) 줄리언 로버트슨이 1988년 7월 1일에 윌리엄 클레이 포드에게 보낸 편지.
(7) 줄리언 로버트슨이 1988년 7월 20일에 유한책임 파트너들에게 보낸 편지.
(8) 줄리언 로버트슨이 1988년 8월 26일에 유한책임 파트너들에게 보낸 편지.
(9) 줄리언 로버트슨이 1988년 9월 23일에 유한책임 파트너들에게 보낸 편지.
(10) 줄리언 로버트슨이 1988년 11월 18일에 유한책임 파트너들에게 보낸 편지.
(11) 줄리언 로버트슨이 1989년 1월 6일에 유한책임 파트너들에게 보낸 편지.
(12) 줄리언 로버트슨이 1989년 5월 9일에 모든 파트너들에게 보낸 편지.
(13) 상동.
(14) 줄리언 로버트슨이 1989년 1월 6일에 유한책임 파트너들에게 보낸 편지.
(15) 상동.
(16) 상동.
(17) 상동. 차입 매수 당시에 RJR의 증시 거래가는 주당 55달러 선이었다. KKR은 결국 이 회사를 주당 108달러에 매수했는데, 그때까지의 행해진 차입 매수로는 가장 대규모였다.
(18) "Tiger: The Record…The Reasons," 1999 version.

8. 타이거, 언론과의 싸움을 시작하다

(1) Gary Weiss, "The World's Best Money Manager - What You Can Learn from Julian Robertson,"「BusinessWeek Assets」(November/December 1990).
(2) 상동.
(3) 상동.
(4) "Tiger: The Record…The Reasons," 1999 version.
(5) 상동.
(6) 줄리언 로버트슨이 1992년 1월 7일에 유한책임 파트너들에게 보낸 편지.
(7) "타이거의 실적 및 근거," 1999년 자료.
(8) 줄리언 로버트슨이 1993년 1월 7일에 유한책임 파트너들에게 보낸 편지.
(9) 13D 양식은 한 회사나 실체의 특정 클래스 증권을 5% 이상 취득한 사람이 증권거래위원회에 보고해야 하는 보고서다.
(10) Frederick E. Rowe, Jr., "The Best Instincts in the Jungle,"「Forbes」(September 16,

1991), 78.
(11) 줄리언 로버트슨이 1995년 1월 5일에 유한책임 파트너들에게 보낸 편지.
(12) Kevin Muehring, "Tale of the Tiger: Julian Robertson's Returns,"「Institutional Investor」(February 1, 1997), 11.
(13) 상동.
(14) Gary Weiss, "The World's Best Money Manager - What You Can Learn from Julian Robertson,"「BusinessWeek Assets」(November/December 1990).
(15) 상동.
(16) Julian H. Robertson Jr. versus McGraw-Hill Companies, Inc., Gary Weiss, and Stephen B. Shepard. Amended complaint, September 12, 1997.
(17) 상동.
(18) Julian H. Robertson Jr. versus McGraw-Hill Companies, Inc., Gary Weiss, and Stephen B. Shepard. Defendant's answer, October 28, 1997.
(19) 상동.
(20) "Julian Robertson and BusinessWeek announce settlement,"「Business Wire」(December 17, 1997).
(21) 상동.
(22) "BusinessWeek Agrees to Settle Libel Suit Brought by Investor,"「The Wall Street Journal」, December 18, 1997.
(23) 스티븐 B. 셰퍼드와 2003년 1월 22일에 가진 인터뷰.
(24) 줄리언 로버트슨이 1998년 1월 6일에 유한책임 파트너들에게 보낸 편지.
(25) 상동.
(26) 상동.
8장의 내용을 위한 정보는 전직 타이거 직원, 중개인, 투자자 들을 비롯해, 로버트슨-맥그로힐의 소송과 관련이 있었거나 여기에 참가했던 당사자들 등 여러 출처를 통해 확보했다. 실적 수치는 타이거의 자료에서 직접 수집한 것으로 거의 사실이라고 믿는다.

9. 정상과 추락

(1) Frederick E. Rowe, Jr., "The Best Instincts in the Jungle,"「Forbes」(September 16, 1991), 78.
(2) Robert Slater,『Soros: The Life, Times, and Trading Secrets of the World's Greatest Investor』(New York: McGraw-Hill Trade, 1995)
(3) 이번 상황에서 한 가지 흥미로운 점은, 만약 파운드화가 다른 방향으로 진행되었다면 로버트슨은 막대한 손실을 입었을 것이고, 그래도 그가 유명해지긴 마찬가지였을지도 모른다.

(4) 이 정보는 타이거의 자료에서 직접 확인한 것으로 정확하다고 추정된다.
(5) 헌트 테일러와 2004년 봄에 가진 인터뷰.
(6) 줄리언 로버트슨이 1998년 1월 6일에 유한책임 파트너들에게 보낸 편지.
(7) "Tiger: The Record…The Reasons," 1999 version.
(8) 줄리언 로버트슨이 1989년 5월 9일에 모든 파트너들에게 보낸 편지.
(9) 줄리언 로버트슨이 2000년 3월 30일에 유한책임 파트너들에게 보낸 편지.
(10) 상동.
(11) 상동.

10. 언론, 타이거를 해부하다

(1) 「All Things Considered」, National Public Radio, March 30, 2000.
(2) Peter Siris, "Long-Term Star Calls It Quits: Good Strategy, Bad Results," 「New York Daily News」(April 1, 2000), 41.
(3) Gary Weiss, "What Really Killed Tiger," 「BusinessWeek」(April 17, 2000), 166.
(4) 상동.
(5) 상동.
(6) 상동.
(7) Gary Weiss, "The Buck Stops with Julian Robertson, Not the Market," 「BusinessWeek」(April 17, 2000), 168.
(8) Paul Grugman, "Reckonings: A Hedge Fund Pruned," 「The New York Times」(April 2, 2000), Section 4, p. 15.
(9) 상동.
(10) Alan Abelson, "Macro Trouble," 「Baron's」(April 3, 2000), 3.
(11) 상동.
10장의 내용을 위한 자료는 전직 타이거 직원, 동료, 이 회사의 관계자들 및 이 시기에 타이거와 관련이 있었거나 그때 일을 잘 알고 있는 사람들과의 인터뷰를 통해 수집했다.

11. 새끼호랑이들

(1) 타이거샤크가 직접 제공한 자료이므로 정확한 것으로 판단된다.
(2) 타이거 테크놀로지 펀드가 직접 제공한 자료이므로 정확하다고 판단된다.
(3) Gavin Serkin for Bloomberg News, "Hedge Fund Managers to Create Own Venture," 「The Orange County Register」(September 17, 2000).
내용 공개를 위해 톰 파치올라는 내가 뉴욕증권분석가협회에서 하는 헤지펀드 수업에 참가해 도움을 주었다.

11장의 내용을 위한 자료는 전직 타이거 직원 및 동료 들과의 인터뷰를 통해 수집했다.

12. 타이거에서 배우는 교훈
(1) "Tiger: The Record…The Reasons," 1999 version.
(2) Staff and wire reports, "Malaysia Leader Makes Thinly Veiled Attack on Soros for Currency Crisis," 「The Katmandu Post」(July 22, 1997).
(3) 상동.
(4) 상동.
(5) AP-Dow Jones, "Soros Denies Currency 'Retaliation,'" July 24, 1997.
(6) Dan Robinson, "Soros Denial," 「Voice of America」(July 23, 1997).
(7) William Donaldson SEC 위원장의 연설, "Opening Statement at Hedge Fund Roundtable," May 14, 2003.
(8) Stephanie Strom, "Top Manager to Close Shop on Hedge Funds," 「The New York Times」(October 12, 1995), D1.
(9) 이 수치들은 모두 타이거의 운용보수 및 성과보수를 제외한 실적이다.
(10) Beth Piskora, "Meriwether's History Lesson," 「New York Post」(February 19, 2001), 37.
(11) 데니얼 제이콥스와 2002년 봄에 가진 인터뷰.
(12) 2002년 6월에 줄리언 허트 로버트슨 2세와 나눈 대화.
12장의 내용을 위한 자료는 시장 참가자, 헤지펀드 산업의 서비스 제공자, 전직 타이거 직원 및 동료 들과의 인터뷰를 통해 수집했다.

13. 노블레스 오블리주
(1) Open Society Institute가 2002년 11월 19일에 미 국세청에 신고한 990양식.
(2) Agence France Presse, "Soros Puts Money Where Mouth Is to Defeat Bush," Europe Intelligence Wire, January 12, 2004.
(3) www.tigerfoundation.com에서 인용.
(4) Tiger Foundation이 2002년 11월 20일에 미 국세청에 신고한 990양식.
(5) 상동.
(6) The Robertson Family Foundation이 2002년 10월 18일에 미 국세청에 신고한 990양식.
(7) Suzanne Wooley, "Ultimate Lunch Club," 「Money」(August 2001), 27.
(8) The Robin Hood Foundation이 2003년 9월 7일에 미 국세청에 신고한 990양식.
(9) Kate Dobbs Ariail, "Small Wonders - An Exhibition at NCMA of Only Five Modernist Paintings Gives Viewers Times to Absorb Each Work," 「The Independent Weekly」(July

11, 2001).

(10) 「The Charlie Rose Show」, July 17, 1998, Charile Rose, Inc.

(11) Melisa Biggs Bradley, "Betting on New Zealand," 「Town & Country」(June 2001), 105.

(12) Larry Olmstead, "Golf Insider's Resort Close-Up," 「Golf Insider」(October/November 2002).

> 찾아보기

1~9
13D 양식 Form 13D 191

ㄱ
게리 와이스 Gary Weiss 174, 197, 200, 205, 240
결제기능 clearing function 17
경기 침체 방어주 recession proof 139, 140
골드먼삭스 Goldman Sachs 16, 307
골드스타인골럽케슬러 Goldstein Golub Kessler 303
그레이 데이비스 Gray Davis 333
그림자 포트폴리오 회계시스템 shadow portfolio accounting system 184
글로벌 매크로 트레이딩 global macro trading 81
기업지배구조 corporate governance 155
길크리스트 베르크 Gilchrist Berg 122

ㄴ
나비스코 Nabisco 171
내부자 거래 insider trading 116
내셔널 디스틸러 National Distiller 124
내슈빌 Nashville 143
내재가치 intrinsic value 159, 115
네이션스뱅크 NationsBank 42
넷스케이프 Netscape 226

노스캐롤라이나 내셔널뱅크 North Carolina National Bank 42
뉴욕 데일리 뉴스 New York Daily News 238
니콜라스 로디티 Nicholas Roditi 198
니콜라스 브래디 Nicholas Brady 160
닉 리슨 Nick Leeson 31
닐 카부토 Neil Cavuto 227

ㄷ
다우존스산업평균지수 Dow Jones Industrial Average 39, 64, 127
다우케미컬 Dow Chemical 154
대기오염방지법 Clean Air Act 334
더크 지프 Dirk Ziff 329
데니스 레빈 Dennis Levine 117
데어리 팜 Dairy Farm 180, 354
데이비드 L. 도드 David L. Dodd 58, 67
데이비드 선더스 David Saunders 213, 274, 296
데이비드 하먼 David Harman 338
데일 제이콥스 Dale Jacobs 314
두케인 캐피털 매니지먼트 Duquesne Capital Management 329
둠즈데이 펀드 doomsday fund 135
드레이퍼스 Dreyfus 141, 142
드렉셀 번햄 램버트 Drexel Burnham Lambert 117

드비어스DeBeers 163
딜론 리드Dillon Read 160

ㄹ

라이언Lion 342
랠스턴Ralston 95
런던비철금속거래소London Metal Exchange 33
레온 레비Leon Levy 198
로렌스 휠러Lawrence Wheeler 336
로버트 돌Robert Dole 165
로버트 버치Robert Burch 269
로버트 슬레이터Robert Slater 215
로버트슨 재단RobertsonFoundation 327, 328
로브 데이비스Rob Davis 323
로웨스Loews 124
로저 로웬스타인Roger Lowenstein 304
론파인 캐피털Lone Pine Capital 269
롱 포지션long position, 매수 포지션 21, 31, 32, 34, 65, 80, 87, 90, 99, 106, 113, 133, 136, 139, 140, 151, 155, 160, 162, 180, 210, 211, 217, 224, 255, 277, 289, 290
롱쇼트에쿼티longshort equity, LSE 21
롱텀 캐피털 매니지먼트Long-Term Capital Management LTCM 275, 300
루 리키아델리Lou Ricciadelli 183
리 에인슬리Lee Ainslie 19
리먼 브라더스Lehman Brothers 16
리스크 아랍 파트너스Risk Arab Partners 188
리처드 팰런Richard Phalon 191
릴리언 월드Lilian Wald 319

ㅁ

마리너 인베스트먼트 그룹Mariner Investment Group 310
마시 앤 맥레넌Marsh & McLennan 115, 142

마이크 맥팔랜드Mike McFarland 331
마이클 빌스Michael Bills 107
마이클 스타인하트Michael Steinhardt 38, 249, 304
마이클 시어스Michael Sears 260
마젤란Magellan 298
마크 링개념Marc Reinganum 237
마틴 시겔Martin Siegel 116
마하티르 모하마드Mahathir Mohamad 300
매버릭 캐피털 매니지먼트Maverick Capital Management 19, 329
맥그로힐McGraw-Hill 199, 200, 350
맥킨타이어 상과대학McIntire School of Commerce 335
머크Merck 162
메트로폴리탄 파이낸셜Metropolitan Financial 321
멘터Mentor 116
모건 스탠리Morgan Stanley 16, 79, 106, 142, 143, 163, 182, 183, 188, 189, 204, 264, 277
모건 스탠리 캐피털 인터내셔널지수Morgan Stanley Capital International Index MSCI 79
모닝스타Morningstar 298
무한책임파트너general partner
미츠코시三越 151

ㅂ

바이킹 캐피털Viking Capital 269, 275
바튼 빅스Barton Biggs 213
배런Barron 136, 178, 245, 247, 249
뱅가드Vanguard 298, 299
베어링은행Baring 31
벤저민 그레이엄Benjamin Graham 58, 67, 144
보텀업 전략bottom-up 261, 276
부동 공급량floating supply 153

분데스방크 Bundesbank 180
블랜치와 로버트슨 가족재단
Blanche and Robertson Family Foundation 48
블루리지 캐피털 Blue Ridge Capital 18, 269, 277
비스타 케미컬 Vista Chemical 141
비즈니스위크 애셋 BusinessWeek Assets 174
빌 구델 Bill Goodell 327
빌 황 Bill Hwang, 황성국 260

ㅅ

사모투자 private placement investment
104, 105, 106, 342
사모투자설명서 Private Placement Memorandum
PPM 98, 100, 105
살로먼 브라더스 Salomon Brothers 16
상대실적 relative performance 96, 110, 113,
115, 118, 120, 128, 179
상품선물거래위원회 Commodity Futures Trading
Commission CFTC 98
샘 월튼 Sam Walton 167
선 아메리카 Sun America 328
성과보수 incentive 15, 185, 243, 261, 310, 315
소로스재단 Soros Foundation 301
소프 매켄지 Thorpe McKenzie 73, 195
소형주 small cap stock 83, 84, 119, 132, 134, 246
솔즈베리 포스트 The Salisbury Post 45, 48
쇼트 포지션 short position, 매도 포지션 21, 23,
27, 29, 33~36, 65, 66, 68, 81, 87, 90, 96, 99,
106, 108, 109, 113, 115, 116, 124, 130, 133,
136, 139~141, 148, 149
쇼트셀러 short seller 32, 346
쇼팅 shorting 68, 83, 103, 109, 192, 194, 232, 289
숀 패티슨 Shawn Pattison 301
수익률곡선 yieldcurve 169

쉐브론텍사코 코퍼레이션
ChevronTexaco Coporation 49
스미스 푸드 Smith Foods 180
스타인하트 파트너스 Steinhardte Partners
304, 305
스탠 드러켄밀러 Stan Druckenmiller 36
스티브 울프 Steve Wolf 167
스티븐 B. 셰퍼드 Stephen B. Stephard 200, 350
스티븐 맨델 Steven Mandel 19, 269
슬리피지 slippage 87
시마츠 島忠 152
시멕스 Cemex 283
시스코 시스템즈 Cisco Systems 226
신용거래계좌 margin account 82

ㅇ

아놀드 스나이더 Arnold Snider 163, 274
아론 스턴 Aaron Stern 340
아메리카 온라인 America Online 226
아메리칸증권거래소 American Stock Exchange
AMEX 82
아메리칸 트러스트 컴퍼니
American Trust Company 42
아이오와 비프 패커스 Iowa Beef Packers 95
악행세 sin tax 165
애비올 Aviall, Inc. 94
앤드류 잭슨 Andrew Jackson 40
앨런 아벨슨 Alan Abelson 247
앨프리드 윈슬로 존스 Alfred Winslow Jones
62, 67, 270, 319
야생협회 Wilderness Society 332
에그 하버 Egg Harbor 143
에를랭거 방적 Erlanger Mills 42
에릭 믈린 박사 Dr. EricMlyn 332
에지힐 캐피털 Edgehill Capital 295

엑슨모빌 ExxonMobil 49
엘리 브로드 Eli Broad 328
엘리자베스 2세 자연보호신탁 Queen Elizabeth II Trust for Conservation 338
엘리자베스 돌 Elizabeth Dole 40
엘리자베스 버밀러 Elisabeth Bumiller 207, 208
엠파이어항공 Empire Airlines 94
열린사회재단 Open Society Institute 301, 322
오디세이 파트너스 Odyssey Partners 198
오버행 overhang 대량대기매물 107, 346
오셀로역외펀드LP. Ocelot Offshore Fund L.P. 342
오셀로펀드 L.P. Ocelot Fund L.P. 228, 342
운용보수 management fee 15, 66, 132, 179, 185, 352
워런 버핏 Warren Buffett 38, 58, 144, 178, 237, 329
웨스트 프레이저 West Fraser Timber Company 125
웹스터 매니지먼트 Webster Management Corp. 54
위험자본 risk capital 16
윈딕시 Winn-Dixie 141
윌리엄 도널드슨 William Donaldson 304
윌리엄 마이클체크 William Michaelcheck 310
유나이티드 에어라인스 United Airlines 162
유한책임조합 limited partnership 합자회사 66
유한책임 파트너 limited partner 66, 101, 115, 167, 171, 194, 347, 348, 349, 350
이머징 소버린 그룹 Emerging Sovereign Group 260, 264
이반 보에스키 Ivan Boesky 117
이익분배기금 profit-sharing plan 83, 95
이토이스 eToys Inc. 227
인베스트먼트 어드바이저리 센티먼트 Investment Advisory Sentiment 82
인스티튜셔널 인베스터 Institutional Investor 178, 275
일본전신전화 日本電信電話 NTT 138
일본항공 JAL 141

ㅈ

자기자본매매 proprietary trading 16
자기자본수익률 returns on equity ROE 148, 151, 152, 172
자동차제조업협회 Alliance of Automobile Manufacturers 334
장부외 거래 off-the-book transaction 31
재간접펀드 fund of funds 19, 74, 272, 326, 346
재무적 구매자 financial buyers 233
재팬펀드 Japan Fund 163
잭 내시 Jack Nash 198
적격매수인 qualified purchaser 341
적격투자자 accredited investors 341, 342
절대실적 absolute performance 96, 110, 118, 128, 221
제너럴푸즈 General Foods 95
제니스랩 Zenith Labs 109
제시 리버모어 Jesse Livermore 38
제퍼슨 스머핏 Jefferson Smurfit 123, 141
조엘 클라인 Joel Klein 328
조지 소로스 George Soros 17, 22, 36, 38, 215, 216, 300, 322, 323
조지아 걸프 Georgia Gulf 141
존 그리핀 John Griffin 188, 225, 335
존 메리웨더 John Meriwether 305
존 템플턴 John Templton 144
주가수익비율 price/earnings ratio PER 104, 167, 172
주가순자산비율 multiple of book value 104, 172

주식예탁증서 American Depository Receipts ADR 282
주주가치 shareholder value 156, 158, 159
증권거래위원회 Securities and Exchange Commission SEC 15, 349
증권분석 Security Analysis 351
지분조합 equity partnership 96
지프 브라더스 인베스트먼트 Ziff Brothers Investments 329
짐 크레이머 Jim Cramer 227

ㅊ

차입 매수 leveraged buyout 95, 125, 140, 152, 161, 166, 349
차터스쿨 charter school 326, 328
찰리 로즈 Charlie Rose 337
찰리 멍거 Charlie Munger 58
찰리 메릴 Charlie Merrill 38
찰스 테리토 Charles Territo 334
체이스 콜먼 Chase Coleman 260, 263
총자산수익률 returns on assets ROA 148

ㅋ

카네이션 Carnation 46, 95
칼 아이칸 Carl Icahn 167
캘리포니아 대기자원국 California Air Resources Board 13
케빈 케니 Kevin Kenny 264
켈로그 Kellogg 95
콜버그 크래비스 로버츠 Kohlberg Kravis Roberts KKR 166
쿼터펀드 Quota Fund 198
퀀텀펀드 Quantum Fund 198
클리블랜드 클리프스 Cleveland Cliffs 162
키더 피보디 Kidder Peabody & Co. 54, 55, 56,

68, 69, 70, 74, 116, 173

ㅌ

타이거 아시아 Tiger Asia 260
타이거 컨슈머 파트너스 Tiger Consumer Partners 260
타이거 테크놀로지 Tiger Technology 260, 263, 351
타이거샤크 매니지먼트 TigerShark Menagement LLC 260, 261, 263, 351
타이거재단 Tiger Foundation 324, 325, 326
테스코 Tesco 180
텔레딘 Teledyne 158
토스코 Tosco 163
토이저러스 Toys R Us 169
토털리턴펀드 Total Return Fund 298
톰 파치올라 Tom Facciola 260, 351
투자수익률 returns on investments ROI 156
투자제안서 offering memorandum 240
팀 실트 Tim Schilt 163, 171, 349
팀 헤니 Tim Henney 187, 213

ㅍ

파고 Fargo 143
파생상품 derivative 17, 128
파이낸셜인베스터스 LLC Financial Investors LLC 314
패트릭 더프 Patrick Duff 163
패트릭 맥코맥 Patrick McCormack 260
폰지 사기극 Ponzi pyramid 233
폴 웡 Paul Wong 296
폴 코퍼레이션 Pall Corporation 91
폴 크루그먼 Paul Krugman 245
폴 튜더 존스 Paul Tudor Jones 323
폴라펀드 Polar fund 122, 124

푸드 라이언 Food Lion 180
풋옵션 put option 32, 83, 93, 133, 161, 162, 170
풋콜 비율 putcall ratio PCR 82, 83
퓨마펀드 Puma Fund 106, 107, 108, 143, 189, 342
프라임 브로커리지 prime brokerage 183
프랜차이즈 밸류 franchise value 229
프리마켓스 FreeMarkets Inc. 227
피델리티 Fidelity 298, 299
피쿼트 캐피털 매니지먼트 Pequot Capital Management 273
피터 린치 Peter Lynch 144, 178, 285
피터 벨튼 Peter Belton 163
피터 시리스 Peter Siris 238, 358
피터 테스타베르드 Peter Testaverde 303
핌코 Pacific Investment Management Company PIMCO 298

ㅎ

호스피털코퍼레이션오브아메리카 Hospital Corporation of America HCA 171
헌트 테일러 Hunt Taylor 19, 219, 272, 351
헤지펀드 회의 Hedge Fund Roundtable 303
헨리스트리트사회복지회 HenryStreetSettlement 319, 326
현금흐름투자수익률 cash-on-cash returns 232
환경보호국 Environmental Protection Agency 196
환매제한 lock-up 106
후순위채 subordinated debt 189

A~Z

J.P. 모건 JP Morgan 38, 307
JWM 파트너스 JWM Partners 308
O. 안드레아스 할보르센 O. Andreas Halvorsen 269
R.J. 레이놀즈 R.J.Reynolds 166
RJR 나비스코 RJR Nabisco 171
WTD 인더스트리스 WTD Industries 191

조성숙

덕성여대 회계학과를 졸업하고 전문 번역가로 활동 중이다. 옮긴 책으로는 『성장의 모든 것』, 『모닝스타 성공투자 5원칙』, 『CEO워런 버핏』, 『피터 드러커의 매니지먼트』, 『주식투자 절대법칙』, 『까다로운 인간 다루기』, 『마음의 해부학』, 『두뇌는 평등하다』, 『영혼의 해부』, 『돌연변이』, 『핫스팟』, 『창조적 괴짜가 세상을 움직인다』, 『퍼펙트 피치』 등이 있다.

줄리언 로버트슨

초판 인쇄	2011년 8월 17일
초판 발행	2011년 8월 25일

지은이	대니얼 스트래치먼
옮긴이	조성숙
펴낸이	김승욱
편집	김승관 정은아
디자인	김이정 이주영 백주영
마케팅	이숙재
펴낸곳	이콘출판(주)
출판등록	2003년 3월 12일 제406-2003-059호

주소	413-756 경기도 파주시 교하읍 문발리 파주출판도시 513-8
전자우편	book@econbook.com
전화번호	031) 955-7979
팩스	031) 955-8855

ISBN 978-89-90831-97-2 03320